Verbes irréguliers du 3e groupe

être	avoir	aller
Présent (de l'indicatif)		
je **suis**	j'**ai**	je vai**s**
tu **es**	tu **as**	tu va**s**
il, elle, on **est**	il, elle, on **a**	il, elle, on v**a**
nous **sommes**	nous **avons**	nous all**ons**
vous **êtes**	vous **avez**	vous all**ez**
ils, elles **sont**	ils, elles **ont**	ils, elles v**ont**
Futur (de l'indicatif)		
je ser**ai**	j'aur**ai**	j'ir**ai**
tu ser**as**	tu aur**as**	tu ir**as**
il, elle, on ser**a**	il, elle, on aur**a**	il, elle, on ir**a**
nous ser**ons**	nous aur**ons**	nous ir**ons**
vous ser**ez**	vous aur**ez**	vous ir**ez**
ils, elles ser**ont**	ils, elles aur**ont**	ils, elles ir**ont**
Imparfait (de l'indicatif)		
j'ét**ais**	j'av**ais**	j'all**ais**
tu ét**ais**	tu av**ais**	tu all**ais**
il, elle, on ét**ait**	il, elle, on av**ait**	il, elle, on all**ait**
nous ét**ions**	nous av**ions**	nous all**ions**
vous ét**iez**	vous av**iez**	vous all**iez**
ils, elles ét**aient**	ils, elles av**aient**	ils, elles all**aient**
Passé composé (de l'indicatif)		
j'**ai été**	j'**ai eu**	je **suis** all**é**(**e**)
tu **as été**	tu **as eu**	tu **es** all**é**(**e**)
il, elle, on **a été**	il, elle, on **a eu**	il, elle, on **est** all**é**(**e**)
nous **avons été**	nous **avons eu**	nous **sommes** all**é**(**e**)**s**
vous **avez été**	vous **avez eu**	vous **êtes** all**é**(**e**)**s**
ils, elles **ont été**	ils, elles **ont eu**	ils, elles **sont** all**é**(**e**)**s**

Français

le nouvel

À portée de Mots

CE2
cycle 2

Philippe Bourgouint
Directeur d'école d'application

Eléonore Bottet
Professeur des écoles

Janine et Jean-Claude Lucas
Professeurs des écoles

Robert Meunier
Conseiller pédagogique

PROGRAMMES 2018

hachette
ÉDUCATION

Crédits photographiques

p. 23 : © seaphotoart / Fotolia. p. 25 : © prostoria 777 / Fotolia. p. 31 : © johnnychaos / Fotolia. p. 34 : © Anton Balazh / Fotolia. p. 41 : © Patrick Rolands / Fotolia. p. 43 : © Electa / Leemage. p. 48 : © Mint Images / Art Wolfe / Getty Images. p. 52 : © Claus Meyer / Minden Pictures / Biosphoto ; © Patrick Rolands / Fotolia. p. 61 : © Electa / Leemage. p. 67 : © Electa / Leemage. hotgreenscreen / Fotolia. p. 68 : © mikelaptev / Fotolia. p. 73 : © molotok743 / Fotolia. p. 74 : © StockFood / Getty Images. p. 75 : © lucky1984 / Fotolia ; © cthoman / Getty Images. p. 78 : © Buffy1982 / Fotolia. p. 79 : © WLDavies / Getty Images. p. 85 : © Tatiana GENICQ / Fotolia. p. 88 : © Paul Sawer / FLPA – Franck Lane Picture Agency / Biosphoto. p. 89 : © WavebreakMediaMicro / Fotolia. p. 91 : © bennymarty / Getty Images ; © Luisa Ricciarini / Leemage. p. 96 : © Droits Réservés. p. 101 : © stockvisual / Getty Images. p. 105 : © GraphicsRF / Fotolia. p. 106 : © Starover Sibiriak / Fotolia. p. 108 : © Kim / Fotolia. p. 111 : © kegfire / Fotolia. p. 115 : © cirodelia / Fotolia. p. 119 : © lotosfoto / Fotolia. p. 125 : © Alexandra Giese / Fotolia. p. 126 : © FineArtImages / Leemage ; © ADAGP, Paris 2017. p. 127 : © ashva / Fotolia ; © Luisa Ricciarini / Leemage. p. 137 : © Pétrouche / Fotolia. p. 147 : © Africa Studio / Fotolia. p. 151 : © anibal / Fotolia. p. 153 : © Luisa Ricciarini / Leemage. p. 155 : © SuperStock / Leemage. p. 163 : © Jr Casa / Fotolia. p. 167 : © akg-images. p. 169 : © michaeljung / Fotolia. p. 170 : © Meinzahn / Getty Images. p. 171 : © tunach17 / Fotolia ; © akamaraqu / Fotolia ; © Microgen / Fotolia ; © Droits Réservés. p. 172 : © BluedarkArt / Fotolia. p. 173 : © Droits Réservés ; © hibrida13 / Fotolia. p. 175 : © booka / Fotolia ; © tatianika / Fotolia ; © Catherine CLAVERY ; © demidoff / Fotolia. p. 177 : © elmvilla / Getty Images ; © Eléonore H / Fotolia ; © Greg Looping / EyeEm / Getty Images ; © Alexmar / Fotolia. p. 180 : © Marcello Mencarini / Leemage. p. 181 : © akg-images ; © Luisa Ricciarini / Leemage ; © FineArtImages / Leemage. p. 182 : © MARTIN BUREAU / AFP. p. 183 : © Jupiterimages / Getty Images ; © Bruce Ayres / Getty Images ; © Robert Daly / Getty Images ; © Morenovel / Fotolia ; © Batman57 / Fotolia ; © mma23 / Fotolia ; © muro / Fotolia ; © Maridav / Fotolia. p. 184 : © ollikeballoon / Fotolia. p. 185 : © Costa / Leemage. p. 189 : © famveldman / Fotolia. p. 191 : © colobok34 / Fotolia. p. 192 : © adfoto / Fotolia. p. 193 : © Photo Josse / Leemage. p. 196 : © Konstantin Aksenov / Fotolia. p. 197 : © Marina / Fotolia. p. 198 : © Liviu / Fotolia. p. 199 : © TomasSereda / Getty Images. p. 200 : © thomas / Fotolia. p. 201 : © amirul syaidi / Fotolia. p. 202 : © Getty Images / KidStock ; © Catherine CLAVERY / Fotolia. p. 203 : © collection Perrin / Kharbine-Tapabor / © ADAGP, Paris 2017. p. 204 : © horsemen / Fotolia. p. 205 : © SuperStock / Leemage. p. 206 : © ATTILA KISBENEDEK / AFP ; © LEAN NEAL / AFP ; © GABRIELE MALTINTI / GETTY IMAGES EUROPE / GETTY IMAGES / AFP. p. 207 : © FEDERICO GAMBARINI / DPA / AFP ; © DeAgostini / Leemage ; © Photo Josse / Leemage.

p. 144 : *Léo & Maya détectives*, vol. 9 : *Mystère à l'hôtel*, © Text : Martin Widmark 2002. Publié pour la première fois par Bonnier Carlsen Bokförlag, Stockholm. © 2018, éditions Pocket Jeunesse, département d'Univers Poche, pour la traduction française.

Édition : Sarah Ringeval

Création de la maquette intérieure et de couverture : Valérie Goussot et Delphine d'Inguimbert

Mise en pages intérieure et de couverture : MARSE (Séverine Olivier), STDI (Tiffany Lambert), Typo-Virgule (Patrick Mahé)

Illustrations : Alain BOYER (page 176) ; Cyrille BERGER (pages 18, 26, 32, 39, 50, 66, 120, 154, 160) ; Dawid CATHELIN (pages 11, 47, 93, 129, 187) ; Mélanie DESPLANCHES (pages 20, 24, 28-29, 36, 42, 49, 54, 58, 72, 102, 104, 110, 112-113, 118, 150) ; Beata GIERASIMCZYK – Agence Domino (page 174) ; Caroline HESNARD (pages 12, 22, 30, 40, 44, 64-65, 69, 86, 98, 100, 116, 122, 124, 136, 138, 156-157, 168, 191, 203) ; Thomas PRIOUX (pages 15, 17, 19, 21, 33, 35, 37-38, 45, 49, 51, 53, 55, 57, 62-63, 67, 69, 70-71, 73, 75-77, 79, 81-83, 87, 97, 99, 103, 121, 123, 145, 135, 138, 141-142, 157, 165, 175, 179, 189) ; Ghyslaine VAYSSET (pages 16, 56, 80, 144, 156, 162, 178, 199)

Fabrication : Marc Chalmin

PAPIER À BASE DE FIBRES CERTIFIÉES

hachette s'engage pour l'environnement en réduisant l'empreinte carbone de ses livres. Celle de cet exemplaire est de :
1,200 kg éq. CO_2
Rendez-vous sur www.hachette-durable.fr

www.hachette-education.com

ISBN : 978-2-01-627209-1

Avant-propos

le nouvel **À portée de Mots** est conforme aux nouvelles dispositions des programmes pour l'école élémentaire publiées en juillet 2018. Il reprend l'organisation qui a fait le succès de la collection : un classement par domaine qui laisse une grande latitude pédagogique à chaque enseignant et un très large choix d'exercices.

Au sein de l'ouvrage, les séquences sont toutes construites sur le même schéma :

- « **DÉCOUVRONS ET MANIPULONS** » qui permet, le plus souvent à partir d'un texte authentique court, de découvrir une notion en collectif à l'oral et d'initier des activités de manipulation MANIPULER ;
- « **JE RETIENS** » qui fixe l'essentiel à mémoriser par les élèves ;
- « **JE M'ENTRAÎNE** » composé de nombreux exercices classés par compétences et gradués en difficulté (de une étoile * à trois étoiles ***) afin de permettre un travail varié et différencié ;
- « **J'ÉCRIS – JE M'EXPRIME** » pour réinvestir les compétences en situation d'expression personnelle à l'oral ORAL et à l'écrit ;
- « **À TOI DE JOUER** » qui clôt généralement la séquence au travers d'un exercice plus ludique ;
- « **AUTODICTÉE** » qui présente un texte ou une liste de mots pour faire mémoriser par les élèves du vocabulaire, des tournures syntaxiques ou des difficultés orthographiques.

Dans chaque domaine, des pages « **JE RÉINVESTIS MES CONNAISSANCES** » fournissent de nouveaux exercices et permettent notamment de prolonger le travail de révision. Dans ces pages, des exercices transversaux proposent de travailler en même temps plusieurs compétences étudiées dans les séquences qui précèdent.

Si l'autonomie pédagogique reste le principe de la collection, nous avons néanmoins pensé aux enseignants qui souhaitent disposer d'une **progression annuelle**. Nous proposons donc une répartition des séquences en cinq périodes. Cette progression aboutit en fin d'ouvrage à une partie « **EXERCICES TRANSVERSAUX** » qui propose des exercices pour travailler en même temps plusieurs compétences d'un même domaine ou de domaines différents.

Les mots concernés par les rectifications orthographiques, approuvées par l'Académie française et publiées au Journal officiel de la République le 6 décembre 1990, sont signalés dans l'ouvrage par un astérisque (*). Des précisions sont apportées en fin d'ouvrage sur cette nouvelle orthographe. Dans l'enseignement, aucune des deux graphies (ancienne ou nouvelle) ne peut être tenue pour fautive.

Associés à cet ouvrage, le **guide pédagogique** apporte à l'enseignant un éclairage pédagogique sur chaque séquence et donne la correction des exercices, tandis que des **photofiches** proposent des exercices complémentaires d'entraînement, de remédiation et d'évaluation.

Les auteurs

Présentation du manuel

Les leçons

Un rappel des compétences du B.O.

Des exercices regroupés par compétence pour un repérage plus rapide

Une phase de recherche et de manipulation collective à l'oral

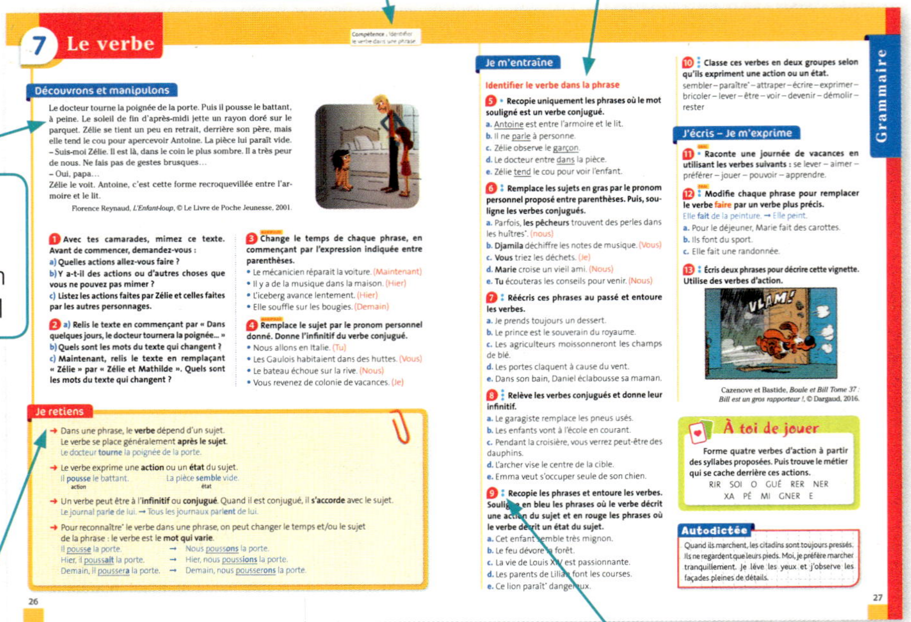

Une règle qui met l'accent sur les régularités de la notion traitée

Des exercices d'entraînement gradués, avec trois niveaux de difficulté pour faciliter la différenciation en classe

Un texte court, extrait de la littérature de jeunesse

Des questions pour découvrir la notion

Des exercices de manipulation

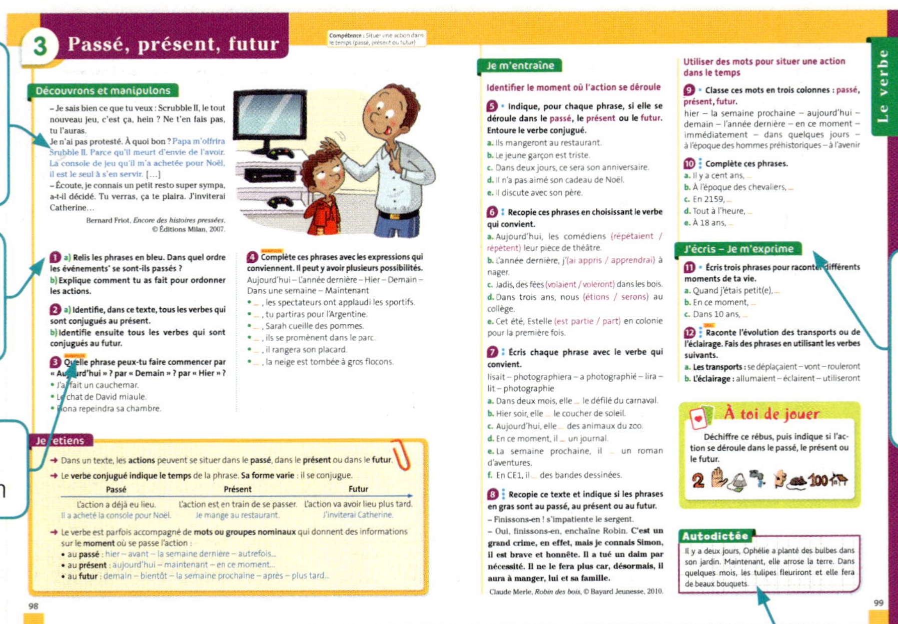

Des exercices d'expression pour travailler la notion à l'oral et à l'écrit

Une autodictée à la fin de chaque leçon

Je réinvestis mes connaissances

Des exercices transversaux abordant les différentes notions rencontrées

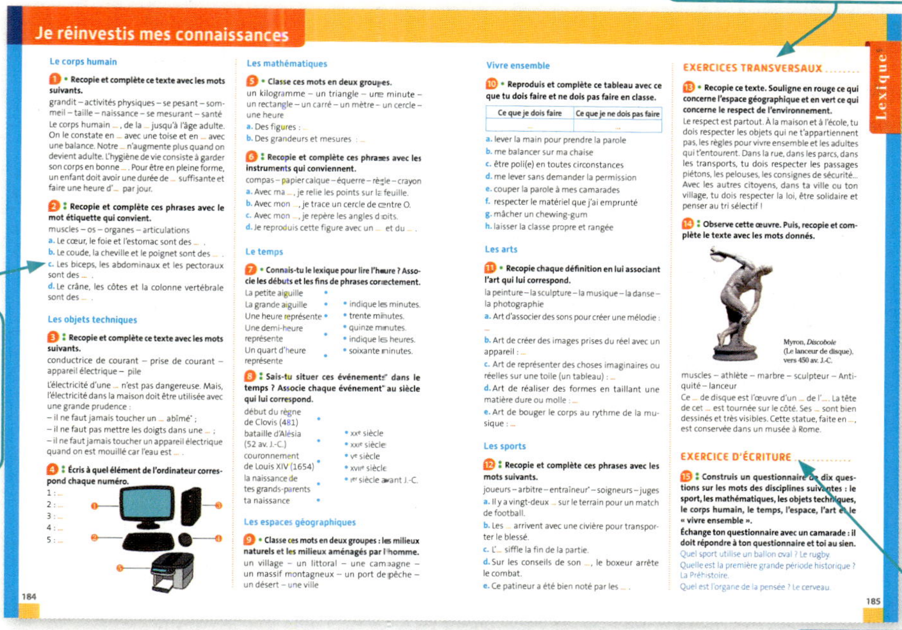

Des exercices gradués pour réviser régulièrement

Des productions d'écrit pour réinvestir les notions abordées

Exercices transversaux

Des exercices pour travailler en même temps plusieurs notions d'un même domaine ou de domaines différents

Un renforcement du travail sur le lexique et l'expression orale et écrite

Sommaire

LE VERBE 93

LEXIQUE 129

EXERCICES TRANSVERSAUX 187

Proposition de progression annuelle

	Grammaire	Orthographe
Période 1	1. La phrase .... 12 2. La ponctuation .... 14 3. Les types de phrases 16	1. La lettre **s** : [z] ou [s] (s, ss)..... 48 2. La lettre **c** : [k], [s] ou [ʃ] (ch) .. 50 3. La lettre **g** .... 52 6. Les mots invariables 58
Période 2	6. Le sujet .... 24 7. Le verbe .... 26 9. Le nom propre et le nom commun .... 32 10. Les déterminants 34	5. Les accents sur la lettre **e** ...... 56 17. L'accord du verbe avec son sujet .... 82 7. Le genre et le nombre des noms 62 8. Le féminin des noms (**-e**) ...... 64 9. Le féminin des noms (**-ère**, **-euse**...) 66
Période 3	8. Les compléments .... 28 12. Les pronoms personnels 38	4. La lettre **m** devant **m**, **b** et **p** ... 54 10. Le pluriel des noms (**-s**, **-x**) .... 68 11. Le pluriel des noms (**-ail/-aux**, **-al/-aux**) 70
Période 4	5. La forme négative .... 20 11. L'adjectif .... 36 13. Le groupe nominal 40	12. Le féminin des adjectifs (**-e**, **-ère**...) .... 72 13. Le féminin des adjectifs (**-euse**, **-ve**...) .... 74 14. Le pluriel des adjectifs .... 76 18. Les homophones (**a/à – est/et**) 86
Période 5	4. La phrase interrogative .... 18 14. Les classes de mots 44	15. La lettre muette en fin de mot . 78 16. L'accord dans le groupe nominal .... 80 19. Les homophones (**ont/on – sont/son**) 88

L'alphabet phonétique

Consonnes	Voyelles
[b] ballon	[a] partir
[d] dent	[ɑ] pâte
[f] foire	[ɑ̃] dans
[g] gomme	[e] dé
[k] cours	[ɛ] flèche
[l] lune	[ɛ̃] singe
[m] mer	[ə] devenir
[n] nage	[i] gris
[ɲ] ligne	[o] trop
[p] porte	[ɔ] note
[r] rire	[ɔ̃] long
[s] soir	[œ] leur
[ʃ] chien	[œ̃] brun
[t] train	[ø] deux
[v] vite	[u] fou
[z] zèbre	[y] pur
[ʒ] jeune	

Semi-voyelles (ou semi-consonnes)
[j] paille
[ɥ] huit
[w] oui

Grammaire

1 La phrase

Compétence : Identifier une phrase simple en s'appuyant sur le sens et la ponctuation.

Découvrons et manipulons

Moi, c'est Dorie, mais tout le monde m'appelle Fripouille. Voici ma famille.
J'ai une maman, un papa, un grand frère et une grande sœur. Ce sont des gens comme tout le monde. Mais j'ai aussi une amie monstre et une marraine la bonne fée qui ne sont pas comme tout le monde. D'ailleurs, il n'y a que moi qui les vois.
Mon monstre s'appelle Marie. Elle dort sous mon lit et joue avec moi du matin au soir.

Abby Hanlon, *Dorie La Fripouille entre en CP*, traduction de Lucile Galliot, © Hachette Livre, 2015.

1 a) Combien y a-t-il de lignes dans ce texte ?
b) Combien y a-t-il de phrases ?
c) Quelle est la différence entre une ligne et une phrase ?

2 a) Comment reconnais-tu le premier mot d'une phrase ?
b) Une majuscule indique-t-elle forcément le début d'une phrase ?

3 Comment reconnais-tu la fin d'une phrase ?

4 Lis le texte à voix haute avec un(e) autre élève. Chaque lecteur s'arrête à la fin d'une phrase.

MANIPULER

5 Remets ces groupes de mots dans l'ordre pour former des phrases correctes.

- parapluie. – Dans la rue, – ouvre – son – elle
- violon. – Le – emporte – musicien – son
- autour – vole – des fleurs. – papillon – Un
- une – tes – écris – parents. – lettre – Tu – à
- David – nouvelle – montre. – a acheté – une

Je retiens

→ Une **phrase** est une suite de mots qui a un **sens**.
Mon monstre s'appelle Marie.

→ Une phrase commence par une **majuscule** et se termine par un **signe de ponctuation** :

- un **point** (.) ; Le garçon regarde sa montre.
- un **point d'interrogation** (?) ; Quelle heure est-il ?
- un **point d'exclamation** (!) ; J'ai gagné le premier prix !
- des **points de suspension** (...). Elles marchaient sans faire de bruit...

Je m'entraîne

Identifier une phrase simple

6 * **Recopie uniquement les phrases qui ont un sens.**

a. Mon nom est Fripouille.
b. Monstre sous lit.
c. J'ai une grande famille.
d. Mes amis sont invisibles.
e. Je avec Marie souvent joue.

7 * **Recopie uniquement les phrases correctement écrites.**

a. elle n'aime pas la glace au chocolat
b. J'arrive dans cinq minutes !
c. Quand viendras-tu nous voir
d. Je l'ai appelé mais il n'a pas répondu...

8 ** **Remets ces mots dans l'ordre pour écrire des phrases. N'oublie pas les majuscules et les points.**

a. la tortue – la salade – mange
b. vais – la semaine prochaine – je – chez – le dentiste
c. un bain – ma sœur – le soir – prend
d. la pie – ses oisillons – nourrit
e. skions – pendant les vacances – nous – à la montagne

9 ** **Choisis, entre les deux propositions, celle qui donne un sens à la phrase.**

a. Le chat (a bu / a griffé) tout le lait.
b. Line et Coralie se reposent dans (leur valise / leur chambre).
c. Maxime ira demain en (classe / salle) de mer.
d. Alimatou est montée sur le dos (d'une chenille / d'un dromadaire).
e. (Le policier / Le voleur) arrête (le policier / le voleur).

10 *** **Relie chaque début de phrase avec la fin qui convient.**

Ces immeubles •	• a 200 ans.
Ce vieux chêne •	• l'emmène voir un match.
La directrice •	• sont construits très hauts.
La sœur d'Octave •	• vole sans cesse autour de moi.
Mon perroquet •	• accueille les nouveaux élèves.

Écrire des phrases qui ont du sens

11 * **Recopie ce texte en ajoutant les points et les majuscules.**

Je suis allé dans ma chambre j'ai appuyé mon front contre la vitre froide dehors il faisait vraiment nuit toutes les lumières dans les appartements s'allumaient petit à petit.

Jo Hoestlandt, *Tu peux toujours courir !*,
© Éditions Nathan Jeunesse, 2005.

12 ** **Supprime le mot en trop dans chaque phrase.**

a. Depuis son réveil, Rayan est de mauvaise chaleur humeur.
b. Vous attendez vos amis sur derrière le trottoir.
c. Une abeille a piqué butiné les fleurs.
d. La leur trousse de Léa est tombée bruyamment.
e. Samia a mis trop de sucre danse dans son café.

J'écris – Je m'exprime

13 * **Écris une phrase avec chaque série de mots. N'oublie pas la ponctuation.**

a. dort – matin – train
b. désert – panne – lampe
c. prêter – panier – voisine
d. ombre – statue – cache
e. bougie – fantôme – souffle

ORAL
14 ** **Raconte le jour de la rentrée. Pense à ce que tu as fait, aux personnes que tu as vues.**

À toi de jouer

Reconstitue la phrase cachée. Tu dois aller de la case « Hier » à la case « cirque » en te déplaçant horizontalement ou verticalement.

Hier,	cage	lancer.	sous
Marine	a	le	jongleurs
chapiteau	vu	des	**cirque.**
lions	cheval	acrobates	au

Autodictée

Qui suis-je ? Je suis un reptile. Ma carapace est recouverte d'écailles. Pour pondre mes œufs, je retourne sur la plage où je suis née. Je peux vivre plus de cent ans !

2 La ponctuation

Compétences : Identifier et utiliser les différents signes de ponctuation.

Découvrons et manipulons

Un avion s'est écrasé dans le désert et son pilote se retrouve seul et perdu.

Le premier soir je me suis donc endormi sur le sable à mille milles de toute terre habitée. J'étais bien plus isolé qu'un naufragé sur un radeau au milieu de l'océan. Alors vous imaginez ma surprise, au lever du jour, quand une drôle de petite voix m'a réveillé. Elle disait :

« S'il vous plaît… dessine-moi un mouton !

– Hein !

– Dessine-moi un mouton… »

J'ai sauté sur mes pieds comme si j'avais été frappé par la foudre.

Antoine de Saint Exupéry, *Le Petit Prince*, © Éditions Gallimard, 2007.

1 a) Lis la phrase en bleu dans ce texte.
b) Comment sais-tu où elle commence et où elle se termine ?

2 Trouve une phrase qui se termine par un point différent.

3 a) Relève les signes de ponctuation à l'intérieur de la phrase en vert.
b) Essaie de lire la phrase à voix haute, sans les signes, puis avec. Que remarques-tu ?
c) À ton avis, à quoi servent ces signes dans la phrase ?

4 a) Comment reconnais-tu que des personnes se mettent à parler ?
b) Combien de personnes parlent dans le texte ?
c) Comment sais-tu que quelqu'un d'autre prend la parole ?

MANIPULER

5 Choisis le signe de ponctuation qui convient.

- Demain [,] [:] les enfants n'iront pas à l'école [?] [.]
- Pourquoi es-tu content [...] [?]
- J'adore cette chanson [,] [!]
- Avec ce chapeau [...] [?] tu es vraiment drôle [.] [:]

Je retiens

→ Les **signes de ponctuation** aident à **comprendre** le sens de la phrase.

→ À **la fin** d'une phrase, on peut mettre :
- un **point** (.) pour finir la phrase ;
- un **point d'interrogation** (?) pour poser une question ;
- un **point d'exclamation** (!) pour insister sur ce que l'on ressent ;
- des **points de suspension** (...) pour indiquer que la phrase n'est peut-être pas terminée.

→ À **l'intérieur** d'une phrase, on peut trouver :
- une **virgule** (,) pour faire une petite pause et séparer des groupes de mots ;
- un **point-virgule** (;) pour faire une pause plus longue ;
- **deux points** (:) pour lister ou expliquer.

→ Dans un texte, des signes de ponctuation indiquent au lecteur les **dialogues** :
- les **guillemets** (« ») ouvrent et ferment le dialogue ;
- les **tirets** (–) précisent qu'une autre personne parle. Il faut aller à la ligne à chaque parole.

Je m'entraîne

Identifier les différents signes de ponctuation

6 * **Entoure les signes de ponctuation.**

a. L'aviateur est perdu.
b. Malheureusement, son avion est en panne !
c. Il se retrouve seul au milieu du désert.
d. Pendant la nuit, il a eu très froid.
e. Comment va-t-il dessiner ce mouton ?

7 * **Choisis le point qui convient pour finir ces phrases.**

a. Ce livre est passionnant [.] [!] [?]
b. À qui appartient ce stylo [.] [!] [?]
c. Sébastien a perdu une dent de lait [.] [!] [?]
d. Rosalie, fais moins de bruit [.] [!] [?]
e. Quelles chaussures choisis-tu [.] [!] [?]

Identifier la ponctuation dans un dialogue

8 * **Recopie ce texte en entourant les signes du dialogue.**

Dans la cour, Élise et Youssef se disputent :
« Donne-moi ce ballon, réclame Youssef
– Non, je le garde ! On va faire une partie de basket, répond Élise.
– Tu n'as qu'à en prendre un autre.
– Mais c'est le dernier qu'il reste. »

9 ** **Recopie ce dialogue en le présentant correctement. Attention, il manque un signe de ponctuation !**

En entrant dans la pyramide, le professeur murmure à son assistant : Vous n'avez pas oublié la lampe, j'espère. – Ne vous inquiétez pas, j'ai tout ce qu'il faut. – Nous aurons aussi besoin d'un appareil photo, ajoute-t-il. – Il est dans mon sac. J'ai pris aussi une boussole et un couteau.

Utiliser les signes de ponctuation

10 * **Réécris ces phrases en ajoutant les majuscules et la ponctuation.**

a. combien coûte* ce bouquet
b. ces singes sont trop drôles
c. katia déménage la semaine prochaine
d. peux-tu venir me chercher

11 ** **Sépare les phrases, et ajoute les majuscules et la ponctuation.**

pour son anniversaire Nathan a invité tous ses amis ils sont d'abord allés jouer dans le parc ensuite ils ont tous soufflé sur les bougies du gâteau tout le monde a beaucoup ri

12 *** **Recopie ce texte en choisissant le signe de ponctuation qui convient.**

Qui se cache derrière Monsieur Magritte [...] [,] peintre surréaliste [!] [?] Magritte est un petit monsieur ordinaire en costume-cravate-chapeau melon [,] [.] mais avec une imagination extraordinaire [!] [?] « Tout ce que l'on voit cache quelque chose » disait-il [?] [.] Une belle exposition sur son œuvre vient d'ouvrir au Centre Pompidou [,] [.]

Le Petit Léonard n°217, © Éditions Faton, octobre 2016.

J'écris – Je m'exprime

ORAL

13 * **Imagine ce que peuvent se dire le monstre et la fille.**

14 ** **Écris la suite du dialogue entre l'aviateur et le Petit Prince.**

À toi de jouer

Toute la ponctuation s'est mélangée ! Réécris en remettant chaque signe de ponctuation à la bonne place.

Tous les samedis ! Pablo va aider sa, mamie Dans le jardin il. arrose les roses. les tulipes et les iris Il arrache. aussi les mauvaises herbes, Quel travail,

Autodictée

Derrière un mur de pierres, un jeune homme découvre une maison abandonnée. La porte et les vitres sont cassées. Qui peut bien habiter ici ?

3 Les types de phrases

Compétences : Identifier les types de phrases. Rédiger des phrases déclarative, interrogative, impérative.

Découvrons et manipulons

Il était une fois une petite fille qu'on appelait « le Petit Chaperon rouge ».

[…] Un jour, sa mère lui dit :
– Grand-mère est malade, porte-lui cette galette et ce petit pot de beurre. Surtout ne traîne pas en chemin et ne parle pas aux inconnus. […]
Tandis qu'elle cueille des fleurs de-ci de-là, la petite fille croise un chasseur.
– Où vas-tu Petit Chaperon rouge ? lui demande-t-il.
– Je vais chez Grand-mère, répond-elle.
– Alors méfie-toi car le loup rôde par ici, lui conseille le chasseur.
[…] Soudain, le loup sort d'un buisson et dit doucement :
– Bonjour Petit Chaperon rouge, où cours-tu avec ton panier ?
– Bonjour Loup, je vais porter une galette et un petit pot de beurre à Grand-mère, répond la petite.
– Ah ! Ah ! et où habite ta grand-mère ? demande le loup.
– Sa maison est après le moulin, sous les trois grands chênes.

Charles Perrault, *Le Petit Chaperon rouge*, extrait de *Mille et une histoires… de loups*, n° 206, mai 2018, © Fleurus Presse, 2018.

1 a) Trouve, dans ce texte, trois phrases qui posent une question.
b) Comment les as-tu reconnues ?
c) Quel point termine ces phrases ?

2 Lis les deux phrases en bleu.
a) Dans quelle phrase la mère donne-t-elle un ordre au Petit Chaperon rouge ?
b) Dans quelle phrase la mère donne-t-elle des conseils au Petit Chaperon rouge ?

3 Lis la phrase en vert.
a) Quelle information le Petit Chaperon rouge donne-t-il au loup dans cette phrase ?
b) Quel point termine cette phrase ?

MANIPULER
4 Quelles phrases donnent un ordre ? Par quels points se terminent-elles ?
- Veux-tu porter cette galette ?
- Porte cette galette !
- Elle n'a pas voulu porter cette galette.
- Si tu sors, porte cette galette à ta grand-mère.

MANIPULER
5 Quelle phrase peut se terminer par un point d'interrogation ?
- Écoute la consigne…
- As-tu faim…
- J'ai acheté des pommes…

MANIPULER
6 Quelle phrase donne une information ?
- Est-ce que tu entends ?
- Sors de là !
- Le bus passe devant la gare.

Je retiens

→ Pour donner une **information**, on utilise la **phrase déclarative**. Elle se termine par un **point**.
Sa maison est après le moulin, sous les trois grands chênes.

→ Pour poser une **question**, on utilise la **phrase interrogative**.
Elle se termine par un **point d'interrogation**.
Où vas-tu Petit Chaperon rouge **?**

→ Pour donner un **ordre** ou un **conseil**, on utilise la **phrase impérative**.
Elle se termine par un **point** ou un **point d'exclamation**.
Surtout ne traîne* pas en chemin**.** Porte cette galette **!**

Je m'entraîne

Identifier les types de phrases

7 * **Recopie uniquement les phrases déclaratives.**
a. La neige est tombée toute la matinée.
b. Pose ton manteau sur cette chaise !
c. Nous fêterons ton anniversaire demain soir.
d. Voulez-vous lire ce journal ?

8 * **Recopie uniquement les phrases interrogatives et ajoute leur point.**
a. Comment fonctionne cette tablette...
b. Ne mangez jamais les fruits de cet arbuste...
c. Cette voiture est-elle la vôtre...
d. Depuis le début du mois, la rivière est en crue...

9 * **Recopie uniquement les phrases impératives et ajoute leur point.**
a. Ne porte pas de charge trop lourde...
b. A-t-il fermé la fenêtre...
c. Pour guérir la toux, il faut prendre du sirop...
d. Arrête d'ennuyer ta sœur...

Rédiger des phrases déclarative, interrogative, impérative

10 * **Écris les phrases déclaratives qui répondent à ces phrases interrogatives.**
a. Quelle heure est-il ?
b. Pourquoi emportez-vous un parapluie ?
c. Aimes-tu la natation ?
d. Qui est Cendrillon ?
e. Où peut-on acheter du pain ?

11 * **Écris les phrases interrogatives auxquelles répondent ces phrases déclaratives.**
a. Le vent vient du sud.
b. Elle s'appelle Noisette.
c. Non merci, je n'ai plus soif.
d. Nous ne retrouvons pas nos clés.
e. Loïc n'apprécie pas ce dessin animé.

12 * **Transforme ces phrases en phrases impératives, comme dans l'exemple.**
Tu dois prendre ce sirop. → Prends ce sirop.
a. Tu dois lui rendre son ballon.
b. Il faut que nous venions avec vous.
c. Pouvez-vous parler moins vite ?
d. Veux-tu me donner le sel ?

13 ** **Associe la phrase impérative qui correspond à la phrase déclarative.**
a. La route est glissante.
b. Ce chocolat est très chaud.
c. La mer monte.
d. Le soleil brûle* la peau.
e. Ton train part à onze heures.

1. Mets de la crème protectrice.
2. Dépêche-toi, tu vas le rater !
3. Attendez un peu avant de le boire !
4. Roulez doucement !
5. Quittons rapidement la plage.

J'écris – Je m'exprime

ORAL
14 * **Remets ces mots dans l'ordre pour faire des phrases, puis donne leur type.**
a. le plus court. – a pris – Le loup – le chemin
b. cette veste – portez-vous – horrible ? – Pourquoi
c. pas – parle – la bouche pleine ! – Ne

ORAL
15 ** **Observe cette image, puis écris trois phrases : déclarative, interrogative et impérative. Utilise les verbes :** attendre, regarder, traverser.

À toi de jouer

Déchiffre ce rébus et dis au garçon de l'exercice 15 ce qu'il ne doit pas faire.

Autodictée

– Comment te nommes-tu ?
– Mon nom est Personne.
– Ne mens pas !
– Si on me cherche, dis que tu as vu Personne !

4 La phrase interrogative

Compétences : Identifier les phrases interrogatives. Manipuler et transformer des phrases.

Découvrons et manipulons

Le maître s'est approché de notre groupe et il a demandé :
– Qui veut nous faire une démonstration ?
– Moi ! s'est écrié François-lutin. [...]
C'est alors que le corps de François-lutin a basculé vers l'arrière en un superbe saut périlleux. Un tonnerre d'applaudissements a suivi.
– François, a murmuré le maître abasourdi, je ne te reconnais plus ! Qu'est-ce que tu as mangé au petit-déjeuner ?
– Une demi-noisette et un œuf de mésange battu en neige, a répondu François-lutin.

Anne Didier, *Dans la peau d'un lutin*, © Éditions Bayard, 2010.

1 **a) Quelle est la première question que pose le maître* ?**
b) Trouve une autre question dans le texte.
c) Comment les as-tu repérées ?

2 **Quels mots commencent chaque question ?**

3 **a) À ton avis, quels mots interrogatifs dois-tu utiliser en début de question si tu veux connaître* :**
– le lieu de l'action ?
– le moment de l'action ?
b) Connais-tu d'autres mots pour commencer une question ?

MANIPULER

4 **Transforme ces phrases en phrases interrogatives.**
Tu es content.
→ Es-tu content ? / Est-ce que tu es content ?
- Vous trouvez le bon chemin.
- Il fait beau.
- Elle apprend bien son rôle.
- Tu reviendras bientôt.
- Vous serez là pour le week-end*.

Je retiens

→ Pour poser une question, on utilise la **phrase interrogative**. Elle se termine par un **point d'interrogation**. À l'oral, il faut élever la voix à la fin de la phrase.
Qui veut nous faire une démonstration **?**

→ Une phrase interrogative peut se construire de différentes manières à l'**écrit**.
- On **inverse** obligatoirement l'**ordre du sujet et du verbe**.
Tu prends un petit-déjeuner. (sujet-verbe) → **Prends-tu** un petit-déjeuner **?** (verbe-sujet)
- On peut commencer la phrase par l'expression « **Est-ce que...** ».
Est-ce que tu prends un petit-déjeuner **?**
- On peut aussi commencer la phrase par un **mot interrogatif** :
Qui ... ? Quand ... ? Où ... ? Pourquoi ... ? Comment ... ? Que ... ?
Où prends-tu ton petit-déjeuner **?** **Quand** prends-tu ton petit-déjeuner **?**

→ Dans le langage **oral** courant, on peut ajouter simplement un point d'interrogation à la fin de la phrase : Tu prends un petit-déjeuner **?**

Je m'entraîne

Identifier les phrases interrogatives

5 * **Recopie uniquement les phrases interrogatives.**

a. François-lutin est dans le gymnase.
b. A-t-il impressionné ses camarades ?
c. Sait-il aussi grimper à la corde ?
d. Quel étrange petit-déjeuner !
e. Ne préfère-t-il pas une tartine de confiture ?

6 * **Recopie et classe ces phrases interrogatives, selon la manière dont elles sont construites.**

Verbe + sujet ... ?	Est-ce que + sujet + verbe ... ?
...	...

a. Est-ce que le guépard court vite ?
b. Vas-tu réparer le toit de la maison ?
c. Est-ce que les enfants sont sages ?
d. Chantent-ils ensemble dans une chorale ?
e. Demandez-vous la permission pour sortir ?

7 ** **Recopie ces phrases en écrivant le mot interrogatif en rouge. Entoure le verbe et souligne le sujet.**

a. Pourquoi pleures-tu ?
b. Où se trouve l'hôtel ?
c. Quand inventerez-vous la machine à remonter le temps ?
d. Comment se déplaçaient les hommes au Moyen Âge ?
e. Que pense Sandra de cette histoire ?

Poser des questions de différentes manières

8 * **Associe chaque question à sa réponse.**

a. Où pars-tu ?
b. Quand pars-tu ?
c. Pourquoi pars-tu ?
d. Comment pars-tu ?
e. Avec qui pars-tu ?

1. Je pars la semaine prochaine.
2. Je pars avec mon amie Violaine.
3. Je pars en train.
4. Je pars au Portugal.
5. Je pars car j'apprends le portugais.

9 ** **Transforme ces phrases en phrases interrogatives, de deux manières différentes.**

Il cherche son chat.
→ Cherche-t-il son chat ? Est-ce qu'il cherche son chat ?

a. Elle ramasse de petits cailloux blancs.
b. Ils transportent de nombreuses marchandises.
c. Vous traversez l'océan Atlantique.
d. Tu attrapes la balle rapidement.
e. Elles voyagent souvent en avion.

10 *** **Écris la question qui correspond à la réponse soulignée. Utilise un mot interrogatif.**

J'irai déjeuner au restaurant lundi.
→ **Quand** iras-tu déjeuner au restaurant ?

a. Elle s'est cachée sous la table.
b. Dans vingt minutes, le gâteau sera cuit.
c. Elle respire avec difficulté.
d. Djibril présente un exposé sur le Danemark.
e. Elle se cache parce qu'elle veut échapper à ses poursuivants.

J'écris – Je m'exprime

ORAL

11 * **Jouez à plusieurs. Choisis un personnage célèbre. Tes camarades doivent deviner de qui il s'agit en posant des questions. Tu ne peux répondre aux questions que par « oui » ou par « non ».**

Tintin, Blanche-Neige, Louis XIV...

12 ** **Écris cinq questions que tu pourrais poser à un(e) adulte pour connaître* sa vie quand il (elle) avait ton âge.**

À toi de jouer

Trouve la phrase cachée dans ce rébus.

Autodictée

Charlotte fouille avec inquiétude son coffret à bijoux. Qui a pris son bracelet préféré ? Quand a-t-il disparu ? Est-ce que quelqu'un est entré dans sa chambre ?

5 La forme négative

Compétences : Identifier les phrases à la forme affirmative et négative. Manipuler et transformer des phrases.

Découvrons et manipulons

Cornebique cache son sac et ses vêtements dans un taillis*, puis il installe Pié sur la branche basse d'un hêtre, adossé au tronc :

– Tu ne bouges pas d'ici. Et tu ne te fais pas remarquer. Tu sais que je déteste ça. Je viendrais te chercher après la course. Allez, à tout à l'heure ! [...]

– Ben... Bonne chance !

Cornebique bredouille des remerciements et s'en va. Il n'aime pas laisser Pié seul quelque part.

Jean-Claude Mourlevat, *La Ballade de Cornebique*, © Éditions Gallimard Jeunesse, 2003.

* un taillis : un buisson.

1 **Quelles actions fait Cornebique dans la première phrase ?**

2 **a) Observe les phrases en bleu. Quelles actions Pié ne doit-il pas faire ?**
b) Transforme ces phrases pour dire que Pié peut faire les actions.
c) Quels changements as-tu faits ?

3 **a) D'après toi, quels sont les mots de la négation ?**
b) Où sont-ils placés dans la phrase ?

4 **Trouve une autre phrase à la forme négative dans le texte.**

MANIPULER
5 **Réponds à chaque question de deux manières différentes : en commençant par « oui », puis en commençant par « non ».**
- Aimes-tu le café ?
- Sais-tu piloter un avion ?
- As-tu gagné ton match de tennis ?
- Lis-tu des histoires tout(e) seul(e) ?
- Regardes-tu la télévision le soir ?

MANIPULER
6 **Dans ces phrases, relève les différentes marques de la négation.**
- Tu ne pars jamais en vacances.
- Je n'ai pas visité tous les pays d'Europe.
- Elle n'a invité personne pour son anniversaire.
- Vous n'offrez plus de fleurs pour la fête des Mères.

Je retiens

→ Quand l'action se fait, la phrase est à la forme **affirmative**. On peut la commencer par le mot « **oui** ».
Oui, Cornebique cache son sac et ses vêtements. **Oui**, Pié est assis sur la branche.

→ Quand l'action ne se fait pas, la phrase est à la forme **négative**. On peut la commencer par le mot « **non** ».
Non, il ne se fait pas remarquer. **Non**, il ne reste pas seul.

→ La **négation** est composée de **deux mots qui encadrent** le verbe. Le plus souvent, il s'agit de **ne / n'... pas**. Mais cela peut être aussi : **ne ... plus** – **ne ... jamais** – **ne ... rien** – **ne ... personne**.
Tu **ne** bouges **pas** d'ici. Il **n'**aime **pas** laisser Pié seul.

Je m'entraîne

Identifier les phrases à la forme affirmative et négative

7 * Classe ces phrases dans un tableau à deux colonnes : forme affirmative ou négative.

a. Pié attend sagement son ami Cornebique.
b. Cornebique ne se retourne pas.
c. La course n'est pas encore terminée.
d. Il s'assoit derrière le muret.
e. Il ne retrouve plus ses affaires.

8 * Recopie ces phrases et entoure les mots de la négation.

a. Kim n'habite plus ici.
b. La petite sirène ne marchera jamais sur ses jambes.
c. Tessa ne trouve rien dans ce magasin.
d. Le bus n'emmène personne à Lille.
e. L'équipe adverse n'a marqué aucun point.

9 ** Recopie ce texte. Souligne les phrases à la forme affirmative en bleu et les phrases à la forme négative en rouge.

Demain, toute la famille ira pique-niquer*. Maman a préparé le repas et les boissons. « N'cublie pas la couverture ! Nous l'étendrons sur la pelouse. Ainsi, tu n'auras pas de fourmis sur tes jambes. » Elle a raison. Je déteste les insectes !

Transformer des phrases à la forme affirmative ou négative

10 * Complète ces phrases à la forme négative avec les mots : ne ... personne – ne ... jamais – ne ... plus – ne ... rien – ne ... pas.

a. J'ai essayé mais je ... ai ... pu faire.
b. Mehdi ... a ... faim.
c. La banque ... est ... ouverte le dimanche.
d. Jade ... saute ... dans les flaques d'eau.
e. Il frappe à la porte, mais je ... attends ... .

11 ** Écris ces phrases à la forme affirmative.

a. La maman ne chante pas une berceuse à son enfant.
b. Hugo ne se souvient pas de sa poésie.
c. La princesse n'a pas perdu sa couronne.
d. Fanny ne court pas très vite.
e. Florian n'aime pas les brocolis.

12 ** Transforme ces phrases à la forme affirmative ou à la forme négative.

a. Je ne me baignerai jamais dans la rivière.
b. Regarde donc où tu mets les pieds !
c. Tous les enfants se ressemblent.
d. Augustin n'aime pas la musique classique.
e. Solène colle toutes ses photos dans un album.

13 ** Tous les mots de la négation ont disparu. Recopie ce texte en les replaçant au bon endroit.

ne ... jamais – ne ... rien – ne ... pas

Philippe hurle :
– Non ! Non ! Je ... dirai ... !
Mais il sait bien que l'autre ... peut ... l'entendre et que, de toute façon, il ... le croira ... .
– Allons, un peu de sang-froid ! se dit-il. Il faut que je sorte de la maison. Et sans courir.

Pierre Boileau et Thomas Narcejac, *La Villa d'en face*,
© Bayard Éditions Jeunesse, 2013.

J'écris – Je m'exprime

14 * Présente-toi : réponds aux questions avec deux phrases à la forme affirmative et négative.

a. Quelles sont tes matières préférées à l'école ?
b. Quels sont tes loisirs en dehors de l'école ?
c. Quel métier aimerais-tu faire plus tard ?

ORAL

15 ** Décris ces dessins pour dire ce qui est obligatoire et ce qui est interdit à la piscine.

À toi de jouer

Trouve, dans la grille, six mots exprimant la négation.

J	A	M	A	I	S
K	P	L	U	S	Z
O	A	I	C	Q	N
F	S	D	U	B	E
R	I	E	N	M	A

Autodictée

Mélissa est en colère. Elle ne veut rien faire. Elle ne veut voir personne.

Je réinvestis mes connaissances

La phrase

1 * **Combien y a-t-il de phrases dans ce texte ? Recopie la troisième phrase et la huitième phrase.**

La course commence bien. Abel enfourche son vélo. Il pousse sur les pédales. Bientôt, il dépasse Raphaël. Va-t-il gagner la compétition ? Lola, Marie et Stéphane l'encouragent avec ardeur. Dans la montée, Abel redouble d'efforts. Il évite un trou et un hérisson qui traverse la route. Le voilà à dix mètres de la ligne d'arrivée, tout près de Samir. Qui va gagner la course ?

2 ** **Qu'est-ce qui ne va pas dans ce texte ? Réécris-le correctement.**

le lapin est un animal que l'on voit dans les prés. il bondit partout. il aime l'herbe et les fleurs. parfois, il grignote les carottes du potager ou bien l'écorce des arbres.

3 *** **Réécris ce texte en faisant plusieurs phrases courtes qui ont du sens.**

Ulysse le marin avait attiré la colère des dieux, alors, ceux-ci lui envoyèrent un grand nombre d'épreuves, comme la lutte contre un cyclope, la tentation des sirènes et des naufrages, ces épreuves retardèrent de dix ans son retour chez lui.

La ponctuation

4 * **Recopie ces phrases avec un point (.) ou un point d'interrogation (?).**

a. Mes cousins viendront pendant les vacances
b. Est-ce que l'électricité existait au temps du Roi-Soleil
c. Qui a construit les pyramides
d. Finalement, je crois que mes cousins ne viendront pas
e. Seront-ils là à Noël
f. Quand le chat n'est pas là, les souris dansent
g. Quand irons-nous en classe de mer

5 ** **Recopie ces phrases. Entoure les signes de ponctuation corrects en vert et ceux qui ne le sont pas en rouge. Que faut-il mettre à la place ?**

a. Quelle bonne idée.
b. Où est passée ma jupe à carreaux !
c. Cette fille est tellement gentille.
d. Leïla et Marianne : sont les meilleures amies.
e. Nous avons mangé des meringues, des guimauves et beaucoup d'autres confiseries...
f. Qui veut effacer le tableau ?

6 *** **Recopie ce texte en ajoutant la ponctuation nécessaire. Pense aux majuscules.**

les hommes préhistoriques vivaient dans des cavernes ou des huttes ils chassaient les animaux sauvages ils ramassaient aussi des fruits des racines et des insectes ils devaient tailler des pierres pour avoir des armes

Les types de phrases

7 * **Écris le type de chaque phrase : déclarative, interrogative, impérative.**

a. Quel est cet oiseau : un serin ou un pipit ?
b. Vite, allez chercher un docteur !
c. Une grosse tempête est annoncée pour demain.
d. Es-tu déjà allé à l'opéra ?
e. Aurélia est très fatiguée ce soir.
f. Écoute bien ce que te dit l'animatrice !

8 * **Associe les phrases interrogatives et déclaratives qui se correspondent.**

a. Quelles sont les couleurs du drapeau français ?
b. Où se trouve la bibliothèque municipale ?
c. Comment te sens-tu ce matin ?

1. Je suis en pleine forme !
2. Le drapeau français est bleu, blanc et rouge.
3. La bibliothèque municipale se situe à côté de la mairie.

9 ** **Recopie et classe ces phrases impératives en deux colonnes : ordre ou conseil.**

a. Marche plus vite !
b. Fais attention aux voitures.
c. Évitez d'emprunter cette rue encombrée.
d. Baisse le son de la radio !
e. Range ta chambre !
f. Ne reste pas trop longtemps au soleil.

La phrase interrogative

10 * **Recopie uniquement les phrases interrogatives. Entoure le verbe et souligne le sujet.**

a. Quand l'été commence-t-il ?
b. Pourquoi as-tu besoin d'un autre sac ?
c. Elle est partie je ne sais où.
d. Pierre n'a pas résolu son problème.
e. Aimez-vous aller à l'école ?

11 ** **Transforme ces phrases en phrases interrogatives, de deux manières différentes.**

Tu pars bientôt en vacances. → **Pars-tu** bientôt en vacances ? **Est-ce que** tu pars bientôt en vacances ?

a. La princesse sait monter à cheval.
b. Mon chien a mangé toutes ses croquettes.
c. Ses chaussures sont cirées.
d. Tu as pris ton sac de piscine.
e. Il y a des yaourts dans le réfrigérateur.

12 *** **Écris la question qui correspond à la réponse soulignée. Utilise un mot interrogatif.**

a. Je voudrais devenir <u>pâtissier</u>.
b. Je ne l'ai pas vu depuis <u>quatre ans</u>.
c. Nous partons <u>au bord de la mer</u> cet été.
d. Il vit avec <u>sa sœur</u>.
e. La panthère noire avance <u>lentement</u>.

La forme négative

13 * **Transforme ces phrases de la forme affirmative à la forme négative.**

a. Carmen apprécie les gâteaux au citron.
b. Jules aime faire du vélo.
c. Le couscous est le plat préféré de Kevin.
d. Les marins partent très tôt à la pêche.
e. Il habite à Tours.
f. Je ramasse les déchets sur la plage.

14 ** **Transforme ces phrases de la forme négative à la forme affirmative. Attention, il faut parfois changer un mot !**

Cet enfant **n'aime rien**. → Cet enfant aime **tout**.

a. Louis XIV ne portait jamais de perruque.
b. Gaspard n'a pas gagné la course.
c. Soyez impolis et vous ne serez pas punis.
d. Le jus de citron n'est pas acide.
e. Tchang ne veut plus marcher.

EXERCICES TRANSVERSAUX

15 ** **Remets ces groupes de mots dans l'ordre pour faire des phrases. Ajoute la ponctuation et les majuscules. Ces phrases sont-elles à la forme affirmative ou à la forme négative ?**

a. les escargots – pas – je – n'aime
b. pour trouver – les loups – en meute – dans la forêt – se déplacent – de la nourriture
c. ne trouvent – les bergers – leurs brebis – dans le champ – pas
d. deux moutons – affamés – à l'aube – par les loups – ont été dévorés

16 *** **Recopie ce texte.**

a) **Écris tous les signes de ponctuation en rouge.**
b) **Écris les phrases interrogatives en bleu.**
c) **Entoure la phrase à la forme négative.**
d) **Combien de phrases comptes-tu ?**

Qu'est-ce qui se passe ce matin ? Je me lève. Un grand silence règne dans la maison. Papa et maman sont-ils levés ? Oui, j'entends du bruit. Je me dis que papa prépare le petit déjeuner. J'entre dans la cuisine. J'ai envie d'un bon chocolat chaud. Ils ne me voient pas. Est-ce que je suis devenu invisible ?

EXERCICES D'ÉCRITURE

17 ** **Écris trois phrases en conjuguant les verbes donnés. Change les types de phrases : déclarative, interrogative, impérative.**

oublier – prendre – risquer

18 ** **Imagine que tu es dans la jungle. Que vois-tu ? Qu'entends-tu ? Écris un court texte. N'oublie pas la ponctuation et pense à varier les types de phrases (déclaratives, interrogatives, négatives).**

6 Le sujet

Compétences : Identifier le sujet dans une phrase. Identifier sa nature.

Découvrons et manipulons

Le service d'informations fonctionna comme sur des roulettes. Les chiens foncèrent tels des tourbillons à travers villes et villages. Les belettes se faufilèrent au milieu des jardins. Les cerfs et les chevreuils galopèrent à travers les forêts, si vite qu'ils en firent pleuvoir des branches mortes. « Dans quatre semaines exactement, conférence au Palais des Animaux. »

Erich Kästner, *La Rencontre des Animaux*, traduction de Dominique Ebnöther, © Le Livre de Poche Jeunesse, 2015.

1 **Observe la phrase en bleu. De qui parle-t-on dans cette phrase ?**

2 **Observe le mot en rouge. Qui est-ce qui « galopent » ? Quels mots de la phrase nous donnent la réponse ?**

3 **Quel est le sujet de l'action en vert ?**

MANIPULER

4 **Pose la question « Qui est-ce qui ? » et trouve le sujet de chaque verbe en gras.**

- Cléopâtre **écoute** attentivement son conseiller.
- Les cavaliers **montent** sur leurs chevaux.
- Heureusement, elle **dit** la vérité.
- Tous les jours, le boulanger **travaille** dès l'aube.

MANIPULER

5 **Pour chaque phrase, pose la question « Qui est-ce qui ? » et réponds.**

Ma voisine arrose ses fleurs.
→ **Qui est-ce qui** arrose ses fleurs ?
C'est ma voisine **qui** arrose ses fleurs.

- Le chemin est boueux.
- L'armoire est fermée à clé.
- Le chat dort sur le canapé.
- Dans le salon se trouvait une cheminée.

MANIPULER

6 **Complète chaque phrase avec un sujet de ton choix.**

- ... traverse la forêt.
- ... allons au marché.
- ... écrivez une histoire.
- ... grandissent très vite.

Je retiens

→ Dans une phrase, le **sujet** est celui qui **fait l'action**. Le plus souvent, il est placé **avant le verbe**.

→ Le sujet peut désigner une **personne**, un **animal** ou une **chose**.

Tu aperçois les animaux. (une personne) — **Les chiens** foncèrent. (un animal) — **La pluie** tombe. (une chose)

→ Pour trouver le sujet, on peut :
- se demander **de quoi** ou **de qui on parle** dans la phrase ;
- poser la question « **Qui est-ce qui** + verbe ? » et répondre en encadrant le sujet avec les mots « **C'est (Ce sont) ... qui** ».

Qui est-ce qui se faufilaient (verbe) dans les jardins ?

Ce sont les belettes (sujet) **qui** se faufilaient dans les jardins.

→ Le sujet peut être un **nom propre**, un **groupe nominal** ou un **pronom personnel**.

Estelle s'est couchée. (nom propre) — **Le téléphone** sonne. (groupe nominal) — **Je** suis assise. (pronom personnel)

Je m'entraîne

Identifier le sujet dans une phrase

7 * **Recopie ces phrases et souligne les sujets des verbes en gras. Pense à te poser la question « Qui est-ce qui ? »**

a. Les villageois **aperçoivent** les animaux.
b. Les chiens **préviennent** les loups.
c. Ils **courent** dans la forêt.
d. Le bruit **réveille** les oiseaux et les écureuils.
e. La tortue **arrivera** en retard au rendez-vous.

8 * **Trouve le sujet en utilisant l'expression « C'est ... qui » ou « Ce sont ... qui ».**

Les gorilles vivent dans la jungle.
→ **Ce sont** les gorilles **qui** vivent dans la jungle.

a. En Grèce, Dimitri prépare la récolte des olives.
b. Ce petit chat roux ressemble à un écureuil.
c. L'hiver, vous skiez à la montagne.
d. La porte de l'ascenseur ne s'ouvre plus.

9 ** **Recopie ces phrases et souligne les sujets des verbes.**

a. Dans la maison, le chat surveille les souris.
b. Je lui envoie mes vœux pour la nouvelle année.
c. Après dîner*, les enfants débarrassent la table.
d. Le maître*-nageur sauve un baigneur imprudent.
e. Dans la vitrine, des trains circulent.

10 *** **Recopie ce texte et entoure les sujets.**

Nicolas restaure une vieille armoire qu'il a trouvée dans une brocante. Il commence par la nettoyer, puis il la repeint en bleu. Sa sœur colle un décor. Une fois terminée, cette armoire ira dans la chambre de leur petit frère.

Identifier la nature d'un sujet

11 * **Relève le sujet dans chaque phrase. Indique si c'est un nom propre, un groupe nominal ou un pronom personnel.**

a. Tu traverses la Dordogne en bateau.
b. Le lynx grimpe en haut de l'arbre.
c. Charles prépare son déjeuner.
d. Ce matin, le téléphone sonne sans arrêt.
e. Notre petite poule blanche a pondu deux œufs.

12 ** **Complète chaque phrase avec l'un des sujets suivants. Puis donne sa nature.**

L'Espagne – Samir et son chien – Jeanne – Les spectateurs – Ils

a. ... applaudissent à la fin du numéro.
b. ... est un pays voisin de la France.
c. Tous les jours, ... traversent le parc.
d. ... a attrapé la balle.
e. ... achètent une maison.

13 ** **Complète chaque phrase par le sujet demandé entre parenthèses.**

a. ... (noms propres) récupèrent un colis à la poste.
b. ... (pronom personnel) jouez aux cow-boys*.
c. ... (groupe nominal) vivent en troupeau.
d. ... (groupe nominal) enlève la princesse.
e. ... (pronom personnel) imprime un document.

J'écris – Je m'exprime

ORAL

14 * **Invente une phrase avec chaque expression. Choisis le sujet et pense à conjuguer le verbe.**

a. remporter la victoire
b. creuser profondément
c. ouvrir un paquet

15 ** **Écris un texte en utilisant les sujets suivants.**

la licorne – ils –
un feu – les amis

À toi de jouer

Décode ces trois mots, puis utilise-les comme sujets dans une phrase.

Code : A = 1, B = 2, ...

Le point sépare les lettres, le signe / sépare les mots.

4.5.21.24 / 5.14.6.1.14.20.19 /
7.15.21.18.13.1.14.4.19

Autodictée

Bastien écoute attentivement les bruits de la mer. Il ferme les yeux pour mieux les entendre. Il perçoit le son des vagues et le murmure du vent.

7 Le verbe

Compétence : Identifier le verbe dans une phrase.

Découvrons et manipulons

Le docteur tourne la poignée de la porte. Puis il pousse le battant, à peine. Le soleil de fin d'après-midi jette un rayon doré sur le parquet. Zélie se tient un peu en retrait, derrière son père, mais elle tend le cou pour apercevoir Antoine. La pièce lui paraît vide.
– Suis-moi Zélie. Il est là, dans le coin le plus sombre. Il a très peur de nous. Ne fais pas de gestes brusques…
– Oui, papa…
Zélie le voit. Antoine, c'est cette forme recroquevillée entre l'armoire et le lit.

Florence Reynaud, *L'Enfant-loup*, © Le Livre de Poche Jeunesse, 2001.

1 Avec tes camarades, mimez ce texte. Avant de commencer, demandez-vous :
a) Quelles actions allez-vous faire ?
b) Y a-t-il des actions ou d'autres choses que vous ne pouvez pas mimer ?
c) Listez les actions faites par Zélie et celles faites par les autres personnages.

2 a) Relis le texte en commençant par « Dans quelques jours, le docteur tournera la poignée... »
b) Quels sont les mots du texte qui changent ?
c) Maintenant, relis le texte en remplaçant « Zélie » par « Zélie et Mathilde ». Quels sont les mots du texte qui changent ?

MANIPULER

3 Change le temps de chaque phrase, en commençant par l'expression indiquée entre parenthèses.
- Le mécanicien réparait la voiture. (Maintenant)
- Il y a de la musique dans la maison. (Hier)
- L'iceberg avance lentement. (Hier)
- Elle souffle sur les bougies. (Demain)

MANIPULER

4 Remplace le sujet par le pronom personnel donné. Donne l'infinitif du verbe conjugué.
- Nous allons en Italie. (Tu)
- Les Gaulois habitaient dans des huttes. (Vous)
- Le bateau échoue sur la rive. (Nous)
- Vous revenez de colonie de vacances. (Je)

Je retiens

→ Dans une phrase, le **verbe** dépend d'un sujet.
Le verbe se place généralement **après le sujet**.
Le docteur **tourne** la poignée de la porte.

→ Le verbe exprime une **action** ou un **état** du sujet.
Il **pousse** le battant. (action) — La pièce **semble** vide. (état)

→ Un verbe peut être à l'**infinitif** ou **conjugué**. Quand il est conjugué, il **s'accorde** avec le sujet.
Le journal parl**e** de lui. → Tous les journaux parl**ent** de lui.

→ Pour reconnaître* le verbe dans une phrase, on peut changer le temps et/ou le sujet de la phrase : le verbe est le **mot qui varie**.

Il pouss**e** la porte. → Nous pouss**ons** la porte.
Hier, il pouss**ait** la porte. → Hier, nous pouss**ions** la porte.
Demain, il pouss**era** la porte. → Demain, nous pousser**ons** la porte.

Je m'entraîne

Identifier le verbe dans la phrase

5 * **Recopie uniquement les phrases où le mot souligné est un verbe conjugué.**

a. Antoine est entre l'armoire et le lit.
b. Il ne parle à personne.
c. Zélie observe le garçon.
d. Le docteur entre dans la pièce.
e. Zélie tend le cou pour voir l'enfant.

6 ** **Remplace les sujets en gras par le pronom personnel proposé entre parenthèses. Puis, souligne les verbes conjugués.**

a. Parfois, **les pêcheurs** trouvent des perles dans les huîtres*. (nous)
b. **Djamila** déchiffre les notes de musique. (Vous)
c. **Vous** triez les déchets. (Je)
d. **Marie** croise un vieil ami. (Nous)
e. **Tu** écouteras les conseils pour venir. (Nous)

7 ** **Réécris ces phrases au passé et entoure les verbes.**

a. Je prends toujours un dessert.
b. Le prince est le souverain du royaume.
c. Les agriculteurs moissonneront les champs de blé.
d. Les portes claquent à cause du vent.
e. Dans son bain, Daniel éclabousse sa maman.

8 *** **Relève les verbes conjugués et donne leur infinitif.**

a. Le garagiste remplace les pneus usés.
b. Les enfants vont à l'école en courant.
c. Pendant la croisière, vous verrez peut-être des dauphins.
d. L'archer vise le centre de la cible.
e. Emma veut s'occuper seule de son chien.

9 *** **Recopie les phrases et entoure les verbes. Souligne en bleu les phrases où le verbe décrit une action du sujet et en rouge les phrases où le verbe décrit un état du sujet.**

a. Cet enfant semble très mignon.
b. Le feu dévore la forêt.
c. La vie de Louis XIV est passionnante.
d. Les parents de Lilian font les courses.
e. Ce lion paraît* dangereux.

10 *** **Classe ces verbes en deux groupes selon qu'ils expriment une action ou un état.**

sembler – paraître* – attraper – écrire – exprimer – bricoler – lever – être – voir – devenir – démolir – rester

J'écris – Je m'exprime

11 ORAL * **Raconte une journée de vacances en utilisant les verbes suivants :** se lever – aimer – préférer – jouer – pouvoir – apprendre.

12 ORAL ** **Modifie chaque phrase pour remplacer le verbe faire par un verbe plus précis.**

Elle **fait** de la peinture. → Elle peint.

a. Pour le déjeuner, Marie fait des carottes.
b. Ils font du sport.
c. Elle fait une randonnée.

13 ** **Écris deux phrases pour décrire cette vignette. Utilise des verbes d'action.**

Cazenove et Bastide, *Boule et Bill Tome 37 : Bill est un gros rapporteur !*, © Dargaud, 2016.

À toi de jouer

Forme quatre verbes d'action à partir des syllabes proposées. Puis trouve le métier qui se cache derrière ces actions.

RIR SOI O GUÉ RER NER
XA PÉ MI GNER E

Autodictée

Quand ils marchent, les citadins sont toujours pressés. Ils ne regardent que leurs pieds. Moi, je préfère marcher tranquillement. Je lève les yeux et j'observe les façades pleines de détails.

8 Les compléments

Compétences : Identifier et utiliser les compléments dans une phrase.

Découvrons et manipulons

Sur la mer, il était une fois, ô Mieux Aimée, une Baleine qui mangeait les poissons. [...] Les poissons qu'elle trouvait dans la mer, elle les gobait tous à pleine bouche – comme ça ! Jusqu'au moment où dans tout l'océan, il ne resta plus qu'un petit poisson, un tout petit poisson malin qui nageait plutôt derrière l'oreille droite de la Baleine, histoire de se garer des mauvais coups. Quand la Baleine se dressa sur sa queue et déclara : « J'ai faim », le petit poisson malin répondit de sa petite voix maligne : « Noble et généreux Cétacé, as-tu jamais goûté de l'Homme ? »

Rudyard Kipling, « Comment la Baleine eut un gosier », in *Histoires comme ça*, © Le Livre de Poche jeunesse, 2007.

1 **Lis la phrase en bleu. Que mange la baleine ?**

2 **Lis la phrase en rouge. Où la baleine trouve-t-elle les poissons ?**

3 **Lis la phrase en vert. Comment la baleine gobe-t-elle les poissons ?**

4 **Lis cette phrase et dis quand la baleine se dresse : « À l'aube, la Baleine se dressa sur sa queue. »**

MANIPULER

5 **Lis cette phrase et réponds aux questions.**

Le mercredi, Léa lit des livres dans sa chambre.

- Que lit Léa ?
- Où Léa lit-elle ?
- Quand Léa lit-elle ?

MANIPULER

6 **Complète chaque phrase par un complément qui répond à la question posée.**

- Nous attendons ... . (qui ?)
- Les fillettes cueillent des fleurs ... . (où ?)
- ... , je reçois des cadeaux. (quand ?)
- Au tennis, il faut frapper la balle ... . (comment ?)

Je retiens

→ Dans une phrase, il y a souvent des **groupes de mots** qui donnent des informations sur le verbe. Ce sont des **compléments**.

→ Les compléments permettent de **répondre aux questions** :
qui/que/quoi ? à qui/à quoi ? où ? quand ? comment ?

Une baleine mange **les poissons**.
→ Le complément indique ce que mange la baleine. **(quoi ?)**

Elle les trouve **dans la mer**.
→ Le complément indique où la baleine trouve les poissons. **(où ?)**

À l'aube, la baleine se dresse sur sa queue.
→ Le complément indique quand la baleine se dresse sur sa queue. **(quand ?)**

Elle les gobe tous **à pleine bouche**.
→ Le complément indique comment la baleine gobe les poissons. **(comment ?)**

Je m'entraîne

Identifier les compléments

7 * Recopie uniquement les phrases dans lesquelles il y a des compléments.

a. Le métro s'arrête brusquement.
b. Le petit bébé gigote et pleure.
c. Depuis hier, je n'ai plus de boutons.
d. On allume le feu dans la cheminée.
e. La pluie arrive.

8 * Recopie les phrases et souligne les compléments.

a. Nous achetons des fruits frais.
b. Ma sœur est allongée sur le sable.
c. À midi tout juste, je déjeunerai !
d. Viendront-ils en bus ?
e. J'ai écrit à ma cousine.

9 ** Choisis et recopie la question à laquelle répond le complément en gras.

a. Le lion tourne **dans sa cage**. (où ? / quand ?)
b. Le maître* interroge **un élève**. (comment ? / qui ?)
c. Viens me voir **demain** ! (quoi ? / quand ?)
d. Elsa offre un cadeau **à sa copine**. (quoi ? / à qui ?)
e. Il avance **doucement**. (quand ? / comment ?)

10 ** Recopie uniquement le complément qui répond à la question posée.

a. L'hiver, la température baisse. (quand ?)
b. Mon cousin dîne* en pyjama dans le salon. (où ?)
c. Au stade de France, hier soir, Marc a vu le Président. (qui ?)
d. Ils entrent dans la classe en silence. (comment ?)
e. Le Petit Chaperon rouge porte une galette à sa grand-mère. (à qui ?)

Utiliser les compléments

11 * Recopie et complète ces phrases avec les compléments proposés.

dans cette grotte – les feuilles – avec sa lance – En plein été – à Noël

a. Avec ces catalogues de jouets, je pense déjà … .
b. Le pompier éteint le feu … .
c. … , il fait très chaud dans cette région.
d. Des hommes ont vécu … .
e. Le jardinier ramasse … du parc.

12 ** Recopie et complète ces phrases pour répondre aux questions.

a. Regarde, il y a un aigle … ! (où ?)
b. Les élèves doivent obéir … . (à qui ?)
c. … , tu dois porter un chapeau. (quand ?)
d. Il faut manger la soupe … . (comment ?)
e. L'éléphant porte … sur son dos. (quoi ?)

13 * Recopie et complète ces phrases avec les compléments de ton choix.**

a. Maman tricote … pour ma petite sœur.
b. Les automobiles roulent très vite … .
c. … , nous skions sur les pistes enneigées.
d. Beaucoup de touristes voyagent … .
e. J'envoie une carte postale … .

J'écris – Je m'exprime

ORAL

14 * Complète ces phrases avec des compléments qui répondent aux questions posées.

a. (quand ?) … , le bandit a cambriolé (quoi ?) … (où ?) … .
b. (où ?) … , le jeune faon tète (quoi ?) … (de qui ?) … .
c. Installée (où ?) … , la sorcière prépare (quoi ?) … (comment ?) … .

15 ** Observe cette image, puis recopie et complète le texte.

… Touctouc, le toucan, vivait … . Il se posait souvent … . Il regardait … . La Lune était … .

À toi de jouer

Déchiffre ce rébus pour savoir où et depuis quand la princesse est enfermée.

Autodictée

Dans sa tanière, le loup prépare le repas. Il porte un tablier et mélange la soupe avec une grande cuillère. La marmite bouillonne sur le feu.

Je réinvestis mes connaissances

Le sujet

1 * **Recopie ces phrases et souligne le sujet des verbes en gras.**

a. Hier, Fatoumata **est arrivée** en retard.

b. Quand il fait beau, Pierre et Alice **partent** en randonnée.

c. Les étendards **sont déployés** en haut des tours du château.

d. Les voitures **glissent** sur le verglas.

e. Comme le feu **s'est déclaré** dans la grange, les pompiers sont arrivés aussitôt.

f. Nora et moi **nageons** ensemble à la piscine tous les vendredis.

2 ** **Complète chaque phrase avec l'un des sujets proposés. Attention, il y a des intrus.**

ils – la France – la maîtresse* – le lion – le médecin – vous – les oiseaux

a. ... règne sur tous les animaux.

b. ... a donné huit exercices à faire pour demain.

c. ... sont partis en exploration.

d. ... est connue pour sa gastronomie.

e. ... a annoncé que le malade était guéri.

3 *** **Complète ces phrases avec un sujet qui convient (nom, groupe nominal ou pronom personnel).**

Un jeune ... s'ennuyait dans la plus haute tour du château car ... l'y avait enfermé. Un jour, ... s'avança, fière, sur un beau cheval noir. Elle lui dit : « ... viens vous délivrer. ... ne pourra plus rien contre vous. »

... poussa un grand soupir de soulagement et ... sourit à la princesse.

Le verbe

4 * **Recopie ces phrases, puis souligne en rouge les verbes conjugués et en bleu les verbes à l'infinitif.**

a. Je vois un cheval courir dans la prairie. Il avance vers moi pour réclamer un morceau de pain.

b. Les boulangers travaillent toute la nuit pour nous fournir du pain frais au petit déjeuner.

c. La tour Eiffel attire des touristes qui aiment la photographier et la montrer ensuite à leurs amis.

d. Mon petit chat miaule, ronronne et vient se faire caresser.

5 ** **Réécris ces phrases au passé et entoure le verbe.**

a. Tu construis un cerf-volant tout seul.

b. Jérémie et Marie vont au cinéma tous les dimanches.

c. Je suis déguisé pour le carnaval.

d. Arthur prend la théière pour servir ses invités.

e. Ils ramassent des coquillages sur la plage.

6 ** **Remplace les sujets en gras par les pronoms personnels proposés entre parenthèses. Puis, souligne les verbes conjugués.**

a. **Je** ne suis pas venu ici depuis longtemps. (nous)

b. **Nous** allons en ville. (vous)

c. **Vous** apportez le déjeuner. (je)

d. **Tu** achètes les fournitures scolaires. (il)

e. **Elle** chante tous les jours sous la douche. (ils)

Les compléments

7 * **Recopie les phrases et souligne les compléments.**

a. Dans ce quartier, il y a des maisons anciennes.

b. À minuit, Cendrillon monte rapidement dans son carrosse.

c. Les élèves retrouvent leur professeur le jour de la rentrée.

d. Je vais souvent au cinéma avec mes cousins.

e. Sur le terrain, l'arbitre donne des recommandations aux joueurs.

8 * **Recopie et complète ces phrases avec les compléments proposés.**

son violon – vite – la prochaine fois – le seau d'eau – dans le miroir

a. Narcisse s'admire … .

b. … , tu feras davantage attention !

c. Fanny a-t-elle cherché … ?

d. Le fleuriste a vidé … .

e. Le lièvre rattrape … la tortue.

9 ** **Choisis et recopie la question à laquelle répondent les compléments.**

qui ? / quoi / à quoi ? / où ? / quand ? / comment ?

a. Ce matin (…), j'achète une baguette (…) à la boulangerie (…).

b. Dans le train (…), je pense à mes futures vacances (…).

c. Entrez doucement (…) dans cette pièce (…).

d. Hier (…), j'ai oublié mon manteau (…) dans le couloir (…).

e. Ils ont accroché solidement (…) le miroir (…) au mur (…).

EXERCICES TRANSVERSAUX

10 * **Recopie ces phrases. Souligne les sujets en rouge et les verbes conjugués en bleu.**

a. Les maçons construisent de magnifiques bâtisses.

b. Les dinosaures ont disparu de la Terre.

c. Nous partons nous promener dans la forêt.

d. Omar et Jennifer adorent les films d'horreur.

e. Cette femme sauve le garçon de la noyade.

11 ** **Recopie ces phrases, puis souligne en rouge le sujet du verbe en gras et en bleu les compléments.**

a. Les crapauds **coassent** au bord de la mare toute la nuit.

b. Cet automne, nous **louerons** notre maison à des vacanciers.

c. En juillet, je **passe** toutes mes journées tranquillement sur la plage.

d. Juliette **photographie** les animaux lors de sa visite au zoo.

e. **Ranges**-tu soigneusement ta chambre chaque week-end* ?

12 ** **Quel est le sujet des verbes soulignés ? Précise pour chacun si c'est un nom, un groupe nominal ou un pronom personnel.**

Les canards jumeaux <u>cherchèrent</u> à manger. Guachipato, toujours le plus rapide pour trouver de la nourriture, observa bientôt :

– Le ver que je <u>viens</u> d'avaler a un drôle de goût.

– La vase aussi a un drôle de goût, <u>répondit</u> Huanchipato.

Les jumeaux <u>auraient dû</u> dire « un goût de lessive ». Mais ils ne <u>connaissaient</u> pas la lessive des hommes.

Michel Girin, illustration de Béatrice Rodriguez, *Les Deux Patauds*, coll. « Le bibliobus n° 29 – Le développement durable », © Hachette Éducation, 2009.

EXERCICES D'ÉCRITURE

13 * **Écris trois phrases pour dire ce que tu vois sur cette photographie. Pense à varier les sujets, les verbes et les compléments.**

14 ** **Écris quelques phrases avec ces cinq mots. Pense à accorder les mots et à conjuguer les verbes.**

voler – un vélo – dans la rue – un(e) passant(e) – retrouver

9 Le nom propre et le nom commun

Compétences : Identifier un nom. Différencier et utiliser les noms communs et les noms propres.

Découvrons et manipulons

C'était un mardi matin. À dix heures pile, le directeur a ouvert la porte sans prévenir. […] À ses côtés, il y avait un garçon un peu long, un peu maigre, qui n'avait pas vraiment l'air de se rendre compte que tous les regards étaient maintenant posés sur lui.
Monsieur Colle a annoncé d'une voix vibrante :
« C'est un nouveau, il s'appelle César. Je compte sur vous pour en faire un ami… »
[…] César avait un cartable vert. Mademoiselle Finetresse lui a souhaité la bienvenue. Ensuite, elle a cherché où l'installer.
« Tu iras à côté de Thomas ! »

Olivier de Vleeschouwer, *Les Lézards de César*,
© Éditions Grasset & Fasquelle, 2001.

1 **a) Observe le mot en vert. À quelle classe grammaticale appartient-il ?**
b) Ce mot désigne-t-il une personne, une chose ou un lieu ?

2 **a) Observe le mot en rouge. Que remarques-tu ?**
b) Que désigne ce mot ?

3 **Trouve dans le texte d'autres mots écrits comme celui en rouge. Quel est leur point commun ?**

4 **Trouve un mot désignant une personne, un objet ou un lieu appartenant à la même classe grammaticale que le mot en vert.**

MANIPULER
5 **Dans cette liste de noms, indique ceux qui désignent une personne, un animal, une chose, un lieu en général, et ceux qui désignent des noms particuliers.**
une bouteille – les Alpes – Marseille – un papillon – le chocolat – l'Argentine – un dictionnaire – Rosalie – la montagne – le comédien – Mozart – les chevaux – le Nil – Mistigri

MANIPULER
6 **Classe ces noms dans deux colonnes : les noms communs et les noms propres.**
Osiris – un tableau – le Japon – une flûte* – une locomotive – un caméléon – la Seine – la joie – Jules César – le Minotaure – un volcan – des robots – Sinbad

Je retiens

→ Il existe des noms **communs** et des noms **propres**.

→ Les **noms communs** désignent une personne, un animal, une chose, une idée, un sentiment, un lieu **en général**.
- Ils ont un **genre** (masculin, féminin) et un **nombre** (singulier, pluriel).
  une **fille** un **chat** les **feuilles** des **bruits**
- Devant un nom commun, il y a toujours un **déterminant** : **un** ami – **la** poste.

→ Les **noms propres** désignent une personne, un animal, un lieu **en particulier** et unique.
César → une personne **Médor** → un animal **Lille** → un lieu
Les noms propres commencent toujours par une **majuscule**.
Certains peuvent être accompagnés d'un déterminant : **la** Loire.

Je m'entraîne

Identifier et distinguer les noms communs et les noms propres

7 * **Recopie ces phrases et souligne uniquement les noms communs.**

a. Le directeur de Thomas s'appelle Monsieur Colle.
b. Les enfants observent César.
c. La maîtresse* choisit une place pour César
d. César n'a pas peur des autres élèves.
e. Thomas et César vont être des voisins en classe.

8 * **Recopie uniquement les noms propres.**

a. Le chat de Sophie s'appelle Mistigri.
b. Pendant mes vacances dans les Alpes, j'ai vu le mont Blanc.
c. Raphaël joue avec sa petite sœur Clémence.
d. Pour rentrer, Sonia marche le long de la Seine.
e. L'Espagne, l'Italie et la Grèce sont des pays du sud de l'Europe.

9 ** **Recopie ce texte et souligne les noms communs en bleu et les noms propres en vert.**

Folle d'inquiétude, Valériane arpente de long en large le perron du cercle de voile du Pyla. […] Le compteur tourne inexorablement, il est dix-neuf heures trente et elle ne sait pas si ses parents ont retrouvé Flora au banc d'Arguin car elle n'a pas réussi à les joindre sur leur portable.

Jeanne Faivre d'Arcier, *Mystérieuse disparition au banc d'Arguin*, © Éditions Syros.

10 *** **Recopie et classe ces noms en quatre groupes (personne, animal, chose, sentiment). Entoure les noms propres.**

un escalier – une journaliste – la colère – une tablette – Victor Hugo – un panda – la joie – une cousine – une baleine – un avion – la peur

Utiliser les noms communs et les noms propres

11 * **Complète les phrases avec le nom qui convient.**

médicaments – Dublin – lutins – médecin – Irlande – ami – pays

Pour soigner son rhume, Chloé va voir le … . Ensuite, elle achète des … à la pharmacie. Dans quelques jours, elle rejoindra son … en … . Ce … est connu pour ses moutons et ses … . Sa capitale est … .

12 ** **Associe chaque nom propre à un nom commun.**

a. Harry Potter
b. Beethoven
c. Rome
d. les Pyrénées
e. le Louvre

1. une ville
2. un musicien
3. un personnage de livre
4. un musée
5. un massif montagneux

13 *** **Écris au moins un nom propre pour chaque nom commun.**

a. un fleuve : …
b. un sportif : …
c. un pays : …
d. un peintre : …

J'écris – Je m'exprime

14 * **Réécris chaque phrase en remplaçant les noms en gras par des noms de la même catégorie (personne, animal, chose…).**

a. La **girafe** se cache derrière un **arbre**.
b. Le **géant** attrape un **rocher** et le lance.
c. **Nicole** et **Noah** ont acheté une **voiture** rouge.
d. Cette **athlète** a reçu une **médaille**.
e. Dans la **rivière**, il y a des **crocodiles**.

15 ** ORAL **Décris un monument célèbre que tu connais.**

À toi de jouer

Trouve les deux noms qui se cachent derrière ces rébus. Indique celui qui est commun et celui qui est propre.

• 

• 

Autodictée

Léonard de Vinci était un artiste et un inventeur italien. Son tableau le plus célèbre est « La Joconde ». Il a fini sa vie en France.

10 Les déterminants

Compétences : Identifier et utiliser les déterminants.

Découvrons et manipulons

Qu'est-ce que la pollution lumineuse ?

Il s'agit de tous les éclairages qui sont utilisés la nuit comme les panneaux publicitaires, les vitrines de magasins, ou les lampadaires. On parle de pollution lumineuse quand ces éclairages artificiels sont nombreux et qu'ils finissent par avoir des répercussions négatives sur notre environnement. [...] Il y a actuellement tellement de clarté la nuit que 80 % de la population mondiale ne voit désormais plus les étoiles. Les villes sont même visibles depuis l'espace !

Ludivine Loncle, *Stop à la pollution lumineuse !*, 6 octobre 2016, www.1jour1actu.com, © Éditions Milan.

1 a) Observe les mots en rouge. À quelle classe grammaticale appartiennent-ils ?
b) Quels noms accompagnent-ils ?
c) Où sont-ils placés par rapport aux noms qu'ils accompagnent ?
d) Quelles informations ces mots te donnent-ils sur le nom qui suit ?

2 Trouve, dans le texte, d'autres groupes de mots construits de la même manière.

3 a) Observe le groupe nominal en vert. Quel est le déterminant et quel est le nom noyau ?
b) Quel est le genre et le nombre du déterminant ?
c) Qu'est-ce qui te l'indique ?

MANIPULER
4 Complète ces phrases avec le déterminant qui convient.

Le panneau brille dans la nuit.

- ... vitrine brille dans la nuit.
- ... lampadaires brillent dans la nuit.
- ... lumières brillent dans la nuit.
- ... espace est rempli d'étoiles.

MANIPULER
5 Complète ces phrases avec le déterminant qui convient. Explique ta réponse.

Nous polluons **notre** planète.

Je pollue ... planète. – Tu pollues ... planète. – Il pollue ... planète. – Vous polluez ... planète. – Elles polluent ... planète.

Je retiens

→ Un **déterminant** est un mot toujours placé **devant le nom** qu'il accompagne. C'est un élément **obligatoire** :
un éclairage – **la** nuit – **des** vitrines.
Le déterminant et le nom forment le **groupe nominal**.

→ Le déterminant permet de connaître* le **genre** (**masculin** ou **féminin**) et le **nombre** (**singulier** ou **pluriel**) du nom qu'il accompagne.
le panneau (masculin, singulier) **les** étoiles (féminin, pluriel)

→ Certains déterminants apportent une **précision** sur le nom qu'ils accompagnent, par exemple la possession.
ma lampe → c'est la lampe qui m'appartient **ta** lampe → c'est la lampe qui t'appartient

	Articles		Autres déterminants
	définis	indéfinis	
Singulier	le – la – l'	un – une	mon – ton – son – ma – ta – sa – notre – votre – leur – ce – cet – cette
Pluriel	les	des	mes – tes – ses – nos – vos – leurs – ces

Je m'entraîne

Identifier les déterminants

6 * **Recopie ces phrases, puis entoure en rouge les articles et en bleu les autres déterminants.**

a. Les lampadaires de sa rue restent allumés la nuit.
b. On peut voir cette lumière depuis l'espace.
c. Dans nos campagnes et nos forêts règne un ciel noir.
d. Des animaux sont apeurés par leur feu de camp.
e. Ces ampoules éclairent l'intérieur de vos maisons.

7 * **Recopie et classe ces groupes nominaux dans le tableau.**

Déterminants au singulier	Déterminants au pluriel
...	...

mes gants – une lanterne – vos cahiers – ces immeubles – l'imprimante – le froid – des racines – ce parasol – cette semaine – les fenêtres

8 ** **Recopie ces phrases. Souligne les noms et entoure les déterminants. Indique leur genre et leur nombre.**

a. Mon chien a renversé la table.
b. Victor ne porte que des chemises bleues.
c. Ils creusent un trou pour y cacher leur trésor
d. Cette bibliothèque propose des magazines.
e. Les chevaux broutent dans la prairie.

Utiliser les déterminants

9 * **Complète ces groupes nominaux avec les déterminants suivants. Plusieurs réponses sont possibles.**

la – notre – des – le – ces – ta – le – cet – un – les

... jupe – ... lendemain – ... films – ... infirmier – ... poudre – ... silence – ... flammes – ... océan – ... oiseaux – ... fatigue

10 ** **Remplace chaque article souligné par un article défini ou indéfini qui convient.**

Paul embarque sur <u>un</u> bateau.
→ Paul embarque sur **le** bateau.

a. <u>Les</u> alpinistes grimpent vers <u>le</u> sommet.
b. <u>Une</u> montagne est recouverte de neige.
c. <u>Des</u> enfants admirent <u>la</u> nuit étoilée.
d. Malgré <u>le</u> brouillard, <u>l'</u>avion décolle à l'heure.
e. <u>L'</u>hiver, <u>les</u> oiseaux partent vers <u>des</u> pays plus chauds.

11 ** **Écris les groupes nominaux soulignés au pluriel.**

La fleuriste prépare <u>mon bouquet</u>.
→ La fleuriste prépare **mes bouquets**.

a. Ta maman te donne <u>ce médicament</u>.
b. Félix prend <u>sa bouée</u> pour nager.
c. La fleuriste prépare <u>un bouquet</u> avec <u>cette rose</u>.
d. J'ai oublié <u>ma clé</u>, ce matin.
e. Vous passez <u>la soirée</u> avec <u>votre tante</u>.

12 *** **Recopie et complète ce texte avec les articles définis ou indéfinis qui conviennent.**

Zoé décide de ranger ... grenier. Elle fouille dans ... vieille malle et elle trouve ... ancienne robe jaune pâle avec de ... dentelle blanche sur ... col. Elle l'enfile et s'admire dans ... miroir. Elle s'imagine qu'elle est ... comtesse ou ... duchesse.

J'écris – Je m'exprime

ORAL

13 * **Voici le début d'un poème de Paul Éluard qui s'appelle *Dans Paris*. Invente une suite en ajoutant au moins trois vers.**

Dans Paris il y a **une** rue ;
Dans **cette** rue il y a **une** maison ;
Dans **cette** maison il y a ...

14 ** **Écris un dialogue entre une mère et son enfant : ils déménagent et doivent choisir ce qu'ils veulent emporter. Utilise au moins six déterminants différents.**

À toi de jouer

Anagrammes. Remets les lettres dans l'ordre pour retrouver huit déterminants.

NU – TORVE – AS – SON – SEC –
RELU – NOM – EST

Autodictée

Jules observe un lézard. Ce reptile aime rester sur les pierres chaudes, au soleil. Il court sur les murs de notre maison, puis il s'enfuit par un petit trou.

11 L'adjectif

Compétences : Identifier et utiliser les adjectifs.

Découvrons et manipulons

Qian ouvrit prudemment le sac.
Il recula d'un bond. Une petite tête poilue venait de surgir, gueule ouverte. Il réalisa enfin que cette gueule ne le menaçait pas, qu'elle cherchait juste un peu d'air.
D'une main hésitante, il extirpa* l'animal de sa prison. Il s'agissait bien d'un chat ; à demi asphyxié. Comment avait-il pu être enfermé là ? La petite bête était chaude et douce, avec une fourrure soyeuse.

Évelyne Brisou-Pellen,
Le Chat de l'empereur de Chine,
© Éditions Milan, 2010.

* extirper : sortir.

1 a) Observe le groupe nominal en rouge. Quel est le nom noyau ?
b) Quels mots donnent des informations sur ce nom ?
c) Ces mots peuvent-ils être supprimés ?

2 a) Sur quels noms les mots en bleu donnent-ils des informations ?
b) Où les mots en bleu sont-ils placés par rapport aux noms qu'ils qualifient ?

MANIPULER
3 Dans la dernière phrase du texte, remplace « bête » par « bêtes », puis par « animal ». Comment varie l'adjectif « petite » à chaque fois ?

MANIPULER
4 Indique quel nom est qualifié par les adjectifs soulignés.
- Ces arbres gigantesques sont des baobabs.
- Pour arriver jusqu'à cette maison, il a fallu monter une pente raide.
- J'ai retrouvé l'adresse d'un ancien ami.
- Il lui a joué un mauvais tour.
- Il a peu d'amis car c'est un enfant solitaire.

Je retiens

→ L'adjectif est un mot qui donne des **informations** sur le nom qu'il qualifie.
Si on change un adjectif, on peut changer le sens du groupe nominal.
une **petite** tête (Comment est la tête ? Elle est **petite**.)
une **grosse** tête (Comment est la tête ? Elle est **grosse**.)

→ L'adjectif appartient au **groupe nominal**, mais il n'est pas obligatoire. **Il peut être supprimé.**
Une petite tête poilue venait de surgir. → Une tête venait de surgir.

→ L'adjectif **s'accorde avec le nom** en **genre** (masculin, féminin) et en **nombre** (singulier, pluriel).
un petit chat (masculin) → une petite bête (féminin)
Le chat est un redoutable chasseur. (singulier) → Les chats sont de redoutable**s** chasseurs. (pluriel)

Je m'entraîne

Identifier les adjectifs

5 * **Recopie ces phrases et entoure les adjectifs.**

a. Le jeune chat sort du sac.
b. Il repart sur sa vieille barque.
c. Un bruit étrange provient d'un sac.
d. Par une nuit sombre, il découvre un chat inconnu.
e. Qian doit résoudre une affaire mystérieuse.

6 * **Recopie uniquement les adjectifs.**

grand – difficile – escalier – malheureuse – devant – fleuri – piquante – bruyant – lenteur

7 ** **Indique si le mot souligné est un nom ou un adjectif. Justifie ta réponse.**

a. Virgile écrit un roman policier.
b. Le policier attrape le cambrioleur.
c. Daphné joue à la marchande.
d. La galerie marchande ferme tard le soir.
e. Lounès est mon voisin.
f. Dans le village voisin, il y a un vieux puits.

Utiliser et accorder les adjectifs

8 * **Associe par deux les adjectifs qui s'opposent.**

compliqué – lent – désordonné – sombre – simple – ordonné – connu – gentil – rapide – méchant – lumineux – inconnu

9 * **Complète ces groupes nominaux avec les adjectifs proposés.**

matinaux – douce – nomades – bleus – préhistoriques – verte

a. Manon ne se sépare pas de sa peluche toute … .
b. Les hommes … étaient des chasseurs … .
c. Une sauterelle … atterrit sur la table.
d. Les journaux … arrivent dans les kiosques.
e. Barnabé repeint les volets … de sa maison.

10 ** **Emploie ces adjectifs dans un groupe nominal.**

souriantes – méchant – beau – inquiète

11 ** **Recopie ces phrases et complète les groupes nominaux avec un adjectif. Pense à l'accorder.**

a. La clé ouvre la porte.
b. Les enquêteurs ont trouvé des empreintes.
c. La lune éclaire les maisons.
d. Le clown salue les enfants.

12 *** **Recopie et complète ce texte avec les adjectifs suivants. Ils sont donnés au masculin singulier, mais pense à les accorder comme il convient dans les phrases.**

beau – rouge – inattendu – sec – long – pâle – blanc

J'ai les lèvres … . Je dois être aussi … qu'un fantôme. Un rendez-vous avec le père Noël, en chair et en os, c'est exceptionnel, non ? Comment va-t-il m'apparaître ? Tel qu'on le représente d'habitude : … robe … et … barbe … ? Ou bien sous une forme totalement … .

Sarah Cohen-Scali, *Cauchemar à Noël*,

J'écris – Je m'exprime

ORAL

13 * **Invente des phrases en utilisant ces adjectifs.**

a. attentif – soigneux
b. facile – heureuse
c. frais – hivernal
d. sauvages – dangereux

14 ** **Réécris ce texte en changeant les adjectifs pour faire un texte différent. Tu peux changer la place de l'adjectif si tu veux.**

Dans une sombre forêt, un jeune homme marche. Il doit rapporter des plantes sauvages. Un oiseau noir lui indique un petit chemin étroit. Sous un arbre immense, il aperçoit enfin ce qu'il cherchait.

À toi de jouer

Aide ces deux super-héros à retrouver les adjectifs qui leur correspondent.

indestructible – agile – humain – volant – collant – extra-terrestre* – bondissant – masqué – bleu – drôle – surnaturel – magique

Autodictée

Cécile monte sur un ravissant poney roux. Elle avance à pas lents pour une longue promenade dans la forêt verte.

12 Les pronoms personnels

Compétences : Identifier et utiliser les pronoms personnels.

Découvrons et manipulons

Trois amis décident d'aller découvrir l'Écosse.
Les voici en route pour l'aventure : le lion en tête, suivi par l'éléphant et le crocodile en dernier. Au bout de quelques kilomètres, ils rencontrent une jeune et belle gazelle.
– Où allez-vous ? leur demande-t-elle.
– En Écosse, répond fièrement le lion.
– Je peux venir avec vous ?
– Ah non ! Pour voyager loin il faut être très courageux, et toi, la gazelle, tu es trop peureuse.

Fiona MacLeod, *Où sont les fantômes ?*, © Éditions Syros, 2007.

1 a) Observe le mot en rouge. S'agit-il : du lion ? des amis ? de la gazelle ? du crocodile ?
b) Justifie ta réponse : explique pourquoi certaines des propositions sont impossibles.

2 Observe le mot en bleu.
a) De qui s'agit-il ?
b) Justifie ta réponse.

3 a) Relève tous les mots qui désignent la gazelle.
b) Quel rôle jouent-ils dans ces phrases ?

MANIPULER
4 Donne le genre et le nombre de ces mots. Dis par lequel de ces pronoms personnels tu peux les remplacer : il, elle, ils, elles.
les feuilles – le toit – l'eau – les rideaux – l'arbre – le journal – l'île* – les champs

MANIPULER
5 Relie chaque pronom personnels sujet au verbe conjugué qui convient.

je •	• allons
tu •	• dansez
il •	• marche
nous •	• rit
vous •	• attrapes
elles •	• chantent

Je retiens

→ Un **pronom personnel** est un mot qui sert à **remplacer un nom ou un groupe nominal**. Il permet d'éviter des répétitions dans un texte.
Le lion et le crocodile décident de partir. **Le lion et le crocodile** rencontrent une gazelle.
→ Le lion et le crocodile décident de partir. **Ils** rencontrent une gazelle.

→ Les pronoms personnels **je, tu, il/elle/on, nous, vous, ils/elles** sont les **sujets du verbe** dans la phrase.
- **Je, nous :** la personne qui parle.
- **Tu, vous :** la personne à qui l'on s'adresse.
- **Il/elle/on, ils/elles :** les personnes dont on parle.

→ Le pronom personnel a le **même genre** et le **même nombre** que le nom ou le groupe nominal qu'il remplace.
La gazelle (féminin singulier) est peureuse. → **Elle** (féminin singulier) est peureuse.
- **Je, tu, il/elle/on :** singulier.
- **Nous, vous, ils/elles :** pluriel.

Je m'entraîne

Identifier les pronoms personnels

6 * **Relie ces groupes nominaux avec le pronom personnel qui convient.**

la gazelle	•	• il
un voyage	•	• elles
le lion et le crocodile	•	• ils
des aventures	•	• elle

7 * **Recopie ces phrases et entoure les pronoms personnels sujets.**

a. En arrivant, elle salue toute l'assemblée.
b. Le vent souffle si fort qu'il renverse les parasols.
c. La porte grince. Tu devrais mettre de l'huile.
d. Vous cherchez le nom de cet oiseau au bec jaune.
e. Après cette dure journée, ils font une pause.

8 ** **Recopie les pronoms personnels soulignés et dis qui ils désignent. Puis, relève les verbes qui les accompagnent.**

Le diable dit à Ti-Jeannot d'un ton aimable :
– Tu m'as fait un grand plaisir, l'ami. Aussi vais-je moi aussi te faire un cadeau royal. Tiens, prends cette bourse d'argent.

Ti-Jeannot dut faire un gros effort pour dire :
– Non, Messire, je ne veux pas d'argent.
Le diable s'étonna :
– Mais il faut bien que je te paie pour le cadeau que tu m'as apporté.

Robert Giraud, *Pourquoi la mer est salée ?*,
© Flammarion, 2001.

Utiliser les pronoms personnels

9 * **Remplace les groupes nominaux sujets soulignés par le pronom personnel qui convient.**

a. Les soirées sont longues en hiver.
b. Sandra et moi préparons les cartons pour le déménagement.
c. Les enfants rentrent ensemble de l'école.
d. Le castor construit des barrages.
e. Mes amies campent ensemble tous les étés.

10 ** **Réécris ces phrases en remplaçant le groupe nominal par un pronom personnel, pour éviter les répétitions.**

Amélie prend le train. Amélie va à Bordeaux.
→ Amélie prend le train. **Elle** va à Bordeaux.

a. Les enfants jouaient avec la balle. Mais la balle est tombée dans la mare.
b. Les cactus poussent dans le désert. Les cactus n'ont pas besoin de beaucoup d'eau.
c. Florian est tombé au judo. Maintenant Florian a mal au dos.

11 *** **Complète ces phrases avec le pronom personnel qui convient.**

a. ... grimpons en haut de la colline. ... m'arrête pour reprendre mon souffle pendant que ... admires la vue.
b. Christine trait les chèvres. Avec leur lait, ... fabriquera des fromages.
c. Julien rejoint ses amis. ... feront la fête.

J'écris – Je m'exprime

ORAL
12 * **Invente un dialogue entre une équipe et son entraîneur*, avant un match. Utilise le plus de pronoms personnels possible.**

13 ** **Écris une suite à chaque phrase en commençant par un pronom personnel.**

a. Le train arrive à la gare. ...
b. Sarah coud une couverture pour son bébé. ...
c. Les voitures roulent sur la route. ...
d. Au Moyen Âge, les seigneurs faisaient construire des châteaux forts. ...

À toi de jouer

Déchiffre ce rébus, puis donne le pronom personnel sujet de la phrase.

Autodictée

Les canards avancent tranquillement entre les roseaux. Soudain, ils plongent la tête dans l'eau. Leurs pattes apparaissent et elles s'agitent dans l'air.

13 Le groupe nominal

Compétences : Identifier et former un groupe nominal.

Découvrons et manipulons

Il était une fois une princesse qui avait les cheveux verts. Naturellement, le jour de sa naissance, tout le monde cria de surprise ; le roi et la reine plus fort que les autres. Mais, cris ou pas, la princesse avait toujours les cheveux verts ! Un très joli vert d'ailleurs... Celui d'une prairie au printemps ou d'une feuille bien fraîche. La princesse, devenue petite fille, courait gaiement dans l'herbe et les dames d'honneur disaient :

– Notre princesse est jolie comme un cœur.

– Plus jolie que les fleurs.

Paul Thiès, *La Princesse aux cheveux verts*,
Cascades © Rageot, 2001.

1 a) Observe le groupe de mots en rouge. De combien de mots est-il formé ?

b) À quelles classes grammaticales ces mots appartiennent-ils ?

2 a) Observe le groupe de mots en bleu.

b) Quel est le mot principal ?

c) Quels sont les autres mots ? À quelles classes grammaticales appartiennent-ils ?

3 a) Observe ce groupe nominal : « les longs cheveux verts ». Comment sont les cheveux ?

b) À quoi servent les deux mots qui l'encadrent ?

c) Peux-tu supprimer certains mots dans ce groupe ? Si oui, lesquels ?

MANIPULER

4 Forme cinq groupes nominaux avec un mot de chaque liste.

- un – des – ce – le – les
- petit – gros – blanc – noir – nombreux
- nuage – soleil – lapin – pull – rocher

MANIPULER

5 Quels mots peux-tu supprimer dans ces groupes nominaux ?

- un chevalier courageux
- une élève attentive
- une voiture rapide
- un grand parapluie rouge
- une sauce piquante
- un joyeux compagnon
- une belle journée ensoleillée

Je retiens

→ Un groupe de mots qui contient un **nom** s'appelle un **groupe nominal**.
Le nom est l'élément principal. On l'appelle le **nom noyau**.
une jolie **princesse**

→ Dans un groupe nominal, il y a deux éléments obligatoires : le **déterminant** et le **nom noyau**.
Ces éléments ne peuvent pas être supprimés. Le **déterminant** se place toujours **avant le nom**.

une	princesse	les	cheveux	la	reine
déterminant	nom	déterminant	nom	déterminant	nom

→ On peut ajouter dans le groupe nominal d'autres mots qui donnent des informations sur le nom. Ce sont généralement des **adjectifs**. Ils peuvent **être supprimés**.
une **belle** (adjectif) feuille **fraîche*** (adjectif) → une feuille

Je m'entraîne

Identifier un groupe nominal et son nom noyau

6 * **Recopie uniquement les groupes nominaux.**
la pluie – une casserole – maintenant – des petits lapins – le karaté – je joue – l'éléphant – une longue lettre – devant – les amis – vous conduisez – la course – doucement

7 * **Forme un groupe nominal avec les mots donnés. Attention, il y a un intrus dans chaque liste.**
a. jolie – une – lapin – couleur
b. cheveux – des – verts – roi
c. petite – cette – un – princesse
d. un – ensoleillé – arrondis – printemps

8 ** **Recopie ces phrases, souligne les groupes nominaux et entoure les déterminants.**
a. Ce marchand vend des fruits et des légumes.
b. Elle prépare son voyage.
c. Cet oiseau a des plumes magnifiques.
d. Ils arriveront dans une minute.
e. Les déménageurs emportent le piano.

9 ** **Recopie le nom noyau dans chaque groupe nominal.**
a. le Petit Chaperon rouge – le héros – le grand méchant loup – les trois petits cochons – la princesse
b. la belle serveuse – les sept corbeaux – le dragon endormi – une forêt sombre – le palais argenté
c. la lampe magique – le tapis volant – le vaillant petit tailleur – l'oiseau rouge – le soldat courageux

Former des groupes nominaux

10 * **Réécris ces phrases en réduisant tous les groupes nominaux au maximum.**
Le grand pâtissier a préparé une tarte sucrée.
→ **Le pâtissier** a préparé **une tarte**.
a. Ma petite sœur dessine une maison verte et un soleil jaune.
b. La danseuse étoile salue le public ému.
c. Le jeune garçon répond à cette question difficile.
d. Ton appareil numérique prend de magnifiques photographies.

11 ** **Recopie ce texte en mettant les groupes nominaux suivants à la place qui convient.**
une mangeoire – les clous – un beau trou – les oiseaux – des outils – une scie
Élisabeth va chercher ... dans son garage. Elle a besoin d'... pour couper du bois, d'un marteau pour planter ... et d'une pelle pour creuser ... . Elle fabrique ... pour... .

12 *** **Complète chaque phrase avec un groupe nominal de ton choix. N'oublie pas les majuscules.**
a. ... ont oublié leurs affaires.
b. ... entre dans la gare.
c. Adrien traverse ... .
d. Avant de partir, Hugo prend ... et ... .
e. Coralie a décoré ... avec ... .

J'écris – Je m'exprime

13 * **Forme cinq groupes nominaux avec les mots suivants. Utilise-les ensuite dans des phrases.**
- mon – la – cette – un – des
- sac – tableaux – coupe – balançoire – animal
- grand – solide – multicolores – dangereux – pleine

ORAL
14 ** **Décris cette image en utilisant des groupes nominaux.**

À toi de jouer

Trouve ces trois mots, puis utilise-les dans une phrase.
- Couleur opposée au blanc : N _ _ _
- Grande étendue d'arbres : F _ _ _ _
- Animal connu pour sa laine : M _ _ _ _ _

Autodictée

Sur la plage, Yassine a fait une bonne récolte : des coquillages colorés, une ficelle, des petits galets ronds et quelques algues.

Je réinvestis mes connaissances

Le nom propre et le nom commun

1 * **Recopie ces phrases. Souligne en rouge les noms communs et en bleu les noms propres.**

a. Alexandre regarde les dauphins dans la mer.

b. Chaque matin, Icham parcourt plusieurs kilomètres à pied pour aller à l'école.

c. L'artisan fabrique des meubles dans son atelier.

d. Le kangourou et le koala vivent uniquement en Australie.

e. La Garonne est un fleuve français.

2 ** **Recopie ce texte. Remplace les groupes nominaux soulignés par des noms propres qui conviennent.**

Tous les soirs, un jeune garçon promène son chien dans les rues de la capitale. Il passe sur les ponts qui enjambent le fleuve. Un jour, il prendra un bateau et remontera le fleuve. Il traversera la mer et rejoindra un pays étranger. Là, deux jeunes filles lui feront découvrir un monument.

3 *** **Classe ces noms selon ce qu'ils désignent : une personne, un animal, une chose ou une idée.**

a. Pendant la nuit, Mowgli rejoint le troupeau d'éléphants.

b. La paix est souvent représentée par une colombe tenant une branche d'olivier.

c. Ces touristes passent leurs vacances à visiter les musées et les châteaux.

d. Pendant sa randonnée à cheval, Alice est montée sur Petit Tonnerre.

e. Mon grand-père aime s'asseoir* dans son vieux fauteuil avec son journal.

Les déterminants

4 * **Recopie les phrases, puis souligne en bleu les articles et en rouge les autres déterminants.**

a. Les dragons sont des animaux mythologiques.

b. Des écailles recouvrent leur corps.

c. Cette espèce crache le feu et brûle* nos maisons.

d. La femelle vit dans une grotte et y pond ses œufs.

e. Ces œufs ont des pouvoirs magiques.

5 ** **Relève tous les déterminants de ce texte, et indique leur genre et leur nombre.**

Cet après-midi, il pleut. Aïcha et Fatou restent à la maison. Fatou propose de jouer aux échecs mais c'est un jeu très compliqué pour des enfants. Pourquoi pas aux dames alors ? Finalement, elles réussissent à se mettre d'accord pour le même jeu de société. Elles sortent de la boîte* un dé et des petites figurines en forme d'oiseaux. C'est le jeu de l'oie !

6 ** **Écris les groupes nominaux soulignés au pluriel.**

a. Lucas met sa raquette et une serviette dans son sac de sport.

b. Ce singe fait une grimace.

c. Il a gagné le livre et une figurine de Batman.

d. Les oiseaux migrateurs ont commencé leur voyage vers ce pays.

e. Elles rangent cette boîte* sur l'étagère.

7 *** **Recopie ce texte. Complète les groupes nominaux avec des articles définis ou indéfinis.**

À ... patinoire, Lili enfile avec précaution ... patins à glace. Elle met également ... bonnet, ... écharpe et ... gants. Avant de s'élancer, elle admire ... jolies patineuses avec ... tutu. Elles font ... pirouettes. Lili essaie de les imiter. Mais il faut bientôt laisser ... place à ... équipe de hockey.

L'adjectif

8 * **Recopie ces groupes nominaux et entoure les adjectifs.**

ma table basse – un conducteur imprudent et mécontent – des aventuriers courageux – un immense champ fleuri – une pente vertigineuse – cette célèbre chanteuse anglaise – une ancienne amie – votre dernier souhait

Les pronoms personnels

9 * **Remplace les groupes nominaux soulignés par les pronoms personnels qui conviennent.**

a. Les guépards se réfugient dans les arbres.

b. L'antilope fuit dans la savane.

c. L'explorateur et son guide traquent les fauves.

d. Les responsables de la réserve accueillent les animaux blessés.

e. Sambo et moi avons observé les gorilles.

10 **Recopie les pronoms personnels soulignés et dis qui ils désignent.**

Les élèves de la classe verte découvrent la ferme. Ils demandent à l'agricultrice :

– Comment faites-vous pour traire les vaches ?

– Oh, c'est facile, répond-elle. Elles sont très tranquilles et se laissent faire quand nous branchons la machine à traire.

– Ah ? Il y a une machine à traire ? Comment fonctionne-t-elle ?

– À l'électricité bien sûr. Mon mari et moi, nous mettons ensuite le lait en bidons et nous attendons que le camion de la coopérative vienne les chercher.

Le groupe nominal

11 **Recopie le nom noyau dans chaque groupe nominal.**

une flûte* traversière – un feu rouge – une bouteille miniature – un château médiéval – un bouquet fleuri – un vieux bateau – une sombre forêt – une ambulance blanc et bleu – une eau claire – un aventurier connu – une route dangereuse

12 **Recopie ces phrases et souligne les groupes nominaux.**

a. Les élèves visitent un musée parisien.

b. Ils observent les immenses sculptures et les tableaux célèbres.

c. Avec un crayon noir, Gabriel et Romane dessinent dans leur carnet.

d. Pendant ce temps, Inès et Thomas prennent de nombreuses photographies.

e. Quand ils rentreront, ils organiseront une exposition artistique.

EXERCICES TRANSVERSAUX

13 **Recopie ces groupes nominaux. Souligne en bleu les noms, en rouge les déterminants et en vert les adjectifs.**

un fauteuil confortable – la gentille petite fille – une danseuse gracieuse – ces voleurs agiles et rapides – une disparition mystérieuse – un incroyable voyage – ta longue tunique brodée – cette grande porte fermée – des tiroirs grinçants

14 **Recopie ce texte.**

a) Relève les groupes nominaux et entoure uniquement les articles.

b) Remplace chaque groupe nominal en gras par le pronom personnel qui convient.

c) Trouve trois adjectifs : donne leur genre et leur nombre.

Quand **la chèvre blanche** arriva dans la montagne, ce fut un ravissement général. [...] On la reçut comme une petite reine. **Les châtaigniers** se baissaient jusqu'à terre pour la caresser du bout de leurs branches. **Les genêts d'or** s'ouvraient sur son passage, et sentaient bon tant qu'ils pouvaient. Toute la montagne lui fit fête.

Alphonse Daudet, *La Chèvre de M. Seguin*.

EXERCICES D'ÉCRITURE

15 **Écris six groupes nominaux pour décrire ce tableau. Utilise des adjectifs.**

Paul Klee, *Paysage avec jardin*, 1924.

16 **Écris cinq phrases avec ces groupes nominaux. Utilise des pronoms personnels.**

le jardin public – une terrible dispute – le grand toboggan – le goûter* – une course cycliste

14 Les classes de mots

Compétence : Identifier les classes de mots.

Découvrons et manipulons

Sophie joua, puis déjeuna ; en revenant de la promenade avec sa maman, elle dit qu'elle allait tout préparer pour l'arrivée de ses amies. Elle mit la boîte à couleurs sur une petite table. Sur une autre table elle arrangea les six tasses, et au milieu elle mit le sucrier, la théière ; ensuite elle alla prendre de l'eau dans l'assiette où on en mettait pour le chien de sa maman, et elle versa cette eau dans la théière.

La Comtesse de Ségur,
Les Malheurs de Sophie, 1858.

1 Observe la phrase en bleu.

a) Quel est le verbe de cette phrase ?

b) Combien y a-t-il de noms ? Liste-les.

c) Quels sont les déterminants qui les accompagnent ?

d) Observe le mot « elle ». Quel mot remplace-t-il ? À quelle classe grammaticale appartient-il ?

MANIPULER

2 Remplace les mots soulignés par un mot de la même classe grammaticale.

- La souris mange du fromage.
- Le singe grimpe au sommet de l'arbre.
- Charlotte passe la nuit dans une cabane.
- Des cyclistes s'entraînent* tous les dimanches.
- Le maître* gronde un enfant bavard.

MANIPULER

3 Regroupe ces mots selon leur classe grammaticale.

râteau – votre – attentif – embrasser – je – nous – doux – ourson – cacher – elles – terrain – une – courir – cette – froide – village

MANIPULER

4 Trouve l'intrus dans chaque liste. Justifie ta réponse.

- table – bougie – vous – musique – train
- haut – elle – je – on – ils – nous
- affamé – grande – aimable – rassurant – leurs
- ses – mon – partout – une – les
- décoller – ampoule – sauver – venir – nager

Je retiens

→ **Tous les mots** appartiennent à une **classe grammaticale**. Quelle que soit la place d'un mot dans une phrase, la classe grammaticale de ce mot **ne change pas**.

→ Tu connais les **cinq classes grammaticales** suivantes :
- les **verbes** : à l'infinitif (préparer, prendre) ou conjugués (déjeuna, versa) ;
- les **noms** : noms propres (Sophie) ou noms communs (chien, tasse) ;
- les **déterminants** : articles indéfinis (un, une, des), articles définis (le, la, l', les) et autres déterminants (mon, ma, mes..., ce, cet, cette, ces...) ;
- les **adjectifs** (petite, autre) ;
- les **pronoms personnels** : je, tu, il, elle, on, nous, vous, ils, elles.

→ Tu peux aussi trouver dans une phrase d'autres mots qui sont **invariables** : sur, dans, à...

→ Le **dictionnaire** indique la classe grammaticale (on dit aussi la nature) de chaque mot.

Je m'entraîne

Identifier les classes de mots

5 * **Indique la classe grammaticale de ces mots.**

thé – invités – sale – les – prépare – ses – triste

6 * **Indique la classe grammaticale de chaque liste. Puis, complète chaque liste avec un mot de la même classe grammaticale.**

a. boire – répondre – ouvrir – ...
b. le – des – cette – ...
c. lourde – blessé – peureux – ...
d. bougie – lampadaire – cerisier – ...
e. elle – nous – ils – ...

7 ** **Recopie ces phrases et écris sous chaque mot souligné sa classe grammaticale.**

a. Les hirondelles migrent chaque année.
b. Le fleuriste compose un bouquet rose et blanc.
c. Des guirlandes scintillantes décorent le sapin.
d. Ma jeune sœur joue du piano.
e. Peau d'âne porte une robe couleur jaune.

8 ** **Relève uniquement les mots invariables dans ces phrases.**

a. Les pirates ont accosté près d'une île* déserte.
b. Le père de Caleb lit souvent des revues d'astronomie.
c. Aude rejoint sa sœur sur la plage.
d. Les trottoirs de la ville sont mouillés par la pluie.
e. Les enfants construisent une cabane en bois.

9 ** **Recopie ces listes et entoure l'intrus. Justifie ta réponse.**

a. leur – ses – la – des – ici
b. chercher – recevoir – escalier – allumer – grandir
c. koala – cheminée – moto – facile – cheval
d. vase – haute – drôle – attentif – grand

10 ** **Relève dans ce texte deux mots de chaque classe grammaticale : verbe, nom, adjectif, déterminant, pronom personnel.**

J'aime bien me lever le premier dans la maison. Avec une prudence de guetteur indien, quitter la chambre où Nicolas dort encore, descendre l'escalier sans le faire grincer, pieds nus, mes baskets à la main. Je me fais réchauffer un reste un peu amer de café de la veille.

Philippe Delerm, *Elle s'appelait Marine*,
© Éditions Gallimard Jeunesse, 2007.

11 ** **Remplace chaque mot souligné par un mot appartenant à la même classe grammaticale.**

a. Quand le chat n'est pas là, les souris dansent.
b. Qui vole un œuf, vole un bœuf.
c. Aussitôt dit, aussitôt fait.
d. Après la pluie vient le beau temps.

J'écris – Je m'exprime

12 * **Invente des phrases avec les indications données.**

déterminant : D ; nom : N ; verbe : V ; adjectif : A ; pronom personnel : P

a. D + N + A + V
b. D + N + V + D + N
c. D + N + et + D + N + V
d. P + V + dans + D + N + A
e. D (masculin, singulier) + N + V + D (féminin, pluriel) + A + N

ORAL

13 ** **Pour chaque image, invente deux phrases avec deux sujets différents.**

À toi de jouer

Trouve dans la grille le mot qui correspond à ces informations : un adjectif féminin pluriel.

B	O	N	N	E
A	L	L	E	R
L	E	M	U	T
L	R	A	V	I
O	O	C	E	S
N	I	L	S	U

Autodictée

Dans les marais salants, l'eau de mer chauffe au soleil. Quand elle s'est entièrement évaporée, il ne reste plus que le sel. Bientôt, la récolte pourra commencer.

Orthographe

1 La lettre s : [z] ou [s] (s, ss)

Compétences : Reconnaître* la valeur de la lettre s en fonction de la lettre qui la suit. Différencier et écrire les sons [z] et [s].

Découvrons et manipulons

Un jour, un chasseur indien décide de quitter son village pour capturer des bébés perroquets.
Il demande au jeune Botoque de l'accompagner.
L'homme et l'enfant marchent de longues heures dans la forêt quand soudain, par hasard, ils voient au sommet d'une grande falaise deux perroquets aux plumes rouges s'envoler.
Le chasseur se réjouit : ce couple part sûrement en quête de nourriture pour ses petits restés dans le nid.
– C'est le moment d'agir dit-il à Botoque.
Il pose aussitôt sa lance contre la roche et aide l'enfant à grimper le long de la falaise.

Muriel Bloch, *L'Enfant, le jaguar et le feu – Un mythe brésilien raconté*, © Éditions Magnard Jeunesse, 2014.

1 a) Quel son entends-tu dans les mots en rouge : [s] ou [z] ?
b) Comment le son s'écrit-il dans chaque mot ?
c) Trouve d'autres mots dans lesquels la lettre s se prononce pareil, avec un s ou ss.

2 a) Quel son entends-tu dans le mot en bleu : [s] ou [z] ?
b) Trouve d'autres mots dans lesquels la lettre s se prononce pareil.

3 Comment se prononce la lettre s quand elle débute un mot ?

4 a) Entends-tu la lettre s à la fin des mots « bébés », « perroquets », « plumes », « petits » ?
b) À quoi sert, en général, la lettre s à la fin de ces mots ?

MANIPULER
5 Trouve dans le texte un mot dans lequel la lettre s se prononce pareil que dans chaque mot proposé.
une case : ... – siffler : ... – le respect : ... – un frisson : ... – sa : ...

Je retiens

→ La **lettre s** donne le son **[s]** ou le son **[z]**.

→ La lettre **s** se prononce **[s]** :
- quand elle est la **première lettre** du mot : sommet – soudain – sûrement* – savoir ;
- quand elle est **entre une voyelle et une consonne** ou entre une consonne et une voyelle : rester – un muscle – un monsieur – ensuite.

Il faut écrire **deux s** pour faire entendre le son **[s] entre deux voyelles** : un chasseur – aussitôt.

→ La lettre **s** se prononce **[z]** :
- quand elle est **entre deux voyelles** : une falaise – une pose – brésilien – l'usage.

→ La lettre **s ne se prononce pas** à la fin d'un mot :
- quand elle sert à marquer le **pluriel** : des bébés – des perroquets – des plumes rouges... ;
- dans les **mots invariables** : dans – mais – puis...

→ La lettre **s** se prononce parfois **[s]** à la fin d'un mot : mars – un bus – un as – un os – un virus – tous.

Je m'entraîne

Identifier et distinguer les sons de la lettre s

6 * **Trouve l'intrus dans chaque liste.**
a. une falaise – un hasard – une conversation
b. une averse – un sommet – une prison
c. savoir – sûrement* – sage – désormais – simple

7 ** **Recopie uniquement les mots dans lesquels la lettre s se prononce [s] à la fin du mot.**
a. un tournevis – un matelas – jadis – des gens
b. un os – un as – dans – l'autobus
c. un cactus – puis – un iris – un enclos
d. mars – mais – un virus – mauvais – hélas
e. tous – vous – le maïs – un tapis – un tas

8 ** **Recopie ce texte en écrivant en rouge les mots dans lesquels la lettre s se prononce [s] et en bleu les mots dans lesquels elle se prononce [z].**

On raconte qu'autrefois en Armorique un roi aimait tellement les poires que pour satisfaire sa gourmandise, il n'hésitait pas à faire venir ses fruits de très loin. Une année de vilain temps et de disette, il ne put s'en procurer. Il fit alors proclamer dans le royaume qu'il marierait sa fille à qui lui apporterait les meilleures poires. La nouvelle parvint aux oreilles de dame Bertrande, une veuve qui […] se faisait bien du souci pour élever ses trois fils. Pensant qu'il y avait là une fameuse occasion d'assurer l'avenir de l'un deux, elle fit venir l'aîné.

Lionel Hignard, *Les Poires du pays de Trégor*, in *Contes de la bonne graine*, Gulf Stream Éditeur, © Lionel Hignard.

Écrire les sons [z] et [s] avec la lettre s

9 * **Recopie et complète les mots avec s ou ss.**
un in...ecte – le pa...é – une ve...te – de...iner – une ta...e – dépen...er – une chau...ure – un pa...age – un art...te – une sou...traction – une trou...e – lor...que – une boi...on – une cour...e – un rui...eau – a...ez

10 ** **Écris le mot qui correspond à la phrase.**
a. Elle peut être à dents ou à cheveux. C'est la ...
b. On y prépare les repas. C'est la ...
c. Il donne des maladies. C'est un ...
d. Elle se joue au piano ou à la guitare. C'est la ...
e. C'est le petit de la poule. C'est le ...

J'écris – Je m'exprime

ORAL

11 * **Dans le texte de la leçon, Botoque et le chasseur indien arrivent près du nid pour capturer les bébés perroquets. Mais les deux parents perroquets reviennent. Raconte ce qui se passe.**

12 ** **Écris deux phrases avec les mots donnés.**
a. le désert / le dessert
b. le poison / le poisson
c. le cousin / le coussin
d. viser / visser
e. caser / casser

À toi de jouer

Trouve, dans ce dessin, cinq objets qui s'écrivent avec la lettre s prononcée [z] ou [s].

Autodictée

soudain – le hasard – un sommet – une falaise – le printemps – mars – une danse – le soleil – l'épuisement – des oiseaux – se reposer – la cause – un bus – des plumes

2 La lettre c : [k], [s] ou [ʃ] (ch)

Compétences : Reconnaître la valeur de la lettre c en fonction de la lettre qui la suit. Identifier et écrire les sons [k], [s] et [ʃ] (ch).

Découvrons et manipulons

Sans plus s'occuper du garçon, Émilie prend ses jambes à son cou et disparaît au coin de la rue. « Complètement dingue, cette fille ! » grommelle Jojo dépité.
Les mains dans ses poches, il prend lentement le même chemin que la petite fille. Émilie est déjà loin. Elle court sans se retourner, son cartable ballottant sur ses épaules, et commence à bâtir dans sa tête les aventures de messire Robert. Elle imagine des péripéties spectaculaires, des retournements de situation renversants, des coups de théâtre sublimes. Soudain, elle glisse sur quelque chose de rond et dur, et il s'en faut d'un rien qu'elle se trouve dans le caniveau.
« Mince ! s'exclame-t-elle. Un crayon ! Il a bien failli me faire casser la figure !

Henriette Bichonnier, *Émilie et le crayon magique*, © Le Livre de Poche, 2001.

1 **Lis les mots en rouge. La lettre c se prononce-t-elle toujours de la même manière ?**

2 **a) Relève les mots en rouge dans lesquels la lettre c se prononce [k].**
b) Devant quelles voyelles ou consonnes la lettre c se prononce-t-elle [k] ?

3 **a) Trouve le mot en rouge dans lequel la lettre c se prononce [s].**
b) Devant quelles voyelles ou consonnes la lettre c se prononce-t-elle [s] ?

4 **a) Observe le mot en bleu. Que remarques-tu ?**
b) Quel son entends-tu ?
c) Quelle lettre vient juste après c ?

5 **a) Trouve dans le texte un mot dans lequel la lettre c ne se prononce ni [k], ni [s].**
b) Quel son entends-tu ?
c) Quelle lettre vient juste après c ?

MANIPULER
6 **Classe ces mots dans le tableau.**
une leçon – un chemin – une cigogne – un caramel – un crabe – une échelle – chercher – une façade – une cuvette – une trace – une chouette

La lettre c se prononce [k]	La lettre c se prononce [s]	La lettre c se prononce [ʃ] (ch)
...	...	...

Je retiens

→ La lettre **c** se prononce **[k]** devant les **consonnes** et devant les **voyelles a, o, u.**
un cartable – un cou – une cuve – un crayon – un spectacle – une classe

→ La lettre **c** se prononce **[s]** devant les **voyelles e, i, y**.
une place – une cigogne – un cygne

→ Pour que la lettre **c** se prononce **[s]** devant les **voyelles a, o, u**, il faut écrire **ç** (**c** cédille).
une façade – une balançoire – un reçu

→ La lettre **c**, **suivie d'un h**, se prononce généralement **[ʃ] (ch)**.
un chemin – une chose – une chute – un cochon

Attention ! *La lettre **c**, suivie d'un **h**, peut se prononcer parfois* **[k]** *: la chorale – une orchidée – un orchestre.*

Je m'entraîne

Identifier les sons de la lettre c

7 * **Recopie les mots dans lesquels la lettre c se prononce [k].**

a. un cartable – commencer – un coin – une poche
b. un caniveau – un chemin – un crayon – un cou
c. un berceau – casser – un garçon – un coup
d. une recette – complet – occuper – un incendie
e. une place – une rencontre – un chaudron – blanc

8 ** **Reproduis ce tableau et classe les mots dans la bonne colonne.**

un archer – un archéologue – la chorale – un artichaut – Christophe – la chute – une cloche – une écharpe – l'écho – un cachou – un orchestre

La lettre c se prononce [ʃ] (ch)	La lettre c se prononce [k]
...	...

Écrire le son [k] avec la lettre c

9 * **Recopie et complète ces mots avec cl, cr ou ct.**

a. Je me suis ins...ite dans un ...ub d'échecs.
b. Antoine préfère la le...ure à l'é...iture.
c. Le cy...one a fait s'é...ouler la ...ôture du parc d'attra...ion.
d. Il veille sur sa petite sœur, il est très prote...eur.
e. Le maître* ne porte pas de ...avate en ...asse.

Écrire le son [s] avec la lettre c

10 * **Recopie et complète ces mots avec la lettre c ou ç.**

a. une per...euse – un ...itronnier – une ré...itation
b. ils lan...aient – vous annon...ez – nous avan...ons
c. la ran...on – un ...er...eau – un hame...on
d. un gla...on – une far...e – je tra...e
e. une lima...e – un cale...on – un ber...eau

11 ** **Recopie et complète ces phrases avec un mot dans lequel la lettre c donne le son [s].**

a. Fanny porte un joli ... en or à son poignet.
b. Les ... de ce vieil arbre s'enfoncent dans le sol.
c. Le soir, j'ai des ... à apprendre par cœur.
d. Les acrobates et les clowns présentent leurs numéros dans un ... .

Écrire les sons son [k], [s] et [ʃ] (ch) avec la lettre c

12 ** **Trouve et écris le nom qui correspond à chaque devinette.**

a. Je fais sortir des lapins de mon chapeau, je suis le ... .
b. Je chante au lever du soleil, je suis le ... .
c. Je suis le dernier mois de l'année, je suis le mois de ... .
d. Je suis la pièce de la maison où l'on dort, je suis la ... .
e. Je te réponds quand tu cries dans une grotte, je suis l'... .

J'écris – Je m'exprime

13 * **Remets les syllabes dans l'ordre pour écrire des mots.**

çon ma li – cho lat co – re con tu fi – né ci ma – ça de fa

ORAL

14 ** **Raconte une courte histoire en utilisant tous les mots suivants.**

commencer – sac – chapeau – carte – chemin

À toi de jouer

Max a du mal à s'habiller ce matin. Donne les noms des vêtements qu'il pourrait porter et qui font entendre les sons [k], [s] ou [ʃ] (ch) avec la lettre c.

Autodictée

une façade – un cinéma – une affiche – prochain – un(e) choriste – une leçon – une classe – chahuter – difficile

3 La lettre g

Compétences : Reconnaître* la valeur de la lettre g en fonction de la lettre qui la suit. Identifier et écrire les sons [ʒ] (j), [g] et [ɲ] (gn).

Découvrons et manipulons

Des singes petits et grands

• **Le ouistiti pygmée.** Il est appelé aussi « ouistiti mignon ». C'est aussi le plus petit singe du monde. Il vit sur les branches basses des arbres de la forêt d'Amazonie, en Amérique du Sud. Ce ouistiti est très énergique et passe son temps à bondir de branche en branche.

• **Le gorille.** C'est le plus grand des singes. Les gorilles vivent en groupes, la plupart du temps au sol. Ils se nourrissent de feuilles, de bourgeons, de tiges, de baies, d'écorces et de fougères.

Mon Quotidien, mardi 10 avril 2012, www.monquotidien.fr.

1 a) Comment se prononce la lettre g dans les mots en bleu ?
b) Quelles lettres suivent le g dans ces mots ?

2 a) Comment se prononce la lettre g dans les mots en rouge ?
b) Quelles lettres suivent le g dans ces mots ?

3 a) Lis à voix haute « guider » et « une vague ».
b) Comment les prononcerais-tu s'il n'y avait pas de u après le g ?
c) À quoi sert la lettre u placée entre g et e/i dans ces deux mots ?

4 a) Comment prononcerais-tu le mot souligné s'il n'y avait pas de e après le g ?
b) À quoi sert le e placé après le g dans ce mot ?

5 a) Comment se prononce la lettre g dans le mot en vert ?
b) Comment le prononcerais-tu s'il n'y avait pas de n après le g ?
c) À quoi sert la lettre n placée après le g dans ce mot ?

MANIPULER
6 Indique, pour chaque mot, si la lettre g se prononce [g] ou [ʒ] (j).
un groupe – des fougères – une gare – un géant – grand – un légume – des tiges – une vague – la gymnastique

MANIPULER
7 Complète ces mots avec e ou u après la lettre g.
la lang...e – la roug...ole – un g...ide – un plong...oir – une bag...e – nous mang...ons – une g...itare – vous navig...ez

Je retiens

→ La lettre **g** se prononce [g] :
• devant les **voyelles a, o, u** : une gare – un gorille – un légume ;
• devant les **consonnes** : grand – un pygmée – une glace.
Pour que la lettre **g** se prononce [g] devant les voyelles **e, i**, il faut lui ajouter la lettre **u** : une vague.

→ La lettre **g** se prononce [ʒ] (j) :
• devant les **voyelles e, i, y** : énergique – un singe – la gymnastique.
Pour que la lettre **g** se prononce [ʒ] (j) devant les voyelles **a, o**, il faut lui ajouter la lettre **e** : un bourgeon – une orangeade.

→ La lettre **g**, suivie d'un **n**, se prononce [ɲ] (gn) : mignon – la vigne – la cigogne.

→ La lettre **g** placée en **fin de mot** :
• est généralement **muette** et ne se prononce pas : long – un rang – du sang ;
• se prononce parfois [g] : un gong – Hong Kong – King Kong – le ping-pong*.

Je m'entraîne

Identifier et distinguer les sons de la lettre g

8 * **Recopie les mots dans lesquels la lettre g se prononce [g].**

a. un gorille – un cygne – un garçon – un groupe
b. une fougère – une gaufre – un wagon
c. partager – un guide – un magasin – l'énergie
d. un singe – un étang – un gong – longtemps
e. une gomme – une vague – un shampooing*

9 ** **Recopie les mots dans lesquels la lettre g se prononce [ʒ] (j).**

a. geler – gros – une bougie – une gamine
b. une cage – une girouette – regarder
c. un gymnase – l'argent – gémir – la longitude
d. agacer – un agent – une girafe – du givre
e. du fromage – un grenier – un régime – la vigne

10 *** **Recopie ce texte en écrivant en bleu les mots qui contiennent le son [g] et en rouge les mots qui contiennent le son [ʒ] (j).**

Un jour, dans l'épaisse forêt tropicale, un jeune singe trouve un épi de maïs au pied d'un manguier. Intrigué par ce « fruit » étrange, si différent des mangues dont il se régale d'habitude, il examine l'épi, lèche ses petits grains jaunes bien alignés et finit par mordre dedans. […] C'est succulent ! Je le partagerai ce soir avec ma fiancée !

Claire Laurens, *Le Singe et l'épi d'or*,
coll. « Papagayo poche » / Le Mexique,
© Éditions Rue du monde, 2012, 2016.

Écrire les sons [ʒ] (j), [g] et [ɲ] (gn) avec la lettre g

11 * **Recopie et complète ces mots avec g ou gu pour entendre le son [g].**

a. une …itare – un …idon – la …are
b. une lan…e – …lisser – la fati…e
c. un …oûter* – la …orge – un …ignol
d. une …alette – un …alop – une ba…ette
e. la di…e – la …erre – une …omme

12 * **Recopie et complète les mots avec g ou ge pour entendre le son [ʒ] (j).**

a. un voya…e – tu voya…es – nous voya…ons
b. une pla…e – une na…oire – un paysa…e
c. na…er – nous na…ons – un pi…onnier
d. un plon…eur – un plon…oir – nous plon…ons
e. un ma…icien – nous patau…ons – un nua…e

13 ** **Recopie et complète les mots avec gl, gr, gn.**

a. un …acier – un compa…on – a…éable
b. un an…e – un …oupe – une …enouille
c. le …obe – un insi…e – la …ippe
d. une li…e – un An…ais – l'Espa…e
e. …atter – une é…ise – une jon…euse

J'écris – Je m'exprime

ORAL

14 ** **Liste tous les animaux que tu connais et dont le nom contient la lettre g. Indique à chaque fois si tu entends [g] ou [ʒ] (j).**

15 ** **Classe ces mots en deux groupes : les fruits et les légumes. Indique à chaque fois si tu entends [g] ou [ʒ] (j).**

une orange – une courgette – une asperge – une groseille – une goyave – une figue – un flageolet

À toi de jouer

Trouve, dans ce dessin, tous les mots qui s'écrivent avec la lettre g prononcée [g] ou [ʒ] (j).

Autodictée

un voyage – gigantesque – gourmande – gagner – un grain – une mangue – une guenon – étrange – partager – du fromage – se diriger – une guêpe – grand – un gadget – charger – des garçons

4 La lettre m devant m, b et p

Compétence : Savoir écrire les sons [ɛ̃] (in), [ɔ̃] (on) et [ɑ̃] (an/en) devant les consonnes m, b, p.

Découvrons et manipulons

C'était l'été. Comme il faisait bon dans la campagne ! Les foins coupés embaumaient.
Au-delà des champs, s'étendaient des lacs profonds et des forêts ombragées où l'on emmenait promener les enfants.
C'est là qu'une cane s'était installée pour couver. C'était bien long…
Enfin, un œuf après l'autre craqua sauf le plus grand.
Eh bien ! Comment ça va ? demanda une vieille cane qui venait simplement lui rendre visite.
– Ça dure, ça dure, avec ce dernier œuf impossible, qui ne veut pas se briser.
Un beau jour, l'œuf se brisa.
– Pip, pip, dit le petit en roulant dehors.
– En voilà un vilain caneton, dit la cane, aucun de mes autres petits ne lui ressemble.

D'après Hans Christian Andersen, *Le Vilain Petit Canard*, 1842.

1 Lis le texte et observe les mots en rouge.
a) Relève celui qui contient le son [ɛ̃] (in).
b) Relève ceux qui contiennent le son [ɔ̃] (on).
c) Relève ceux qui contiennent le son [ɑ̃] (an/en).

2 Comment s'écrivent les sons [ɛ̃] (in), [ɔ̃] (on) et [ɑ̃] (an/en) dans les mots en rouge que tu as relevés ?

3 Observe les mots en vert.
a) Comment s'écrivent les sons [ɛ̃] (in), [ɔ̃] (on) et [ɑ̃] (an/en) dans ces mots ?
b) Quelles différences vois-tu entre les mots en vert et les mots en rouge ?

4 Relève dans le texte d'autres mots dans lesquels les sons [ɛ̃] (in), [ɔ̃] (on) et [ɑ̃] (an/en) s'écrivent avec un m.

5 Devant quelles lettres les sons [ɛ̃] (in), [ɔ̃] (on) et [ɑ̃] (an/en) s'écrivent-ils avec un m ?

MANIPULER
6 Ajoute un n ou un m pour compléter les sons [ɛ̃] (in), [ɔ̃] (on) et [ɑ̃] (an/en) dans ces verbes.
cha…ter – ca…per – se…bler – me…tir – i…sister – i…primer – so…brer – to…dre – e…murer – e…gager – enco…brer – déno…brer

MANIPULER
7 Relève l'intrus dans chaque liste.
- décembre – vendre – emmener – emporter
- avant – une ambulance – dedans – grand
- une ombre – complet – un compagnon – une consigne
- imprévu – inviter – timbrer – immangeable

Je retiens

→ Devant **les consonnes m, b ou p**, on écrit la lettre **m au lieu de n** :
- le son [ɑ̃] s'écrit **am** : la campagne – une ambulance
  ou **em** : le temps – emmener – ressembler
- le son [ɛ̃] s'écrit **im** : important – un timbre – immangeable
- le son [ɔ̃] s'écrit **om** : sombre – un compagnon

***Attention !** Certains mots font exception. Par exemple, le mot bonbon garde le **n** devant **b**.*

Je m'entraîne

Identifier les sons [ɛ̃] (in), [ɔ̃] (on) et [ɑ̃] (an/en)

8 * **Reproduis ce tableau et range ces mots dans la bonne colonne.**

installer – le caneton – un jardin – grand – simplement – l'ombre – encore – la campagne – un pompier – impossible – profond – embaumer

On entend le son [ɛ̃] (in)	On entend le son [ɔ̃] (on)	On entend le son [ɑ̃] (an/en)
...	...	...

Écrire les sons [ɛ̃] (in), [ɔ̃] (on) et [ɑ̃] (an/en) devant m, p ou b

9 * **Recopie ces phrases et complète les mots avec on ou om.**

a. Il joue de la tr...pette dans un orchestre.
b. Il donne un c...cert ce soir.
c. Mes pneus sont dég...flés. As-tu une p...pe à vélo ?
d. Il avait h...te d'avouer ses mens...ges.
e. Ma grand-mère fait de la c...pote et de la c...fiture.

10 ** **Recopie ces phrases et complète les mots avec an ou am, en ou em.**

a. Le v...t fait tr...bler les vitres de la cuisine.
b. La l...pe de ma ch...bre est cassée.
c. Il ...brasse toujours ses par...ts en part...t.
d. Il est difficile de c...per sous la t...te par ce t...ps.
e. Ce meuble est bien trop ...combr...t.

11 ** **Écris le contraire de ces mots en utilisant in ou im.**

a. possible : ...
b. cassable : ...
c. précis : ...
d. comparable : ...
e. connu : ...
f. suffisant : ...
g. prudent : ...
h. correct : ...
i. parfait : ...
j. perméable : ...

12 ** **Recopie et complète les mots avec n ou m.**

maintena...t – ra...per – déno...brer – un bo...bo... – étra...ge – un bibero... – e...ployer – gri...per – un la...padaire – i...cassable – un co...pas – un pa...talon – une e...veloppe – e...mêler – un chemi... – e...se...ble – un plafo...d – i...buvable – lo...gte...ps

J'écris – Je m'exprime

13 * **Comme dans l'exemple, utilise le mot donné pour écrire une phrase.**

nombre : 1 432 est un nombre de quatre chiffres.

a. embrasser : ...
b. impensable : ...
c. sombre : ...
d. campement : ...

ORAL

14 ** **Invente trois phrases avec les mots proposés.**

– un enfant
– décembre
– le vent
– emmitoufler
– la température
– la campagne
– trembler

À toi de jouer

Découvre le mot qui se cache dans cette charade, puis écris-le.

- Mon premier souffle et fait bouger les feuilles des arbres.
- Mon second est le contraire de meilleur.
- Mon tout suce le sang.

Un ...

Autodictée

important – la campagne – un compagnon – une ombre – le temps – une ambulance – ressembler – un timbre – un lampadaire – une compote – une trompette – un bonbon

5 Les accents sur la lettre e

Compétences : Identifier le son que fait entendre la lettre e selon l'accent qu'elle porte. Utiliser l'accent qui convient pour que la lettre e se prononce [e] (é) ou [ɛ] (è).

Découvrons et manipulons

La sorcière du regret

Il était autrefois dans le nord de l'Écosse, là où le ciel est bas et les côtes malmenées par la mer, un pays de genêts* et d'ajoncs*, de bruyères sèches et de rochers austères. C'est là que vivait Catir Flannagan, une petite vieille voûtée par le poids des années et qui ne demandait rien à personne, car elle n'attendait plus rien de quiconque, à force de solitude. Nul ne savait son âge, ni d'où elle était venue, un beau jour, comme ça, seule et sans famille.

Léo Lamarche, *Contes et légendes des sorcières*,
© Éditions Nathan, 2007.

* un genêt : un petit arbre à fleurs jaunes.
* un ajonc : un petit arbre épineux.

1 Lis le texte et observe les mots en rouge.
a) Quel son entends-tu lorsque tu prononces la lettre e avec un accent aigu (é) ?
b) Trouve d'autres mots dans le texte avec un é. Prononce-les à voix haute.

2 Observe les mots en bleu.
a) Quel son entends-tu lorsque tu prononces la lettre e avec un accent grave (è) ?
b) Trouve d'autres mots dans le texte avec un è. Prononce-les à voix haute.

3 Observe le mot souligné.
a) De quel accent s'agit-il ?
b) Quel son entends-tu lorsque tu prononces la lettre e avec cet accent (ê) ?

MANIPULER
4 Lis ces mots et classe-les dans le tableau.
un frère – une enquête – un bébé – la rivière – une école – la pêche – un vélo – une guêpe – la vipère – la tête – une fée – après

La lettre e accent aigu donne le son [e]	La lettre e accent grave donne le son [ɛ]	La lettre e accent circonflexe donne le son [ɛ]
...	...	...

MANIPULER
5 Lis ces phrases et indique si tu dois compléter les mots avec é, è ou ê.
a. Mon p...re est en col...re car sa moto n'a pas d...marr... .
b. La cr...perie est rest...e ferm...e cet ...t... .
c. Il a gard... la t...te de la course du d...but à la fin.
d. Tu n'as pas ...cout... mes conseils et tu es tomb... dans le pi...ge.

Je retiens

→ La lettre **e** peut porter trois sortes d'accents qui modifient sa **prononciation** :

- L'**accent aigu** est utilisé pour que la lettre **e** donne le son **[e]** (é) : l'Écosse – une année – la santé.
- L'**accent grave** est utilisé pour que la lettre **e** donne le son **[ɛ]** (è) : sèche – austère – le père.
- L'**accent circonflexe** est utilisé pour que la lettre **e** donne le son **[ɛ]** (ê) : un genêt – la tête – même.

Je m'entraîne

Identifier les sons que fait entendre la lettre e selon son accent

6 * **Trouve l'intrus dans chaque liste.**

a. des genêts – des prés – des forêts – des chênes
b. une année – une journée – un siècle
c. l'Écosse – l'Égypte – l'Éthiopie – l'Espagne
d. un aîné* – un frère – un père – une mère
e. la sorcière – la soupière – la pierre – la rivière

7 ** **Recopie en rouge les mots où tu entends le son [e] (é) et en bleu ceux où tu entends le son [ɛ] (è).**

a. un écrivain – une dictée – un frère – l'amitié
b. une allée – l'arène – la galère – une cheminée
c. le mélange – un légume – la panthère
d. un canapé – un lièvre – l'été – une fée – le café
e. la misère – le marché – la couturière – un dé

8 ** **Recopie uniquement les mots dans lesquels la lettre e accentuée fait entendre le son [ɛ] (è).**

a. la pêche – un nénuphar* – la tête – une pièce – la jardinière
b. un éléphant – un invité – un arrêt – près
c. un médecin – après – une église – un réveil – un zèbre
d. la fête – du béton – une bête – un chêne
e. la fenêtre – une rivière – la forêt – un été

Utiliser les accents pour écrire les sons [e] (é) ou [ɛ] (è)

9 ** **Recopie ce texte en ajoutant les accents aigu ou grave qui manquent sur les lettres e. Aide-toi de ton dictionnaire.**

Un beau jour, les viperes donnerent un grand bal. [...] Les crapauds, entierement recouverts d'ecailles de poissons, avançaient en se dandinant comme s'ils nageaient. Les grenouilles s'etaient parfume tout le corps et marchaient sur les pattes de derriere. [...] Seuls les flamants etaient tristes parce que, comme ils ne sont pas tres intelligents, ils n'avaient su imaginer aucune toilette.

Horacio Quiroga, *Contes de la forêt vierge*,
© Éditions du Seuil, 1998.

10 ** **Recopie ces phrases en ajoutant un accent aigu, grave ou circonflexe sur les lettres e qui l'ont perdu. Aide-toi de ton dictionnaire.**

a. Les fenetres de l'entree donnent sur la mer.
b. Vous devez suivre les fleches pour trouver le loueur de velos.
c. La fete du village a beaucoup de succes.
d. On a vu un cerf à la lisiere de la foret.
e. Il n'arrete pas de remuer sur son siege.

J'écris – Je m'exprime

11 ** **Écris trois phrases en utilisant tous les mots proposés.**

a. le vélo – la forêt – le frère
b. la cheminée – se réchauffer – la température
c. derrière – le désert – la bête

ORAL

12 ** **Imagine comment étaient habillés les animaux au bal des vipères (exercice 9). Tu peux t'aider des mots suivants :**

masqué – déguisé – héros – sirène – déesse – démon – écolier – coloré...

À toi de jouer

Lis ces mots.

une sorcière – une porte – la beauté – l'avenue – la règle – une écurie – la tête – le siège – un artiste – un vêtement – une voiture – un témoin – un zèbre – un magicien – la misère – une fée – une chemise – un lièvre

Barre ceux qui ne portent pas d'accent.
Barre ceux qui portent un accent grave.
Barre ceux qui portent un accent circonflexe.
Parmi les quatre mots restants, entoure celui qui a des pouvoirs magiques.

Autodictée

une vipère – les marécages – une rivière – la fête – gâcher – une sorcière – la tranquillité – le pêcheur – un problème – l'échec – un siège

6 Les mots invariables

Compétences : Reconnaître* les mots invariables. Orthographier et utiliser les mots invariables.

Découvrons et manipulons

Le crapaud

De temps en temps, le crapaud allongeait le museau et grignotait un peu de terre.

– Mais pourquoi es-tu si maigre ? lui demanda un jour la coccinelle.

– Parce que je ne mange jamais à ma faim, répondit le crapaud.

– Voyons ! s'écria le charmant insecte. Tu te nourris pourtant de terre ! Alors, pourquoi te priver ?

– J'ai trop peur, répondit l'avare, que même la terre vienne un jour à manquer.

Moralité : Ainsi maigrissent les avares, et leur fortune s'arrondit.

Léonard de Vinci, *Fables et Légendes*, © Éditions Hachette.

1 Lis le texte.

a) Transforme la phrase en rouge au pluriel, comme si la coccinelle s'adressait à plusieurs crapauds.

b) Quels sont les mots dont l'orthographe n'a pas varié ?

2 Trouve dans le texte d'autres mots dont l'orthographe ne change jamais.

MANIPULER

3 Passe ces phrases au pluriel, puis relève les mots qui n'ont pas changé.

a. Quand elle fait un gâteau, elle met toujours un tablier.

b. Il arrose la plante régulièrement dans le jardin.

c. Demain, comme chaque matin, le vieil homme se baignera dans la mer.

d. L'ours pêche rarement sans son petit près de lui.

MANIPULER

4 Relève uniquement les mots qui sont invariables.

maintenant – ailleurs – un crapaud – donc – non – une coccinelle – mais – la terre – auprès – aussi – autour – un insecte – sauf – manger – aujourd'hui – recevoir – autrefois – une allumette – devant – avant – cependant – une compresse – pendant – une porte – moins – un arbre

Je retiens

→ Les **mots invariables** sont des mots dont l'orthographe **ne change jamais**.
Ils ne s'accordent ni en nombre (singulier / pluriel), ni en genre (féminin / masculin).
Ils ne se conjuguent pas.
Mais pourquoi es-tu si maigre ? → Mais pourquoi êtes-vous si maigres ?

→ Les mots invariables sont très nombreux. Pour se souvenir de leur orthographe, il faut **les apprendre par cœur**.

Mots invariables qui indiquent le lieu	Mots invariables qui indiquent le temps	Autres mots invariables
chez – dans – dedans – derrière – loin – sur	après – bientôt – déjà – ensuite – jamais – maintenant – pendant – puis – quand – soudain – tard – tôt	assez – aussi – avec – beaucoup – bien – car – comme – encore – mais – moins – pas – peu – plus – pour – pourquoi – si

Je m'entraîne

Reconnaître* les mots invariables

5 * **Trouve l'intrus dans chaque liste.**

a. alors – longtemps – après – rouge – lorsque

b. maintenant – auprès – aujourd'hui – mais – encourager

c. moins – aussi – par – chaudron – aussitôt – parfois – autant – pas

d. autrefois – pendant – avant – personne – avec – écrevisse

e. monter – peu – beaucoup – plus – bien – plusieurs – bientôt

6 ** **Recopie ces phrases et entoure les mots invariables. Il y a plusieurs mots invariables par phrase.**

a. Il y a bien longtemps, les hommes vivaient dans des grottes.

b. Je n'ai jamais appris cette poésie, pourtant j'ai vraiment l'impression de la connaître*.

c. Il est déjà tard, je ne sais pas si nous trouverons encore un taxi pour rentrer chez nous.

d. Je suis resté longtemps sous la pluie avant qu'enfin vous arriviez.

e. Nous connaissons plus ou moins le chemin, cependant il vaut mieux emporter un plan.

7 ** **Recopie ce texte et écris en rouge les mots invariables.**

C'était un gros chat qui avait mangé beaucoup de souris mais pas encore de rats…
[…] Le Gros Chat se demandait, très vexé : « Comment les attraper ?… »
Comme la Noël venait, le goût du rat lui donna une idée : « Si je me déguisais !… Ce soir, partout, le père Noël passera, même chez les rats !… J'ai une idée ! »

Jean Bosshard, *Le Père Noël des Rats*,
© Bourrelier Éducation, 2012.

Orthographier et utiliser les mots invariables

8 * **Trouve les couples de mots invariables de sens contraire.**

devant – près – sans – peu – plus – dedans – après – tôt – souvent – sur – sous – avant – avec – dehors – tard – mal – toujours – loin – jamais – beaucoup – moins – parfois – bien – derrière

9 ** **Recopie et complète ces phrases avec les mots invariables suivants :** personne – jamais – tard – toujours.

a. Il est arrivé plus … que prévu.

b. Il n'a trouvé … pour jouer avec lui.

c. Je n'ai … vu une chose pareille.

d. On a … besoin d'un plus petit que soi.

10 ** **Recopie et classe ces mots selon ce qu'ils indiquent : le lieu, le temps ou la quantité.**

dessous – moins – beaucoup – autrefois – dedans – souvent – bientôt – sous – trop – autant – hier – jamais – loin – soudain – sur

J'écris – Je m'exprime

11 * **Écris trois mots invariables qui commencent par la lettre indiquée.**

a. Trois mots commençant par a : …

b. Trois mots commençant par d : …

c. Trois mots commençant par p : …

12 ** **Écris deux phrases contenant les mots invariables indiqués.**

a. aujourd'hui – beaucoup – chez : …

b. autrefois – plusieurs – là-bas : …

ORAL

13 ** **Complète chaque proverbe avec le mot invariable qui convient :** après – loin – jamais.

a. Mieux vaut tard que … .

b. … la pluie vient le beau temps.

c. … des yeux … du cœur.

À toi de jouer

Retrouve les dix mots invariables cachés dans cette grille.

A	D	B	I	E	N	K	E	B	M
C	H	E	Z	W	L	O	N	O	A
F	U	A	B	K	M	Y	C	Y	I
G	A	U	T	R	E	F	O	I	S
D	C	C	H	F	M	Q	R	Q	O
E	N	O	N	L	E	Q	E	K	O
J	O	U	U	Z	Q	Y	L	M	S
A	T	P	A	S	R	X	V	B	I

Autodictée

aujourd'hui – depuis – autant – partout – ici – plusieurs – enfin – hier – alors – chez – puis – dans – jadis – autant – beaucoup – longtemps – même – ceci

Je réinvestis mes connaissances

La lettre s

1 * Recopie et complète ces mots avec les lettres s ou ss.

une défen...e – un me...age – un de...ert – un mu...cle – une secou...e – une a...perge – une mou...e – une bo...e – un pou...in – ju...te – une émi...ion – une cla...e

2 ** Écris en rouge les mots dans lesquels la lettre s se prononce [s] et en bleu les mots dans lesquels elle se prononce [z].

un ours – une ruse – un baiser – le suivant – usagé – un tournevis – un bison – un insecte – la brise – un casque – une buse – une phrase – un musée – un visage – un secret

La lettre c

3 * Recopie et complète ces mots avec les lettres c ou ç.

une ...itrouille – un hame...on – une ...erise – un cale...on – une gla...e – un gla...on – une tra...e – un ...itron – un édifi...e – la fa...ade – une le...on – une re...ette

4 ** Reproduis ce tableau et classe les mots dans la bonne colonne.

une cave – un maçon – un sac – une chose – une écharpe – blanche – avec – un caramel – donc – un cube – une chorale – une farce – acheter – un public – un écho – une racine

La lettre c se prononce (ch)	La lettre c se prononce (k)	La lettre c se prononce (s)
...	...	...

La lettre g

5 * Recopie et complète ces mots avec les lettres g ou gu pour entendre le son [g].

la fati...e – une ...omme – la lan...e – une ...aufre – une ...alette – une va...e – un ...alop – une ...renade – un ...idon – un wa...on – le ...oût*

6 ** Recopie et complète ces mots avec les lettres g, ge, gu ou gn.

ma...ifique – un plon...oir – une lar...eur – une lon...eur – une pla...e – nous na...ons – un nua...e – un ma...icien – un bour...on – une cigo...e – un dé...isement – la nei...e – la rou...ole – une ori...ine – mi...on

La lettre m devant m, b et p

7 * Recopie ces phrases et complète les mots avec in ou im.

a. Il est ...possible de s'...scrire au cours de théâtre.
b. Ce changement de programme était ...prévu.
c. Il est ...prudent de sortir avec ces ...tempéries.
d. Cet enfant est ...fernal et ...patient.
e. Le s...ge gr...pe à la grille.

8 * Recopie ces phrases et complète les mots avec on ou om.

a. J'ai gagné des b...bons à la t...bola.
b. Il faut un c...pas pour bien dessiner ces r...ds.
c. Cette photographie est s...bre car elle a été prise à l'...bre.
d. Je c...pte le n...bre d'invités pour ce soir.
e. Le c...bat sera l...g.

9 ** Recopie ces phrases et complète les mots avec an, am, en ou em.

a. L'...bulance est coincée dans les ...bouteillages.
b. Si je vous vois ...core ens...ble, ça ira mal !
c. Le clown joue du t...bour sur le dos d'un éléph...t.
d. L'...clos du ch...p est ouvert.
e. L'ag...t fait att...tion aux ...f...ts.

Les accents sur la lettre e

10 ** Recopie ces mots en ajoutant un accent grave, aigu ou circonflexe sur les lettres e soulignées.

une dictee – un frere – une peche – une piece – une allee – une greve – une galere – une enquete – un arret – un melange – une vipere – un legume – meme – une foret

Les mots invariables

11 * Recopie ces phrases et entoure les mots invariables. Il y a plusieurs mots invariables par phrase.

a. Lorsque nous serons à la montagne, j'irai aussitôt me baigner dans le lac.
b. Dans ce spectacle, plusieurs numéros étaient vraiment très réussis.
c. Pourquoi ont-ils décidé d'aller si loin, alors qu'il y a tout ce qu'il faut ici ?
d. On prévoit des prises de sang sans aiguille et des opérations sous hypnose !

12 Recopie et complète ces phrases avec les mots invariables qui conviennent.

mais – tard – pourtant – peu – si – avec – déjà – trop

a. Il dit qu'il n'aime pas ce gâteau, ... il en a repris trois fois.

b. Je vais au cinéma ... mes parents ce soir. Nous allons rentrer ... .

c. Tu as pris ... de choses dans ta valise. Vide-la un ... pour pouvoir la fermer.

d. J'ai ... vu ce spectacle ... je t'accompagne ... tu veux.

EXERCICES TRANSVERSAUX

13 Recopie et complète les mots avec **in**, **im**, **on**, **om**, **an**, **am**, **en**, **em**. Puis, entoure les mots invariables.

a. La p...dule de ma ch...bre est s...plem...t arrêtée.

b. Tout le m...de dit qu'il est vraim...t le plus gr...d joueur de l'histoire !

c. Ils ...t fait un tri...phe en jou...t du t...bour et du tr...bone.

d. J'ai trouvé de beaux t...bres décorés avec ces ch...pign...s et des sap...s.

14 Recopie et complète ces mots avec les lettres **gu**, **ge**, **c**, **ç**, **s** ou **ss**.

a. un soup...on – une trou...e – la confian...e – une ...irlande – la ...alade

b. une na...oire – un collè...e – le ...inéma – un lima...on – une tapi...erie

c. un ca...ot – une per...euse – une ...itare – un bou...oir – un un éla...tique

d. une oran...ade – renver...er – un bour...on – un in...endie – une ...enon

15 Recopie et complète ces mots avec les lettres **gu**, **ge**, **gn**, **c**, **ç**, **s** ou **ss**.

a. un ro...i...ol – un Fran...ais – une ...einture – ...inq – un mou...tique – ...i...ol

b. la piè...e – un vulcanolo...e – la vi...e un gar...on – de...ous – effa...able – lai...er

c. un voi...in – en...uite – la ri...eur – une maju...cule – un ...itron – un anana...

d. une pa...oire – un pi...on – une ran...on – une li...e – réu...ir – la le...ive

EXERCICES D'ÉCRITURE

16 Écris trois phrases :

- une avec un mot invariable qui marque le temps ;
- une avec un mot invariable qui marque le lieu ;
- une avec un mot invariable qui marque la quantité.

17 Recopie cette liste de mots invariables et barre ceux qui sont en double. Puis écris une phrase avec les quatre mots qui restent.

ici – longtemps – après – autrefois – maintenant – aujourd'hui – dans – là-bas – autant – déjà – moins – davantage – pendant – pourquoi – beaucoup – autrefois – jamais – auprès – mieux – pourtant – pendant – aussitôt – là-bas – beaucoup – longtemps – jamais – avec – mieux – pourquoi – ici – davantage – aujourd'hui – dans – autant – pourtant – après – déjà – aussitôt – souvent – auprès

18 Observe ce tableau et décris-le en trois phrases.

Léonard de Vinci, *La Joconde, Portrait de Mona Lisa*, XVIe siècle, musée du Louvre.

7 Le genre et le nombre des noms

Compétences : Reconnaître* le genre et le nombre d'un nom. Écrire les noms au masculin ou féminin, singulier ou pluriel.

Découvrons et manipulons

Dès que le garçon eut l'âge de marcher, il voulut aller trop vite. Il courait et tombait. Il s'amusait à escalader le dos de l'émeu* et dégringolait. Les femmes du clan répétaient « Le fils de Kuyu-ma et Papunya tombe toujours, il est comme la pluie. »
C'est ainsi que les hommes qui chassent dans le pays finirent par appeler l'enfant : Petite pluie. Si bien qu'un soir, ses parents lui dirent : « Dors bien, Petite pluie. Ne tombe pas du nuage de tes rêves. »
Quand il commença à comprendre les mots, Petite pluie fut très content de porter ce nom-là.
La pluie, dans ce pays, est la bienvenue. Sans elle, rien ne pousse. Sans elle, rien ne vit…

Carl Norac, *Le Petit Sorcier de la pluie*, © Éditions Pastel, 2004.

* un émeu : un grand oiseau qui ressemble à une autruche.

1 Lis ce texte et observe les mots en rouge.
a) Lequel désigne une personne ? Lequel désigne un animal ? Lequel désigne une chose ?
b) Quel déterminant précède le mot « garçon » ? Cherche dans le texte d'autres noms masculins précédés par ce déterminant.
c) Quel déterminant précède le mot « pluie » ? Cherche dans le texte un autre nom féminin précédé par ce déterminant.

2 a) Les mots en bleu désignent-ils une ou plusieurs personnes ?
b) Cherche dans le texte d'autres mots au pluriel qui désignent plusieurs personnes ou plusieurs objets.

MANIPULER

3 Complète chaque nom avec un déterminant, masculin ou féminin, au singulier ou au pluriel.
... princesses – ... dromadaire – ... loup – ... sorcière – ... table – ... cheval – ... trousse – ... père – ... mère – ... patineur – ... dépanneuse – ... orages

Je retiens

→ Le **nom** est un mot qui désigne généralement **une personne**, **un animal** ou **une chose**.

→ Chaque nom a un **genre** :
- Le nom est de **genre masculin** s'il peut être précédé par les déterminants **un**, **le** ou **l'** :
  le garçon – le soir – le dos – un nuage – l'émeu.
- Le nom est de **genre féminin** s'il peut être précédé par les déterminants **une**, **la** ou **l'** :
  la pluie – la nuit – l'abeille.

→ Chaque nom a un **nombre** :
- Le nom est au **singulier** si la personne, l'animal ou la chose qu'il désigne est **seul(e)**.
  Les déterminants **le, la, un, une, son, sa, ce, cette** précèdent les noms au singulier :
  le soir – un nuage – ce nom.
- Le nom est **pluriel** si les personnes, les animaux ou les choses qu'il désigne sont **plusieurs**.
  Les déterminants **les, des, ces, mes, tes, ses, nos, vos, leurs** précèdent les noms au pluriel.
  Les noms au pluriel se terminent par un **s** ou un **x** :
  les femme**s** – des homme**s** – ses parent**s** – tes rêve**s** – leurs cheveu**x**…

Je m'entraîne

Reconnaître* le genre et le nombre d'un nom

4 * **Recopie ces mots en remplaçant le déterminant l' par un ou une.**

a. l'émeu – l'abeille – l'épicerie – l'hélicoptère
b. l'immeuble – l'enveloppe – l'entrée – l'arbre
c. l'autruche – l'avion – l'école – l'orange
d. l'évier – l'ouverture – l'enquête – l'hiver
e. l'histoire – l'aéroport – l'infirmerie – l'âge

5 ** **Associe deux par deux les noms qui se correspondent. Pour chaque paire de noms, indique lequel est masculin et lequel est féminin.**

femme – garçon – boulanger – cheval – reine – épicier – fille – tante – coq – jument – oncle – roi – poule – boulangère – chouette – hibou – épicière – homme

6 ** **Recopie ce texte. Souligne en rouge les noms féminins et leurs déterminants, puis en bleu les noms masculins et leurs déterminants.**

Le facteur commence toujours sa tournée par notre rue. Il pose son vélo contre la porte de notre immeuble et distribue son courrier dans les boîtes* aux lettres. Dans sa sacoche, il transporte des enveloppes et des colis. Il discute souvent avec la gardienne et les livreurs qu'il croise. Quand il pleut, il porte un imperméable bleu et des bottes jaunes.

7 *** **Recopie et classe ces mots dans le tableau.**

	masculin	féminin
singulier	...	...
pluriel	...	...

écolière – lion – crustacés – maçon – chaussures – pêcheurs – voyageuses – peluches – concurrents – victoire – volets – professeur – étoile – maisons – ouvrier – agricultrice – sportive – inventeurs – sculptures – arbre – fenêtres – vacances – jouet

Écrire les noms selon leur genre et leur nombre

8 * **Recopie ces noms avec un déterminant de genre masculin ou féminin.**

a. ... renard – ... tasse – ... moustique – ... étoile
b. ... porte – ... livre – ... navire – ... rocher
c. ... moteur – ... passerelle – ... commandant
d. ... animal – ... planète – ... astre – ... Parisien
e. ... huître* – ... fée – ... ancre – ... journal

9 ** **Recopie et complète ce texte avec des déterminants singuliers ou pluriels qui conviennent.**

Sur ... quai, ... ouvriers attendent ... retour ... chalutiers. ... premier bateau arrive. ... marins débarquent ... pêches. Sur ... chariots, on emporte ... tourteaux, ... langoustes et ... poissons fraîchement* pêchés. Dans ... grand hangar, ... acheteurs se pressent et poussent ... cris.

10 ** **Recopie ces phrases et accorde les noms entre parenthèses comme il convient.**

a. Marine organise une (fête) avec toutes ses (ami).
b. Les (habitant) de cet (immeuble) refusent de faire des (travail).
c. La (marchand) de (fruit) et (légume) salue les (passant).
d. Mes (voisin) ont peur car elles entendent des (cri) d'(animal).
e. J'ai une (cousin) qui veut devenir (infirmier).

J'écris – Je m'exprime

11 ** **Écris trois phrases pour décrire ce dessin.**

ORAL

12 ** **Comme le garçon que l'on appelle « Petite pluie », trouve un surnom qui te correspond et décris ta personnalité.**

À toi de jouer

Déchiffre ce rébus et donne le genre du nom que tu as trouvé.

Autodictée

La pluie tombe et inonde les trottoirs. Les passants courent se mettre à l'abri et les enfants sautent à pieds joints dans les flaques.

8 Le féminin des noms (-e)

Compétences : Connaître les différents modes de construction du féminin des noms. Former des noms féminins avec -e.

Découvrons et manipulons

L'avenue était déserte en ce début de matinée. La librairie était déjà ouverte et une cliente en sortait. Elle avait une revue à la main. Le gros titre de la couverture la fit sursauter : *Danger sur la toile !*
La femme s'empressa de lire l'article, craignant une menace sur Internet. Mais l'article parlait d'un parasite qui mettait en danger la vie… des araignées !

1 **Lis ce texte et observe les noms en rouge.**
a) Par quelle lettre se terminent-ils tous ?
b) Quel est le genre de ces noms ?

2 **a) Quelle lettre précède le e final dans le nom « avenue » ?**
b) Trouve un autre mot féminin dans le texte qui se termine par -ue.

3 **a) Quelle lettre précède le e final dans le nom « librairie » ?**
b) Trouve un autre mot féminin dans le texte qui se termine par -ie.

4 **a) Quelle lettre précède le e final dans le nom « matinée » ?**
b) Trouve un autre mot féminin dans le texte qui se termine par -ée.

5 **Observe le mot en bleu. Quel nom masculin lui correspond ?**

MANIPULER
6 **Trouve, parmi ces mots du texte terminés par -e, ceux qui ne sont pas au féminin.**
toile – vie – titre – revue – parasite – couverture – article – matinée – elle

MANIPULER
7 **Donne le féminin des noms suivants et dis par quelle lettre ils se terminent.**
un client – un ami – un grain – un lapin – un malade – un voisin – un gamin – un élève – un orphelin – un Américain – un élu – un rival – un ennemi – un marié – un cousin

Je retiens

→ Les **noms féminins** se forment généralement avec **la lettre -e à la fin du mot.**
un client → une cliente

→ Les **noms féminins terminés par les sons [i] et [y] (u)** s'écrivent généralement **-ie et -ue.**
une librairie – une pharmacie – la vie
l'avenue – la revue – la tortue

→ Les **noms féminins terminées par le son [e] (é)** s'écrivent généralement **-ée.**
la matinée – l'araignée – l'arrivée – une idée

→ Le nom féminin est parfois **différent du nom masculin.**
une femme → un homme
une jument → un cheval

Je m'entraîne

Reconnaître* le féminin des noms en -e

8 * **Trouve l'intrus dans chaque liste.**

a. amie – vie – foie – maladie – industrie
b. incendie – parapluie – armurerie – sosie – génie
c. épuisette – belette – noisette – calculette – squelette
d. apogée – trophée – lycée – arrivée – scarabée
e. musée – araignée – dictée – idée – allée

Former des noms féminins avec la lettre -e

9 * **Recopie les phrases avec ces noms féminins.**

grue – laitue – morue – statue – tortue

a. La ... est un poisson très présent dans la cuisine portugaise.
b. Le roi Louis XIV a sa ... devant le château de Versailles.
c. On utilise la plus haute ... pour construire cet immeuble.
d. Avec une bonne vinaigrette, la ... est excellente.
e. La ... va sur la plage pour pondre ses œufs.

10 ** **Écris les noms des magasins qui correspondent à ces descriptions.**

a. On y vend des livres. C'est la ...
b. On y achète du pain. C'est la ...
c. On y trouve des poissons et crustacés. C'est la ...
d. On y achète du parfum. C'est la ...
e. On y achète des médicaments. C'est la ...

11 ** **Transforme ces phrases en passant les noms soulignés au féminin.**

a. Un <u>client</u> quitte la boutique.
b. Le cycliste a heurté un <u>passant</u>.
c. Le <u>suspect</u> a reconnu son crime.
d. Le tournoi de tennis a été remporté par un <u>Anglais</u>.
e. Je trouve mon <u>voisin</u> trop sévère.

12 *** **Écris, pour chaque nom, le masculin ou le féminin qui lui correspond.**

a. une fournée → un ...
b. une poignée → un ...
c. une matinée → un ...
d. une rangée → un ...
e. un pot → une ...
f. un bol → une ...
g. un soir → une ...
h. un an → une ...

13 *** **Écris, pour chaque petit, les noms de ses parents.**

a. Le veau est le petit de la ... et du ... .
b. Le poussin est le petit de la ... et du ... .
c. Le ... et la ... sont les parents du poulain.
d. Le faon est le petit de la ... et du ... .
e. La ... et le ... sont les parents de l'agneau.

J'écris – Je m'exprime

ORAL

14 * **Donne les noms féminins qui correspondent à tous les membres de cette famille.**

le neveu – le père – le parrain – le fils – l'oncle – le frère – le grand-père

15 ** **Écris une phrase avec les noms proposés.**

a. la fée – la magie
b. la graine – la laitue

À toi de jouer

Charade.

- Mon premier vient avant deux.
- Mon deuxième est écrit sur tous les objets à vendre.
- Mon troisième est le cri de la vache.
- Mon quatrième est un petit grain blanc qui se mange.
- Dans mon tout, on fabrique des livres et des journaux.

Autodictée

La fromagerie était la seule boutique ouverte, prête à accueillir les clients et les clientes.

9 Le féminin des noms (-ère, -euse...)

Compétences : Connaître* les différents modes de construction du féminin des noms. Former des noms féminins avec -ère, -euse...

Découvrons et manipulons

Interview de l'acteur Maxime Farel à propos de son dernier film d'action.

– *Bonjour Maxime. Vous rentrez d'un tournage dangereux dans la forêt amazonienne.*

– Oui, je jouais le rôle d'un chercheur d'or. Nous tournions le plus souvent dans la boue. La maquilleuse et la costumière faisaient de leur mieux pour me noircir le visage et déchirer mes vêtements.

– *Votre partenaire, la comédienne Émilie Tiers, est une véritable cascadeuse. Elle n'a peur de rien ! Vous ne vous êtes pas blessé dans les torrents furieux ?*

– Non, nous avons fait très attention. La prudence est la meilleure conseillère...

– *Les scènes à l'intérieur de la mine sont très réussies.*

– Oui, notre décoratrice a fait des miracles !

– *Merci pour vos réponses, Maxime. J'espère que votre film aura du succès !*

1 Lis ce texte et observe les mots en rouge.

a) Quel est leur genre ?

b) Comment le sais-tu ? Qu'est-ce qui l'indique ?

c) Donne le masculin de ces noms. Vérifie avec ton dictionnaire.

2 a) Liste tous les autres noms au féminin dans le texte.

b) Épelle* leur terminaison.

MANIPULER

3 Trouve le masculin des noms suivants.

une cascadeuse – une danseuse – une menteuse – une romancière – une institutrice – une collaboratrice – une Indienne – une historienne – une bergère – une passagère

MANIPULER

4 Donne le féminin des noms suivants.

un chercheur – un vendeur – un ouvrier – un épicier – un directeur – un cultivateur – un gardien – un horloger – un boucher – un moniteur

Je retiens

→ Le **féminin des noms en -er** se termine en **-ère**.
un conseill**er** → une conseill**ère**

→ Le **féminin des noms en -ier** se termine en **-ière**.
un costum**ier** → une costum**ière**

→ Le **féminin des noms en -teur** se termine en **-trice**.
un décora**teur** → une décora**trice**

→ Le **féminin des noms en -eur** se termine en **-euse**.
un maquill**eur** → une maquill**euse**

→ Le **féminin des noms en -ien** se termine en **-ienne**.
un coméd**ien** → une coméd**ienne**

Je m'entraîne

Former des noms féminins

5 * **Écris le féminin de ces noms en -er ou -ier.**

a. un conseiller – un écolier – un usager
b. un sorcier – un étranger – un infirmier
c. un fermier – un pâtissier – un gaucher
d. un policier – un équipier – un aventurier
e. un droitier – un banquier – un particulier

6 * **Écris le féminin de ces noms en -eur ou -teur.**

a. un empoisonneur – un téléspectateur – un danseur
b. un chanteur – un imitateur – un enquêteur
c. un acheteur – un footballeur – un cultivateur
d. un chroniqueur – un catcheur – un aviateur
e. un boxeur – un animateur – un agriculteur

7 ** **Recopie et complète ce tableau.**

Noms masculins		Noms féminins
un Martien	↔	...
...	↔	une Parisienne
un opticien	↔	...
...	↔	une musicienne
un informaticien	↔	...

8 ** **Recopie ces verbes conjugués et écris le nom féminin du métier qui correspond.**

elle maquille : une **maquilleuse**

a. elle décore : ... – elle cherche : ... – elle danse : ...
b. elle cultive : ... – elle sauve : ... – elle traduit : ...
c. elle compose : ... – elle sert : ... – elle chante : ...
d. elle commente : ... – elle coiffe : ... – elle vend : ...
e. elle présente : ... – elle conseille : ... – elle conte : ...

9 *** **Recopie ce texte en remplaçant Julien par Julie.**

Julien rêve. Plus tard, il se voit navigateur. Il parcourra les mers en aventurier sur un grand voilier avec ses équipiers. Sinon, il sera aviateur, il atterrira sur des terres inconnues et deviendra explorateur.

10 ** **Écris ces noms au féminin. Aide-toi de ton dictionnaire si besoin. Que remarques-tu ?**

a. un architecte : une ... – un dentiste : une ...
b. un pianiste : une ... – un peintre : une ...
c. un ministre : une ... – un journaliste : une ...
d. un élève : une ... – un juge : une ...

J'écris – Je m'exprime

11 * **Écris un couple de noms qui se forment comme ceux proposés.**

a. un conducteur → une conductrice : ... → ...
b. un Londonien → une Londonienne : ... → ...
c. un infirmier → une infirmière : ... → ...
d. un joueur → un joueuse : ... → ...

ORAL

12 ** **Donne le nom féminin de tous les animaux de ce dessin.**

À toi de jouer

Remets dans l'ordre les syllabes de ces noms féminins. Puis, relie chaque métier à l'objet qui leur appartient.

cië li re po — feu se coif
ra plo tri ce ex — cien ne gi ma

Autodictée

Plus tard, Jade sera comédienne, chanteuse ou championne de ski. Sinon, elle deviendra aventurière, chercheuse ou exploratrice.

10 Le pluriel des noms (-s, -x)

Compétences : Connaître* les différents modes de construction du pluriel des noms. Former le pluriel des noms avec -s, -x.

Découvrons et manipulons

J'eus toujours de l'amour pour les choses ailées.
Lorsque j'étais enfant, j'allais sous les feuillées,
J'y prenais dans les nids de tout petits oiseaux.
D'abord je leur faisais des cages de roseaux
Où je les élevais parmi les mousses vertes.
Plus tard, je leur laissais les fenêtres ouvertes.
Ils ne s'envolaient point ; ou, s'ils fuyaient aux bois,
Quand je les rappelais, ils venaient à ma voix. [...]

Victor Hugo, *Les Rayons et les ombres*, 1840.

1 Lis ce poème.
a) Les noms en rouge sont-ils au singulier ou au pluriel ?
b) Qu'est-ce qui te l'indique ?

2 a) Relève tous les autres noms au pluriel qui se terminent par la lettre s.
b) Quels déterminants précèdent ces mots ?

3 a) Les noms en bleu sont-ils au singulier ou au pluriel ?
b) Par quelle lettre se terminent-ils ?

4 Observe le mot en vert.
a) Est-il au singulier ou au pluriel ?
b) Que remarques-tu ?

MANIPULER
5 Relève les noms qui sont au pluriel et dis par quelle lettre ils se terminent.
des amis – trois bateaux – mon école – mes yeux – nos bijoux – des écrous – ce prix – des croix – un tapis – un neveu – nos jeux

Je retiens

→ Le **pluriel du nom** se forme généralement **en ajoutant un -s** au nom singulier.
un homme → des hommes
un élève → des élèves
une fille → des filles

→ Les noms terminés par **-au, -eau, -eu au singulier** prennent **un -x au pluriel**.
un noyau → des noyaux
un oiseau → des oiseaux
un cheveu → des cheveux

→ Les noms terminés par **-s, -x, -z au singulier** ne changent pas au pluriel.
un pois → des pois
une croix → des croix
un nez → des nez
un prix → des prix
un tapis → des tapis

Attention ! *Le mot « œil » change complètement au pluriel : un œil → des yeux.*

Je m'entraîne

Former le pluriel des noms avec -s, -x

6 * **Écris ces noms au pluriel.**

a. une fenêtre – le nid – cette chose
b. la rivière – un cinéma – le menu
c. sa maison – mon livre – ta montre
d. notre film – un siège – votre veste
e. leur affaire – ce banc – un voyou

7 * **Écris ces noms au pluriel.**

a. l'oiseau – un bambou – un creux
b. un vœu – mon verrou – ce feu
c. un noyau – un prix – un poteau
d. cet esquimau – le matou – ton cadeau
e. un fou – la croix – le lieu

8 ** **Recopie ces noms avec leurs déterminants : un, une ou des. Il y a parfois plusieurs solutions.**

a. ... grenouille – ... biches – ... croix – ... pain
b. ... endives – ... cas – ... sorcières – ... gamin
c. ... nez – ... message – ... foi – ... singes
d. ... pomme – ... radis – ... saisons – ... bateau
e. ... squelettes – ... os – ... cerveau – ... plume

9 ** **Recopie ces phrases en écrivant les noms soulignés au pluriel, avec un -s ou un -x.**

a. Le <u>renard</u> et le <u>loup</u> sont les nouveaux pensionnaires du zoo.
b. J'ai vu un <u>tableau</u> de Picasso et une <u>sculpture</u> de Rodin au musée.
c. Ce <u>jouet</u> est en vente dans ce <u>magasin</u>.
d. Le chat chasse l'<u>oiseau</u> et la <u>souris</u>.
e. Il s'est écorché la <u>main</u> et s'est griffé la <u>joue</u>.

10 ** **Recopie ces phrases en complétant les mots avec la bonne terminaison du pluriel.**

a. Ces marchand(s / x) se déplacent dans les village(s / x).
b. Mon petit frère marche à quatre patte(s / x) sur les galet(s / x) du jardin.
c. Ces enfant(s / x) curieux ne cessent de poser des question(s / x).
d. Les peau(s / x) dorées des lion(s / x) brillent au soleil.
e. Les bateau(s / x) avancent sur les eau(s / x).

11 ** **Recopie ce texte et entoure les noms qui se terminent par un -s ou un -x, mais qui ne sont pas au pluriel.**

Cette nuit, j'ai dévoré mon matelas en nougat. J'ai grignoté une souris en chocolat qui passait par là. J'ai avalé un rhinocéros en guimauve et une brebis en pain d'épice. Je me suis allongé sur un tapis de caramels pour lécher une noix en sucre d'orge...

J'écris – Je m'exprime

12 * **Écris une phrase en utilisant chaque couple de noms au pluriel.**

a. un rhinocéros – une souris
b. un tapis – un jeu
c. un trou – un écrou

13 ORAL ** **Raconte ce qu'il a pu arriver au garçon gourmand de l'exercice 11. Est-ce un rêve ou la réalité ?**

À toi de jouer

Devinette.
Qu'est-ce qui a deux branches mais pas de feuilles ?
Des ...

Autodictée

Les oiseaux suivent les bateaux qui rentrent au port. Sur les quais, des hommes discutent les prix des maquereaux, des soles et des mérous.

11 Le pluriel des noms (-ail/-aux, -al/-aux)

Compétences : Connaître* les différents modes de construction du pluriel des noms. Écrire le pluriel des noms terminés par -ail ou -al.

Découvrons et manipulons

On se déguise pour le carnaval,
Comme un cardinal, un épouvantail ou un général.
Moi, je préfère être un animal :
Un cheval, un agneau ou un chacal !

On se déguise pour les carnavals,
Comme des cardinaux, des épouvantails ou des généraux.
Moi, je préfère les animaux :
Les chevaux, les agneaux ou les chacals !

1 Observe ce poème.
a) Relève les mots écrits en rouge dans le texte.
b) Par quelles lettres se terminent-ils ?
c) Trouve, dans ce poème, le pluriel de ces mots.
d) Par quelles lettres se terminent-ils ?

2 Trouve, dans ce poème, le pluriel du mot en vert. Que remarques-tu ?

3 a) Trouve, dans ce poème, le pluriel du mot en bleu. Que remarques-tu ?
b) Compare-le avec le pluriel du mot « travail ». Que remarques-tu ?

MANIPULER
4 Associe les noms au singulier et au pluriel qui se correspondent. Dis comment se forme le pluriel de chaque nom.
l'épouvantail – les émaux – les épouvantails – un rail – les vitraux – des éventails – des détails – l'émail – des rails – le vitrail – un éventail – un détail

MANIPULER
5 Associe le pluriel qui convient à chaque nom singulier.
un journal – un idéal – des chevaux – un festival – un animal – un carnaval – un cheval – des journaux – des idéaux – des festivals – des carnavals – des animaux

Je retiens

→ Les noms qui se terminent par **-ail au singulier** s'écrivent généralement avec un **-s au pluriel**.
un épouvantail → des épouvantail**s**

→ Certains noms terminés par **-ail au singulier** se terminent par **-aux au pluriel**.
un travail → des trav**aux**   un vitrail → des vitr**aux**

→ Les noms qui se terminent par **-al au singulier** s'écrivent généralement **-aux au pluriel**.
un général → des génér**aux**   un cheval → des chev**aux**

Attention ! *Il existe quelques noms qui se terminent par **-al au singulier** et qui s'écrivent avec un **-s au pluriel**.*
un bal → des bal**s**   un carnaval → des carnaval**s**
un festival → des festival**s**   un chacal → des chacal**s**

Rappel ! *Tous les noms qui se terminent par **-eau au singulier** s'écrivent avec un **-x au pluriel**.*
un agneau → des agneau**x**

Je m'entraîne

Écrire le pluriel des noms en -al au singulier

6 * **Écris ces noms au pluriel.**

a. un général – un hôpital – un caporal
b. un récital – un maréchal – un canal
c. un festival – un carnaval – un tribunal
d. un bocal – un métal – un rival
e. un chacal – un bal – un végétal

7 ** **Écris ces noms au singulier.**

a. des animaux – des châteaux – des amiraux
b. des râteaux – des veaux – des hôpitaux
c. des végétaux – des oiseaux – des généraux
d. des métaux – des rideaux – des tribunaux
e. des tuyaux – des taureaux – des canaux

Écrire le pluriel des noms en -ail au singulier

8 * **Recopie ces phrases en complétant les mots au pluriel par -ails ou -aux.**

a. Les trav... de l'aéroport vont vite commencer.
b. On a repeint en bleu les port... de l'école et de la mairie.
c. Le TGV est arrêté en pleine campagne car une vache broute sur les r... .
d. Ne rentre pas dans les dét..., finis ton dessin.
e. La tempête a fait tomber les vitr... de la chapelle.

Écrire le pluriel des noms en -ail et -al

9 * **Recopie et classe ces noms dans le tableau.**

des soupiraux – des rivaux – des bocaux – des chevaux – des émaux – des coraux – des journaux – des totaux – des baux

Noms en -ail au singulier	Noms en -al au singulier
...	...

10 ** **Trouve les réponses en -ail ou en -al à ces devinettes. Puis, écris ces noms au pluriel.**

a. Lieu où les magistrats rendent la justice : le ...
b. Pull ou gilet tricoté : un ...
c. Signe, geste pour avertir : un ...
d. Dans le verbe, il ne change pas : le ...
e. Matière transparente sur les dents et qui les protège : l'...

J'écris – Je m'exprime

ORAL

11 * **Fais la liste des noms en -al/-aux ou -ail/-ails/-aux qui désignent ce que tu peux trouver dans une maison.**

12 ** **Invente une fin à ces phrases. Puis, écris-les au pluriel.**

Avec mon chandail rouge, je suis cardinal.

a. Avec mon chandail blanc, ...
b. Avec mon chandail gris, ...
c. Avec mon chandail vert, ...
d. Avec mon chandail noir, ...
e. Avec mon chandail troué, ...

13 ** **Utilise, dans une même phrase, les mots proposés, en les écrivant au pluriel.**

a. un cheval – un animal
b. un détail – un vitrail
c. un journal – un festival
d. un portail – un mal

À toi de jouer

Déchiffre ce rébus et donne le pluriel du nom que tu as trouvé.

Autodictée

Qui gardera les chevaux, les agneaux, les veaux et les taureaux pendant les travaux ? Pourquoi pas l'épouvantail qui fait peur aux moineaux et aux chacals ?

12 Le féminin des adjectifs (-e, -ère...)

Compétences : Reconnaître* les adjectifs féminins.
Écrire le féminin des adjectifs.

Découvrons et manipulons

C'est l'histoire d'une petite grenouille verte, discrète et ordinaire.
Elle rêvait d'accomplir de grands exploits, elle voulait devenir extraordinaire.
Elle habitait, avec d'autres grenouilles, au bord d'un trou rempli d'une eau très claire.
Un matin, elle décida d'avaler d'un coup l'eau du trou, rien que pour se faire remarquer. Gloups !
Alors elle grossit, mais pas assez pour être extraordinaire.
Elle avala toute l'eau de la rivière, gloups, en une seule gorgée.
[...] Elle avala toute l'eau du fleuve, gloups, gloups, gloups ! [...]
Gloups, gloups et gloups, elle avala toute l'eau de la mer.
Son corps gorgé d'eau dépassait les hautes montagnes, sa tête touchait le ciel. [...] Elle était devenue extraordinaire.

Muriel Bloch, *Le rire de la grenouille*, in *Contes de la grenouille*, Albin Michel, © Muriel Bloch.

1 Lis ce texte et observe les mots en rouge.
a) De quels types de mots s'agit-il : noms, verbes, adjectifs, pronoms personnels... ?
b) Sur quels noms ces mots apportent-ils des précisions ?

2 a) Quel est le genre des mots en rouge ?
b) Qu'est-ce qui te l'indique ?

3 Remplace « grenouille » par « crapaud » dans la première phrase.
a) Que deviennent les mots « petite » et « verte » ?
b) Quelle lettre a disparu ?
c) Que devient le mot « discrète » ? Que remarques-tu ?
d) Comment s'écrirait « ordinaire » pour le crapaud ? Que remarques-tu ?

MANIPULER
4 Donne le féminin de ces adjectifs masculins.
grand – solide – sucré – discret – léger – blond – élégant – parfait

Je retiens

→ Les **adjectifs féminins** se terminent généralement en **-e**.
grand → grand**e** joli → joli**e**

→ Le **féminin des adjectifs en -er** se termine en **-ère**.
lég**er** → lég**ère**

→ Le **féminin des adjectifs en -et** se termine en **-ète**.
secr**et** → secr**ète**

→ Quand l'adjectif se termine **déjà par un -e** au masculin, il reste **identique** au féminin.
un vase fragil**e** → une lampe fragil**e**

Je m'entraîne

Reconnaître* les adjectifs féminins

5 * **Recopie uniquement les adjectifs qui sont au féminin.**

a. une haute montagne – ce bel appartement – l'assiette sale

b. son grand mystère – une danse endiablée – cet enfant prodige

c. cette caisse vide – la porte ouverte – une tempête violente

d. un énorme sac – la longue route – une petite taupe

e. une mangue verte – sa mauvaise vue – la place réservée

6 ** **Dans chaque liste, trouve l'adjectif qui est identique au masculin et au féminin.**

a. courte – déserte – complète – remarquable

b. neuve – intenable – fermée – fine

c. lourde – parfaite – amusante – simple

d. troublante – longue – couverte – ordinaire

e. jolie – gauchère – volante – sage

Former le féminin des adjectifs

7 * **Écris l'adjectif souligné au féminin.**

a. un trou profond : une mer ...

b. un homme discret : une femme ...

c. mardi dernier : la semaine ...

d. un paysage magnifique : une vue ...

e. un ciel bleu : une maison ...

8 * **Écris l'adjectif souligné au masculin.**

a. une histoire captivante : un conte ...

b. une victoire méritée : un trophée ...

c. une plage déserte : un tunnel ...

d. une mère inquiète : un père ...

e. une élève douée : un élève ...

9 ** **Recopie ces phrases avec le groupe nominal qui convient.**

a. J'ai vu (un film / une comédie) très amusante.

b. (Cette promenade / Ce voyage) est très plaisant.

c. Il aime (les crèmes / les esquimaux) glacées.

d. C'est (un roman / une histoire) passionnante.

J'écris – Je m'exprime

ORAL

10 * **Décris un lieu de ton choix, en utilisant le plus possible de ces adjectifs féminins.**

haute – déserte – magnifique – charmante – horrible – neuve – blanche – sombre

11 ** **Parmi ces mots, associe à chaque fois un déterminant, un nom et un adjectif différents, pour écrire quatre phrases.**

- la – une – sa – cette
- poire – chemise – maison – histoire
- bleue – courte – juteuse – usée

ORAL

12 *** **Décris cette photographie en utilisant le plus d'adjectifs féminins possible.**

À toi de jouer

Complète chaque expression avec l'adjectif qui convient.

bavarde – travailleuse – rapide – sage – myope

- ... comme une image
- ... comme une pie
- ... comme une gazelle
- ... comme une taupe
- ... comme une fourmi

Autodictée

J'ai adopté une petite chatte grise et très discrète. Sa longue queue argentée se balance quand elle traverse la terrasse ensoleillée.

13 Le féminin des adjectifs (-euse, -ve…)

Compétences : Reconnaître les adjectifs féminins.
Écrire le féminin des adjectifs.

Découvrons et manipulons

L'atelier du chocolat

Ludique, instructive et gourmande, voilà les trois adjectifs qui résument le mieux la visite de l'atelier du chocolat de Bayonne. Le « parcours découverte du cacaoyer au chocolat » t'entraîne dans la fabuleuse histoire du cacao, de sa découverte au Mexique jusqu'à son arrivée à Bayonne. Plongé dans l'ambiance d'une forêt tropicale, tu sauras tout sur sa culture, avant de découvrir une galerie de machines utilisées pour fabriquer le chocolat au début du siècle dernier.

En route pour le pays Basque et le Béarn, coll. « Kids' voyage », © Itak Éditions, 2010.

1 Observe ce texte.
a) Quel est le genre de l'adjectif en rouge ?
b) Quel nom accompagne-t-il ?
c) Écris cet adjectif au masculin.

2 a) Quel est le genre des adjectifs en bleu ?
b) Écris-les au masculin.
c) Comment se termine l'adjectif « instructive » au masculin ?
d) Comment se termine l'adjectif « gourmande » au masculin ?

3 Le chocolat peut être « noir » ou « blanc ». Lequel de ces deux adjectifs change complètement de terminaison au féminin ?

MANIPULER
4 Range ces adjectifs dans le tableau, puis complète-le.
actif – blanche – bas – cruel – neuf – silencieux – nouveau – long – maladif – grosse

Adjectifs masculins	Adjectifs féminins
actif	…
…	blanche
…	…
…	…

Je retiens

→ Certains **adjectifs féminins** se forment en **modifiant la fin du mot** :
- soit en **doublant la consonne finale** :
  gentil → gentille   bon → bonne
- soit en **changeant la consonne finale** :
  – Le **féminin des adjectifs en -eur** ou **-eux** se termine en **-euse** : fabuleux → fabuleuse
  – Le **féminin des adjectifs en -oux** se termine en **-ousse** ou **-ouce** : roux → rousse – doux → douce
  – Le **féminin des adjectifs en -f** se termine en **-ve** : instructif → instructive
- soit en changeant complètement la terminaison :
  blanc → blanche   beau → belle

Je m'entraîne

Reconnaître* et former les adjectifs féminins

5 * **Classe ces adjectifs en deux groupes : les adjectifs masculins et les adjectifs féminins.**
sportive – juteuse – ancien – rieuse – moyen – droitière – brune – gentille – majestueux – mignon – colorée – roux – joyeuse – épaisse – pensif – précieuse – nocive

6 * **Écris ces groupes nominaux au féminin ou au masculin.**
a. un homme attentif : une femme ...
b. une lionne furieuse : un lion ...
c. un bébé coléreux : une fille ...
d. un fruit frais : une viande ...
e. une histoire brève : un récit ...

7 ** **Recopie ces phrases en utilisant l'adjectif féminin ou masculin qui convient.**
a. Je n'ai pas de nouvelles (frais / fraîches*) de mes amis de Toulouse.
b. Nous attendons que le temps soit plus (sec / sèche) pour sortir.
c. Samuel est bien trop (gentil / gentille) et tout le monde en profite.
d. Les infirmiers portent une blouse (blanc / blanche).
e. Avec une (long / longue) vue, nous suivons la course des bateaux au large.

8 ** **Recopie ce texte avec les adjectifs entre parenthèses au féminin.**
Yasmina est ma voisine de classe. C'est aussi ma (meilleur) amie. Elle est (gentil), (beau) et (joyeux). Tout le monde l'aime bien. Yasmina est (natif) de Rabat, une grande ville marocaine. Quand elle m'en parle, sa (doux) voix et sa mine (radieux) éclairent son visage.

9 *** **Recopie ce texte et ajoute un adjectif de ton choix avant ou après chaque nom souligné.**
Sur la <u>plage</u>, un <u>cheval</u> trottine. Une <u>fille</u> le tient au bout d'une <u>corde</u>. L'<u>animal</u> se dirige vers l'<u>eau</u>. La <u>fille</u> se laisse entraîner*. Une <u>vague</u> les recouvre tous les deux, mais la <u>mer</u> les rejette sur la <u>côte</u>. Ils se relèvent et continuent joyeusement leur <u>course</u> contre le vent.

J'écris – Je m'exprime

10 * **Choisis les adjectifs qui conviennent pour décrire la jeune princesse et l'horrible sorcière.**
gentille – douce – agressive – joyeuse – étrange – enragée – brave – rieuse – infernale – ravissante – insupportable

Lucile est une jeune princesse. Elle est ...
Mélusine est une horrible sorcière. Elle est ...

ORAL
11 ** **Dis ce texte en remplaçant « pain au chocolat » par « brioche ».**
Tous les matins, je mange un délicieux pain au chocolat. Chaque jour, je le trouve encore plus succulent et savoureux que la veille. Ma sœur dit qu'il est amer, mais moi je le trouve très doux.

À toi de jouer

Léa a voulu faire son portrait mais elle a utilisé de drôles d'adjectifs. Aide-la à les retrouver.
« Je suis origidable,
forminale,
agréfique,
magniable,
délimante
et charcieuse. »

Autodictée

C'est une vieille femme, gentille, douce et courageuse. Elle est veuve et parfois triste, mais son regard reste vif et elle étonne ses nombreuses amies.

14 Le pluriel des adjectifs

Compétences : Reconnaître les adjectifs au pluriel. Écrire sans erreur le pluriel des adjectifs.

Découvrons et manipulons

Monsieur Lapin avait de magnifiques oreilles.
Longues, blanches et soyeuses, il les entretenait avec soin et cela lui avait valu de gagner de nombreux concours de beauté.
Monsieur Lapin jouait aussi les jolis cœurs au cinéma et passait souvent à la télévision.
Mais certains le jalousaient : tout le monde n'avait pas de belles oreilles comme lui !
Un matin, il se réveilla plus tôt que d'habitude.
La fenêtre de sa chambre était ouverte ; on était entré chez lui pendant la nuit.
Vite il sauta hors du lit !
Il se précipita devant le miroir de la salle de bain, et là… Horreur ! Malheur !
Il comprit qu'on lui avait volé ses oreilles adorées.

Pascal Hérault, *On a volé les oreilles de Monsieur Lapin*,
© Lire c'est Partir, 2008.

1 Lis ce texte et observe les mots en rouge.
a) De quel type de mots s'agit-il : noms, verbes, adjectifs, pronoms personnels… ?
b) Sur quel nom ces mots apportent-ils des précisions ?

2 a) Quel est le nombre (singulier ou pluriel) de ces mots ?
b) Qu'est-ce qui te l'indique ?

3 Relève, dans le texte, trois autres adjectifs au pluriel qui apportent des précisions sur le même nom.

MANIPULER

4 Relève les adjectifs qui sont au pluriel et donne leur terminaison.
les jolis cœurs – un sac lourd – des enfants heureux – de beaux chapeaux – un film étrange – des fleurs magnifiques – des draps épais – des hommes sportifs – des jours pluvieux – des bains chauds – un pantalon bleu – des cheveux bruns

MANIPULER

5 Donne le singulier de ces groupes nominaux.
- des oreilles blanches → une …
- des sourires amicaux → un …
- des gros chats → un …
- les feuilles mortes → une …
- des vaisseaux spatiaux → un …

Je retiens

→ En général, on forme le **pluriel des adjectifs** en ajoutant un **-s** au singulier.
la belle oreille → les belles oreilles

→ Les adjectifs terminés par **-eau** au singulier prennent un **-x** au pluriel.
le beau chapeau → les beaux chapeaux

→ Les adjectifs terminés par **-al** au singulier s'écrivent **-aux** au pluriel.
un film origina**l** → des films origin**aux**   un sourire amica**l** → des sourires amic**aux**

→ Les adjectifs qui sont **déjà terminés par -s ou -x** au singulier **ne changent pas** au pluriel.
un gro**s** chat → des gro**s** chats   un jour pluvieu**x** → des jours pluvieu**x**

Je m'entraîne

Reconnaître* les adjectifs au pluriel

6 * **Recopie uniquement les phrases dans lesquelles il y a un ou des adjectifs au pluriel.**

a. Monsieur Lapin avait des oreilles propres et soignées.
b. Monsieur Lapin connaît* un énorme succès.
c. Ses aventures sont drôles et surprenantes.
d. Il a décoré sa chambre avec des carottes multicolores et lumineuses.
e. Cette énigme n'est pas banale et donne des frissons.

7 ⁑ **Reproduis ce tableau et classe les adjectifs suivants. Certains adjectifs peuvent se ranger dans les deux colonnes.**

courageux – jeune – agiles – spéciaux – doux – musicale – prochaines – légères – grosse – rouges – douloureux – brun – coléreuses – gentils – sale – dangereux – épais – précis – gros

Adjectifs au singulier	Adjectifs au pluriel
...	...

8 ⁑ **Recopie ces phrases en choisissant l'adjectif qui convient.**

a. Il porte des vêtements (neufs / neuf).
b. C'est le plus (vilains / vilain) personnage de l'histoire.
c. Ce sont de (beaux / beau) paysages de campagne.
d. Bleu, blanc, rouge sont les couleurs de notre drapeau (national / nationaux).
e. Ils sont dans les jardins (publics / public).

Former le pluriel des adjectifs

9 * **Écris ces groupes nominaux au pluriel.**

a. un bruit étrange → des ...
b. un poisson multicolore → des ...
c. une boisson fraîche* → des ...
d. un lieu public → des ...
e. un hiver long → des ...
f. un cheval fougueux → des ...
g. un nouvel ami → des ...
h. le principal problème → les ...

10 ⁑ **Recopie et complète ces phrases avec ces adjectifs. Accorde-les au pluriel.**

hivernal – original – tropical – local – familial

a. En Bretagne, les crêpes sont des produits ... .
b. Des liens ... unissent les frères et les sœurs.
c. L'ananas et la mangue sont des fruits ... .
d. Ce sont des dessins ... de Picasso.
e. La neige et la grêle sont des phénomènes ... .

11 ⁑ **Associe chaque adjectif avec le nom qui lui convient.**

surpris – blanche – chinois – belles – hautes – taillés – venimeux

a. des serpents ...
b. un air ...
c. des crayons ...
d. des ... robes
e. une craie ...
f. des herbes ...
g. des chapeaux ...

J'écris – Je m'exprime

12 * **Invente la suite de l'histoire de Monsieur Lapin.**

On a volé les oreilles de Monsieur Lapin...

ORAL

13 ⁑ **Quel est ton héros préféré ? Raconte une de ses aventures, en utilisant des adjectifs au pluriel.**

À toi de jouer

Qu'a-t-on volé à chacun de ces animaux ?

Autodictée

Il existe de nombreuses variétés de pommes de terre : des grosses brunes, des petites rouges ou violettes... Pour certains plats spéciaux, on peut mélanger les différents types de pommes de terre.

15 La lettre muette en fin de mot

Compétences : Identifier et écrire une lettre muette à la fin d'un nom ou d'un adjectif.

Découvrons et manipulons

Depuis plus de 200 ans, les hommes survolent la Terre à bord de montgolfières.
L'air contenu dans le ballon est réchauffé par la flamme d'un brûleur*. Comme l'air chaud est plus léger que l'air froid situé à l'éxtérieur du ballon, la montgolfière s'élève dans le ciel. Elle se laisse ensuite porter par les courants du vent.

Robert Coupe, traduit par Lucile Galliot, *L'Aviation*, coll. « Tous lecteurs ! », © Hachette Livre.

*un brûleur : un appareil utilisé pour chauffer l'air contenu dans le ballon de la montgolfière.

1 Observe les mots en rouge dans ce texte.

a) De quels types de mots s'agit-il : des noms, des verbes, des adjectifs, des pronoms personnels ?

b) Par quelles lettres se terminent-ils ?

c) Quand tu les prononces à voix haute, entends-tu la dernière lettre en fin de mot ?

d) Cherche un mot de la même famille. Que remarques-tu ?

2 Observe les mots en bleu dans ce texte.

a) De quels types de mots s'agit-il : des noms, des verbes, des adjectifs, des pronoms personnels ?

b) Par quelles lettres se terminent-ils ?

c) Quand tu les prononces à voix haute, entends-tu la dernière lettre en fin de mot ?

d) Cherche un mot de la même famille. Que remarques-tu ?

MANIPULER

3 Cherche un mot de la même famille pour comprendre pourquoi ces noms se terminent par une lettre muette.

un champ → champêtre

un plat – un bras – un dos – un goût* – le chocolat – un toit – un candidat – du sang – un poignard – un tricot – le repos

MANIPULER

4 Trouve le masculin de ces adjectifs féminins et indique par quelle lettre ils se terminent.

sourd → sourde

gourmande – inquiète – grande – mauvaise – marchande – bavarde – adroite – forte – diverse – épaisse – marrante

Je retiens

→ De nombreux **noms** ou **adjectifs** se terminent par **une lettre « muette »**, c'est-à-dire une lettre qui ne se prononce pas.
un mont – un bord
léger – chaud

→ Pour savoir comment écrire ces mots sans erreur, on peut essayer de trouver cette lettre muette :
- en cherchant un **mot de la même famille** : un bord → une bordure – le vent → un ventilateur
- en mettant le **mot au féminin** : grand → grande – léger → légère – blanc → blanche

→ Pour certains noms, il faut vérifier dans le dictionnaire.

Je m'entraîne

Identifier une lettre muette en fin de mot

5 * **Recopie uniquement les noms ou les adjectifs au singulier terminés par une lettre muette. Souligne cette lettre.**

a. Les hommes voyagent à bord de montgolfières.
b. Je vois au loin un rang de collines.
c. J'écoute le chant des oiseaux.
d. Ton panier est plus léger que le mien.

6 ** **Relève tous les noms ou adjectifs au singulier qui se terminent par une lettre muette.**

Robinson sortit doucement [...] et il avança à pas de loup vers l'endroit d'où provenait le bruit. D'abord il ne vit rien, mais il finit par découvrir au pied d'un palmier un crabe gigantesque qui sciait avec ses pinces une noix de coco serrée dans ses pattes. Dans les branches de l'arbre, à six mètres de haut, un autre crabe cisaillait la queue des noix pour les faire tomber. Les deux crabes ne parurent pas du tout gênés par l'arrivée de Robinson et ils poursuivirent tranquillement leur bruyant travail.

Michel Tournier, *Vendredi ou la vie sauvage*,
© Éditions Gallimard, 1971.

Écrire une lettre muette en fin de mot

7 * **Recopie et complète chaque nom en t'aidant du verbe donné.**

a. ranger : un ran...
b. goûter* : le goû...
c. profiter : le profi...
d. bavarder : un bavar...
e. se reposer : un repo...
f. écarter : un écar...
g. parfumer : un parfu...
h. regarder : un regar...

8 ** **Recopie et complète ces adjectifs au masculin. Pense à leur féminin pour t'aider.**

blan... – lour... – gri... – gran... – permi... – genti... – sour... – étroi... – interdi... – len... – for... – parfai... – déser... – gagnan... – profon...

9 ** **Écris le masculin de ces adjectifs féminins. Puis classe-les en trois groupes selon leur dernière lettre muette : d, t ou x.**

affreuse – experte – douce – amoureuse – plaisante – gourmande – froide – blonde – réduite – écrite – fausse – bavarde – jalouse – offerte – creuse – friande – luxueuse – soucieuse

10 ** **Recopie ces phrases en complétant les mots avec une lettre muette. Aide-toi de ton dictionnaire.**

a. Il a fait son li... en posant un matela... sur le tapi... ver... .
b. Théo porte un vieu... trico... usé.
c. C'est un lieu déser... quand il pleut.
d. Le repa... est prê... .
e. C'est le secon... coli... que je reçois.

11 ** **Écris un mot de la même famille pour chaque nom. Aide-toi de sa lettre finale muette.**

a. le climat : ...
b. un saut : ...
c. un nid : ...
d. le sport : ...
e. un sanglot : ...
f. un éclat : ...
g. un refus : ...
h. un rebond : ...

J'écris – Je m'exprime

12 * **Écris les noms de ces animaux. Par quelle lettre se terminent-ils ? Entoure l'intrus.**

13 ORAL ** **Imagine que tu survoles ces animaux en montgolfière.**

À toi de jouer

Devine ces mots à l'aide de leur dernière lettre muette.

- Ce bateau transporte de nombreux passagers : un ...t.
- Il lave les cheveux : le ...g.
- Il couvre et protège la maison : le ...t.

Autodictée

Mon petit chat gris est très gourmand. Il saute d'un bond de la table pour boire sa tasse de lait. Ensuite, il va sur mon lit.

16 L'accord dans le groupe nominal

Compétence : Accorder en genre et en nombre, le déterminant, le nom et l'adjectif dans le groupe nominal.

Découvrons et manipulons

Non loin d'ici se trouve un manoir. Un immense manoir vieux comme le monde, avec des caves obscures et mystérieuses, un nombre incalculable de salles et de chambres. Son grenier est rempli jusqu'au plafond de malles, de coffres et d'armoires qui débordent d'objets toujours surprenants, souvent précieux, parfois magiques.
C'est la demeure d'une charmante vieille dame, prénommée Anna. Mais ne vous fiez pas aux apparences ! Grand-Mère Anna n'est pas seulement une gentille grand-mère qui fait des confitures. Elle est un peu magicienne. Quand elle touche un objet, elle est capable de raconter son histoire…

Emmanuelle et Benoît de Saint Chamas, *Contes du grenier*,
© Emmanuelle et Benoît de Saint Chamas, 2002.

1 a) Quel est le genre et le nombre du groupe nominal « un manoir » ?
b) Quel est le pluriel de ce groupe nominal ?
c) Quel est le genre et le nombre du groupe nominal « des confitures » ?
d) Quel est le singulier de ce groupe nominal ?

2 a) Quel est le genre et le nombre du groupe nominal « un immense manoir » ?
b) Quel est le pluriel de ce groupe nominal ?
c) Quel est le genre et le nombre du groupe nominal « une gentille grand-mère » ?
d) Quel est le pluriel de ce groupe nominal ?

3 a) Observe le groupe nominal en vert. Quel est le déterminant ? Quel est le nom ?
b) Combien d'adjectifs apportent des précisions sur ce nom ?
c) Quel est le singulier de ce groupe nominal ?
d) Remplace le nom « caves » par « greniers ». Quels changements observes-tu ?

MANIPULER
4 Associie à chaque nom le déterminant qui lui convient.
un – une – des
- … grenier – … objets – … armoire
- … balai – … fête – … bûches*

MANIPULER
5 Associe à chaque groupe nominal l'adjectif qui lui convient.
- (fermé, fermée, fermés, fermées)

une porte … – des volets … – une fenêtre … – des chambres …
- (joli, jolie, jolis, jolies)

un … paysage – des … maisons – une … rivière – des … bouquets

Je retiens

→ Le **déterminant**, le **nom** et l'**adjectif** d'un même groupe nominal **s'accordent** en genre et en nombre.
- Le **déterminant** indique le genre et le nombre du nom qui le suit.
- L'**adjectif** s'accorde en genre et en nombre avec le nom qu'il complète.
  un immense manoir (masculin singulier) – une gentille grand-mère (féminin singulier)
  des objets magiques (masculin pluriel) – des caves obscures (féminin pluriel)

→ On peut trouver, dans un groupe nominal, **plusieurs adjectifs** qui précisent le même nom.
une **charmante vieille** dame

Je m'entraîne

Accorder en genre et en nombre les éléments du groupe nominal

6 * **Recopie chaque groupe nominal en indiquant son genre (masculin, féminin) et son nombre (singulier, pluriel).**

nos nouveaux amis – cette incroyable histoire – des livres épais – un beau dessin – leurs affaires personnelles – une fête réussie – ce gentil héros – vos jolies barques

7 * **Complète ces groupes nominaux avec les déterminants qui conviennent.**

des – une – le – la – les – des – une

a. Ce manoir est vieux comme ... monde.
b. ... armoires du manoir débordent d'objets.
c. C'est ... demeure d'... dame prénommée Anna.
d. Ce sont ... confitures délicieuses.
e. Anna est ... magicienne qui raconte ... histoires.

8 * **Recopie et accorde les adjectifs avec les noms, comme il convient.**

a. des histoires drôle...
b. un soleil brûlant*...
c. vos fraises sucré...
d. ces sommet... enneigé...
e. tes chaussures usé...
f. une mauvais... idée
g. leurs objets magique...
h. cette poire juteu...
i. des classes bruyant...
j. ton pull neuf...

9 ** **Écris ces groupes nominaux au pluriel.**

a. ma valise – son coffre – ta malle
b. un record – une médaille – l'arbitre
c. mon vélo – ton ballon – notre équipe
d. votre serviette – ce numéro – leur élève
e. la force – sa victoire – cet ami

10 ** **Écris ces groupes nominaux au féminin.**

des chiens malicieux – un physicien fou – un grand homme – le bon ami – un élève attentif – des fermiers isolés – un grand sportif – les héros courageux – des skieurs talentueux

11 ** **Recopie ce texte en le complétant avec les déterminants ou les adjectifs proposés.**

vernie – grandes – ces – la – les – beaux – petite – redoutables – des – blanches

La ... princesse pensaient aux ... villes de la côte. Elle rêvait de ... ... navires aux voiles ... et à ... coque ... qui fendaient ... flots comme ... poissons ....

Hans Christian Andersen, *La Petite Sirène*, 1837.

12 ** **Construis des groupes nominaux en choisissant des mots qui s'accordent.**

- **un déterminant :** une – des – cette – un – ces
- **un nom :** vagues – vent – aventure – mer – voyages
- **un adjectif :** agitée – dangereux – fantastique – léger – hautes

J'écris – Je m'exprime

13 * **Utilise chaque groupe nominal dans une phrase. Complète-le avec deux adjectifs proposés.**

attentif – fidèle – rare – sage – sincère – désert – précieux – ensoleillé

a. des amis ... et ...
b. une plage ... et ...
c. un objet ... et ...
d. les élèves ... et ...

ORAL
14 ** **Raconte l'histoire d'un objet que tu aimes bien. Décris-le. D'où vient-il ? Depuis quand l'as-tu ? Pourquoi y tiens-tu beaucoup ?**

À toi de jouer

Quels objets précieux se trouvent dans cette malle ? Pour le savoir, remplace chaque lettre par sa suivante dans l'alphabet.

tmd bntqnmmd
cnqdd ds cd
cdkhbhdtrdr
bnmehstqdr

Autodictée

Une voiture noire file à toute allure dans les rues sombres. Elle évite deux vieilles dames, puis elle continue sa course folle sur la grande avenue.

17 L'accord du verbe avec son sujet

Compétences : Identifier et accorder le verbe avec son sujet.

Découvrons et manipulons

– Astral ! Cesse de faire la tête, lance M. Komète. Sur Terre, tu vas bien t'amuser.
– C'est une planète préhistorique ! rétorque Astral. Les enfants n'ont même pas d'écran 3D incorporé au mur de leur chambre, ni de cyber-robot qui range leurs affaires, ni d'ordinajoueur, ni de rollers anti-gravitation, ni de...
– Justement, l'interrompt sa mère, ces vacances seront l'occasion de vivre plus simplement.
Une planète rouge apparaît alors. Intrigué, Astral s'approche du hublot.
– Voici Mars, lui dit son père. Il paraît que les Terriens croient que de petits hommes verts y vivent.
– C'est bien ce que je pensais, ronchonne Astral. Ils sont vraiment stupides...

Marc Cantin, Laure Cacouault, *En route vers la Terre !*, coll. « Tous lecteurs ! », © Hachette Livre.

1 a) Quel est le sujet du verbe en rouge ?
b) Où est placé le sujet par rapport au verbe ?
c) À quelle personne le verbe est-il conjugué ? Comment le sais-tu ?

2 a) Quel est le sujet du verbe en bleu ?
b) Où est placé le sujet par rapport au verbe ?
c) À quelle personne le verbe est-il conjugué ? Comment le sais-tu ?

3 Indique si les sujets de ces verbes du texte sont des groupes nominaux ou des pronoms.
interrompt – seront – s'approche – dit – vivent – pensais – ronchonne – sont

MANIPULER
4 Indique si ces verbes sont au singulier ou au pluriel. Explique pourquoi.
les ours mangent – il regarde – nous serons – je préfère – Astral observe – vous voyez – elles crient

Je retiens

→ Le **verbe s'accorde** toujours **avec son sujet**. Sa **terminaison varie** selon la personne du sujet.
nous observ**ons** → 1re personne du pluriel
une planète appara**ît*** → 3e personne du singulier
les Terriens croi**ent** → 3e personne du pluriel

→ Pour bien écrire la terminaison d'un verbe, il faut identifier son **sujet**. Il peut être :
- un **pronom sujet** (je – tu – il – elle – on – nous – vous – ils – elles) :
  il fait – tu as – je vais – nous serons
- un **groupe nominal** : **La planète** est rouge. **Des extra-terrestres*** arrivent sur Terre.

→ Le **sujet** est généralement placé **avant le verbe** : Astral s'approche du hublot.
Mais il peut être placé **après le verbe** : Cesse de faire la tête, lance M. Komète.

Je m'entraîne

Identifier le verbe conjugué et son sujet

5 * **Recopie ces phrases. Encadre les verbes et souligne leurs sujets.**

a. Des petits hommes verts habitent cette planète.
b. Les Terriens construisent aussi des fusées.
c. Je le vois bouger, il nous fait signe.
d. Il éteint son jeu et il observe l'espace.
e. Du vaisseau descend une créature bizarre.

Accorder le verbe avec son sujet

6 * **Complète chaque verbe avec le sujet avec lequel il s'accorde. N'oublie pas les majuscules.**

nous – les enfants – tu – je – Astral

a. ... se dore au soleil.
b. ... éclatent de rire.
c. Parles- ... la langue de M. Komète ?
d. ... découvrons une nouvelle planète.
e. ... donne des ordres à mon cyber-robot.

7 ** **Complète chaque verbe avec un pronom sujet qui convient.**

a. ... avons – ... disent – ... prends
b. ... est – ... fait – ... regardez
c. ... veux – ... allons – ... demande
d. ... dansent – joues- ... – venez- ...
e. ... sommes – savent- ... – ... va

8 ** **Recopie et conjugue les verbes entre parenthèses au présent.**

a. Nous ne (pouvoir) vraiment pas vous aider.
b. Tes amis (dire) que tu (avoir) vraiment bon cœur.
c. Quel âge (avoir)-vous ?
d. Le jaguar (sembler) plus rapide que le puma.
e. Elle (écouter) du jazz, mais ses frères n'(aimer) pas cette musique.

9 *** **Recopie ces phrases en remplaçant les pronoms sujets par des groupes nominaux de ton choix.**

a. Il s'accorde avec son sujet.
b. Elle coule à Paris.
c. Ils rugissent dans leurs cages.
d. Il a volé son fromage au corbeau.
e. Elles ne brillent que la nuit dans un ciel clair.

J'écris – Je m'exprime

ORAL

10 * **Astral refuse de monter dans la soucoupe volante. Que peut lui dire son père pour le convaincre ?**

11 ** **Écris des phrases avec les groupes nominaux proposés pour chaque verbe. N'oublie pas de les accorder.**

a. construire : un artisan – des enfants sages
b. lancer : un athlète musclé – les pêcheurs
c. renverser : une violente tempête – un cheval fou
d. manger : un plat épicé – la cantine
e. trouver : un animal sauvage – des galets blancs

À toi de jouer

Complète la grille en t'aidant des dessins. Tu trouveras le nom d'un dauphin vivant dans l'océan Arctique.

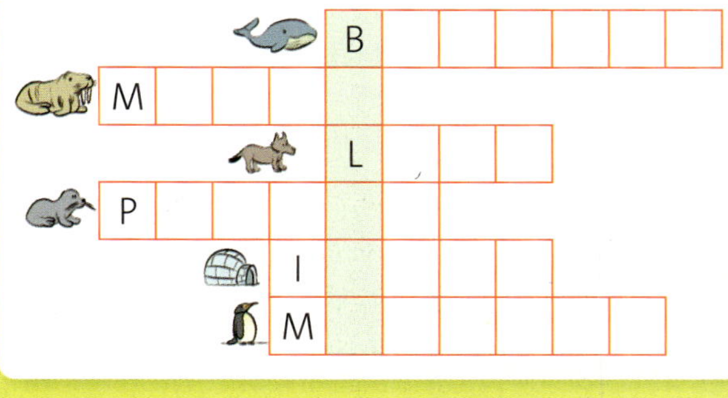

Autodictée

Un homme marche sur la Lune. Ses lourdes chaussures laissent des traces sur le sol et font un immense nuage de poussière.

Je réinvestis mes connaissances

Le genre et le nombre des noms

1 * **Recopie et classe ces mots dans le tableau.**

un garde – des maisons – cette enveloppe – les pêcheurs – la girouette – ce clocher – les bouquets – nos coiffures – une histoire – mes vêtements – notre chemin – vos fleurs

	masculin	féminin
singulier	...	...
pluriel	...	...

Le féminin des noms

2 * **Transforme ces phrases en passant les groupes nominaux soulignés au féminin.**

a. Mon voisin de classe vient d'Espagne.
b. La boutique du marchand de glace est fermée.
c. Je ne peux pas lui mentir, c'est un ami.
d. Ce soir nous avons un invité surprise.
e. Il me semble qu'un inconnu surveille notre maison.

3 * **Écris ces noms au féminin.**

a. un collégien – un champion – un courtisan
b. un dentiste – un propriétaire – un ministre
c. un jumeau – un fou – un prince – un élève
d. un dieu – un frère – un mâle – un Autrichien
e. un prisonnier – un directeur – un skieur

4 ** **Associe les noms au masculin et au féminin qui se correspondent.**

le canard – un garçon – un père – une princesse – une sœur – un homme – un frère – un roi – un bouc – le cochon – une chèvre – un prince – le cerf – une fille – une mère – la cane – la truie – une reine – une femme – un loup – une louve – la biche

Le pluriel des noms

5 ** **Recopie ces noms avec le déterminant qui convient : un, une ou des. Il y a parfois plusieurs solutions.**

a. ... école – ... oiseau – ... pou – ... creux
b. ... rues – ... héros – ... vœu – ... bijou
c. ... prix – ... montres – ... vélos – ... poteau
d. ... voiture – ... hibou – ... affaire – ... esquimau
e. ... bijoux – ... ami – ... canal – ... paille

6 ** **Écris ces noms au pluriel.**

a. un capital – un chandail – un festival – un arsenal – un enfant
b. un travail – un oral – un vitrail – un local – un cheveu
c. un général – un végétal – un tapis – un cheval – l'épouvantail
d. un journal – un chacal – un rival – un taureau

Le féminin des adjectifs

7 * **Écris ces groupes nominaux au féminin ou au masculin.**

a. un travail terminé → une mission ...
b. une petite épreuve → un ... effort
c. une femme responsable → un homme ...
d. un discours confus → une explication ...

8 ** **Écris ces adjectifs au féminin.**

a. fugitif – courageux – doux – neuf
b. rieur – moyen – fautif – gaucher
c. neuf – gentil – honteux– craintif
d. mignon – beau – épais – roux

9 ** **Recopie et transforme ces groupes nominaux au féminin.**

a. un chien furieux et agressif → une chienne ...
b. un livre ancien et précieux → une bague ...
c. un gâteau épais mais léger → une crêpe ...
d. un temps couvert et pluvieux → une météo ...

Le pluriel des adjectifs

10 * **Écris ces groupes nominaux au pluriel.**

a. un nuage sombre → des ...
b. un projet monumental → des ...
c. un incident sérieux → des ...
d. un nouvel immeuble → des ...
e. un vent frais → des ...

La lettre muette en fin de mot

11 * **Recopie et complète ces groupes nominaux avec la lettre qui convient à la fin du mot.**

a. un ran... parfai...
b. un profon... respec...
c. le choi... gagnan...
d. un genti... bavar...
e. un repo... permi...
f. un gran... écar...
g. un parfu... lour...
h. un regar... fran...

L'accord dans le groupe nominal

12 * **Recopie ces groupes nominaux. Choisis le déterminant entre parenthèses qui convient et accorde les adjectifs si nécessaire.**

a. (un / des) passants pressé...
b. (un / une) chienne affamé...
c. (son / ses) amitiés sincère...
d. (ce / ces) moments important...
e. (un / des) rêves accompli...
f. (une / des) bonne... blague

L'accord du verbe avec son sujet

13 * **Recopie ces phrases avec le sujet qui convient pour chaque verbe. Attention aux majuscules !**

une voiture – vous – le sauveteur – les chiens – on – nous

a. ... fabrique des meubles dans cette usine.
b. ... porte secours au baigneur en danger.
c. Regardez- ... cette émission scientifique ?
d. ... allons souvent à la bibliothèque municipale.
e. ... aboient quand s'arrête ... devant la maison.

14 ** **Recopie ces phrases et accorde chaque verbe avec son sujet.**

a. Tu plie... la feuille en deux et tu la glisse... dans l'enveloppe.
b. Voy... -vous ce verger ? Il donn... les plus beaux fruits de la région.
c. On préfèr... prendre le métro, c'est plus rapide.
d. Dans un ordre parfait, défil... les soldats.
e. Nous n'aim... pas prendre ce chemin.

15 *** **Recopie et complète ces phrases avec un sujet de ton choix (un groupe nominal ou un pronom personnel). Puis accorde le verbe entre parenthèses avec son sujet, au présent.**

a. ... (préférer) rester sous le parasol.
b. À la tombée de la nuit, ... (descendre) boire au ruisseau.
c. ... (aller) chez le médecin plusieurs fois par an.
d. Quand ... (venir), ... (apporter) toujours des chocolats.
e. ... (lancer) les filets et ... (remonter) beaucoup de poissons.

EXERCICES TRANSVERSAUX

16 * **Recopie ces phrases. Ajoute des déterminants qui conviennent, et accorde les adjectifs et les verbes.**

a. Pour ... mardi gra..., ils port... ... déguisements coloré... et effrayant... .
b. Il a fait ... yeux rond... quand il a vu ... jouets entassé... sous ... sapin décoré... .
c. Ils racont... souvent ... histoires drôle... car ils en connaîss...* ... grand... quantité.
d. C'est ... maladie fréquent... chez ... jeune... enfants, mais ils guériss... très vite.

17 ** **Transforme ces phrases : écris tous les groupes nominaux au féminin pluriel et accorde les verbes.**

Le petit chien aboie devant le passant pressé.
→ Les petites chiennes aboient devant les passantes pressées.

a. Le loup affamé poursuit le cochon apeuré.
b. Mon oncle lyonnais est un comédien inventif.
c. Le cheval fougueux galope vers son brillant cavalier.
d. Mon frère aîné* m'a offert un jeune lapin.
e. Le magicien doué a transformé l'adorable chat en lion menaçant.

EXERCICES D'ÉCRITURE

18 * **Choisis deux adjectifs pour chaque groupe nominal donné. Accorde-les. Puis utilise ce groupe nominal dans une phrase.**

a. des oiseaux (multicolore / sauvage / élégant / apeuré) : ...
b. des films (ancien / comique / ennuyeux / dramatique) : ...
c. des dessins (original / coloré / copié / connu) : ...
d. une tarte (salé / grandiose / sucré / composé) : ...

19 ** **Décris cette image. Utilise des groupes nominaux : déterminant + nom + adjectif(s). Accorde les verbes.**

18 Les homophones (a/à – est/et)

Compétences : Identifier et écrire les homophones grammaticaux : a/à, est/et.

Découvrons et manipulons

Papa est libraire. Il adore les livres. Il les dévore. C'est un ogre. Il lit toute la journée et parfois même la nuit. C'est une maladie incurable mais ça n'a pas l'air d'inquiéter notre médecin de famille.
Chaque soir, une nouvelle pile de livres débarque à la maison. Il y en a partout, jusque dans les toilettes. […] Tous les bouquins sont ses copains.
Moi, je n'ai pas de copain. Et je n'aime pas les livres. De l'extérieur, je ressemble à papa. Mais à l'intérieur, alors là, nous sommes deux étrangers.

Éric Sanvoisin, *Le Buveur d'encre*, © Éditions Nathan, 2011.

1 Observe les deux phrases en rouge.

a) Quels mots se prononcent de la même façon ?

b) S'écrivent-ils de la même façon ? Qu'est-ce qui les différencie ?

c) Conjugue ces phrases à l'imparfait. Que remarques-tu ?

2 Observe les deux phrases en bleu.

a) Quels mots se prononcent de la même façon ?

b) S'écrivent-ils de la même façon ? Qu'est-ce qui les différencie ?

c) Conjugue ces phrases à l'imparfait. Que remarques-tu ?

MANIPULER

3 Choisis a ou à. Explique comment tu as fait pour choisir.

- C'est un livre facile (a / à) lire.
- Elle (a / à) un beau potager.
- Il (a / à) raison.
- Ils habitent (a / à) une heure d'ici.
- Il (a / à) encore des recherches (a / à) faire.

MANIPULER

4 Choisis est ou et. Explique comment tu as fait pour choisir.

- La boutique (est / et) fermée.
- Le lion (est / et) le loup sont carnivores.
- Notre drapeau (est / et) rouge (est / et) vert.
- Rien n'(est / et) meilleur que la soupe.

Je retiens

→ Les **homophones** sont des mots qui **se prononcent** de la même manière, mais qui n'ont pas la même orthographe.

→ **Il ne faut pas confondre « a » et « à » :**

- Le mot « **a** », sans accent, est le verbe **avoir**, conjugué au présent à la 3e personne du singulier. Il peut être remplacé par « **avait** » (verbe avoir à l'imparfait, à la 3e personne du singulier).
  Il y **a** des livres partout. → Il y **avait** des livres partout.
- Le mot « **à** », avec un accent grave, est un **mot invariable**.
  Je ressemble **à** mon papa. Je n'ai rien **à** lire.

→ **Il ne faut pas confondre « est » et « et » :**

- Le mot « **est** » est le verbe **être** conjugué au présent à la 3e personne du singulier. Il peut être remplacé par « **était** » (verbe être à l'imparfait, à la 3e personne du singulier).
  Papa **est** libraire. → Papa **était** libraire.
- Le mot « **et** » est un **mot invariable**.
  Je n'ai pas de copain **et** je n'aime pas les livres.

Je m'entraîne

Identifier et écrire a / à

5 * **Recopie ces phrases en mettant l'accent grave sur le a quand cela est nécessaire.**

a. Mon père a beaucoup de livres a ranger.
b. Il y a du monde a l'intérieur de la librairie.
c. Elle a un bon caractère, elle a bien réagi a notre plaisanterie.
d. La radio a annoncé de la pluie, on va déjeuner a l'abri.
e. Elle a des patins a roulettes rouges.

6 ** **Recopie et complète ces phrases avec a ou à. Écris avait entre parenthèses pour justifier l'emploi de a.**

Il **a** *(avait)* une maison **à** la campagne.

a. Demande ... ta grand-mère si elle ... un moule ... gaufres.
b. Il ... oublié ses clés ... la maison.
c. Émilie ... un cartable ... roulettes. Il ... aussi des poignées lumineuses.
d. Mon chat ... peur quand le chien se met ... aboyer.
e. On ... bien fait de prendre notre machine ... café.

7 *** **Recopie et réunis les débuts et les fins de ces phrases.**

Il me reste trois pages •	• a envie de lire.
Il allume la lumière car il •	• a un abri.
Il pleut ; mets-toi •	• à lire.
Dans le jardin, il y •	• à l'abri.

Identifier et écrire est / et

8 * **Recopie et complète ces phrases avec est ou et. Écris était entre parenthèses pour justifier l'emploi de est.**

a. Ce fruit ... sucré ... juteux.
b. Mon frère ... moi, on ... champions de natation.
c. Le lion ... carnivore, comme le loup ... le tigre.
d. Il ... minuit ... Cendrillon doit quitter le bal.
e. Elle ... en colère ... elle ne veut pas quitter sa chambre.

9 * **Recopie ce texte au présent.**

Le train était à l'arrêt car il y avait un problème dans le premier wagon. Un serpent était en train de ramper sous les sièges. L'animal n'était pas dangereux et il était même apeuré. Il avait envie de retrouver la nature et était bien content de se faire attraper. Le train était quand même à l'heure à l'arrivée.

J'écris – Je m'exprime

ORAL

10 * **Observe ces dessins et donne les titres des fables de La Fontaine qu'ils évoquent.**

11 ** **Recopie et termine chaque phrase comme tu le veux.**

a. La fermière a une vache à ...
b. Le mécanicien a un moteur à ...
c. Le cuisinier a une recette à ...
d. Le policier a un voleur à ...
e. L'élève a un exercice à ...

À toi de jouer

Reforme ces couples correctement.

Roméo •	• et Milou
La Belle •	• et Juliette
Astérix •	• et la Bête
Tintin •	• et Obélix

Autodictée

Il y a une boulangerie à côté de mon école. Elle est toujours pleine de monde le matin et à l'heure de la sortie des classes. Le boulanger est très gentil et il m'offre souvent des bonbons à la fraise.

19 Les homophones (ont/on – sont/son)

Compétences : Identifier et écrire les homophones grammaticaux : ont/on, sont/son.

Découvrons et manipulons

Les martinets noirs sont des oiseaux capables de passer dix mois dans le ciel, sans se poser.
En effet, un martinet n'arrête de voler que pendant deux mois dans l'année, au moment de la reproduction. Le reste du temps, il migre du nord de l'Europe jusqu'au sud du Sahara, en Afrique. Puis, il refait son voyage dans l'autre sens.
Les martinets noirs peuvent monter jusqu'à 3 000 m d'altitude, deux fois par jour, lorsque le soleil se lève et se couche. On pense qu'ils ont peut-être le temps de dormir quand ils planent pour redescendre.

1 Lis ce texte et observe les phrases en rouge.
a) Dans ces phrases, quels mots se prononcent de la même manière ?
b) Compare leur orthographe. Lequel est un verbe ?
c) Transforme ces deux phrases à l'imparfait. Que remarques-tu ?

2 a) Dans la phrase en bleu, quels mots se prononcent de la même manière ?
b) Compare leur orthographe. Lequel est un verbe ?
c) Transforme cette phrase à l'imparfait. Que remarques-tu ?

MANIPULER
3 Choisis on ou ont. Explique comment tu as fait pour choisir.
- (On / Ont) part en Italie.
- Ils (on / ont) leurs billets.
- Allons-y, (on / ont) verra bien.
- Nos amis (on / ont) un gros chien.

MANIPULER
4 Choisis son ou sont. Explique comment tu as fait pour choisir.
- Ces valises (son / sont) trop lourdes.
- Il a pris (son / sont) sac bleu.
- Ils ne (son / sont) pas corrects.
- Nous devons le respecter, c'est (son / sont) choix.

Je retiens

→ **Il ne faut pas confondre « ont » et « on » :**
- Le mot « **ont** » est le verbe **avoir** conjugué au présent à la 3e personne du pluriel.
  Il peut être remplacé par « **avaient** » (verbe avoir conjugué à l'imparfait, à la 3e personne du pluriel).
  Ils **ont** le temps. → Ils **avaient** le temps.
- Le mot « **on** » est un **pronom personnel sujet**. Il peut être remplacé par « **il** » ou « **elle** ».
  On observe ces oiseaux. → **Il** observe ces oiseaux.

→ **Il ne faut pas confondre « sont » et « son » :**
- Le mot « **sont** » est le verbe **être** conjugué au présent à la 3e personne du pluriel.
  Il peut être remplacé par « **étaient** » (verbe être conjugué à l'imparfait, à la 3e personne du pluriel).
  Les martinets noirs **sont** des oiseaux. → Les martinets noirs **étaient** des oiseaux.
- Le mot « **son** » est un **déterminant**. Il peut être remplacé par « **mon** » ou « **ton** ».
  son voyage → **mon** voyage

Je m'entraîne

Identifier et écrire ont / on

5 * **Recopie ces phrases en remplaçant ont par avaient, ou inversement.**

a. Ces oiseaux ont un plumage noir.
b. Les scientifiques avaient observé leur vol.
c. C'est peu dire qu'ils ont étonné tout le monde.
d. Les capteurs avaient enregistré leur vitesse.
e. Tous les chercheurs ont été surpris.

6 ** **Recopie et complète ces phrases avec le mot qui convient.**

a. Mes parents (on / ont) l'habitude de voyager.
b. Quand (on / ont) le regarde travailler, (on / ont) est admiratif.
c. (On / Ont) connaît* déjà la fin du film ; ils nous (on / ont) tout raconté.
d. Les indiens (on / ont) des flèches pour chasser.
e. Les tempêtes (on / ont) abîmé* notre navire mais (on / ont) le réparera.

Identifier et écrire sont / son

7 * **Recopie ce texte au présent.**

Mes parents étaient inscrits dans un club de plongée ; ils étaient passionnés par ce sport. Ils étaient capables de passer plusieurs heures sous l'eau. Ils étaient équipés de scaphandres. Des bouteilles d'air étaient attachées dans leurs dos.

8 ** **Recopie et complète ces phrases avec son ou sont.**

a. ... pull et ... pantalon ... de la même couleur.
b. Ils ... contents des cadeaux qu'ils ont reçus.
c. Quand Léo sort ... accordéon, nos soirées ... très joyeuses.
d. Les poissons ... au fond de ... aquarium.
e. Ces dessins ... superbes, ils ... sélectionnés pour l'exposition.

9 ** **Recopie en réunissant le début et la fin de ces phrases.**

Les fruits mûrs* •	• son vélo.
Il écoute •	• sont trempés.
Ses vêtements •	• son temps.
Il a perdu •	• son père.
Je dois lui rendre •	• sont tombés.

10 ** **Recopie ce texte et complète les phrases avec son ou sont.**

Geppeto est dans ... atelier. Il fabrique un pantin qui s'appelle Pinocchio. Il sculpte ... front, sa bouche et ... nez. Ses yeux ... éclatants. ... ventre, ses bras, ses mains ... vite achevés. Quand il a terminé les jambes, Geppeto pose ... pantin sur le sol et lui apprend à marcher. Les pas du pantin ... hésitants au début. Puis, d'un coup, Pinocchio se met à courir ! Geppetto court derrière lui, sans pouvoir le rattraper.

J'écris – Je m'exprime

11 * **Écris quatre phrases en utilisant à chaque fois deux des mots suivants : on, son, ont, sont.**

ORAL

12 ** **Décris cette photographie à l'aide des mots on, ont, son, sont.**

À toi de jouer

Complète cette énigme avec son, sont, on, ont. Puis, résous-la !

Des frères ... nés le même jour de la même année. Ils ... le même père et la même mère. Pourtant, ils ne ... pas jumeaux. Pourquoi ?

Autodictée

C'est son anniversaire. On lui offre une marionnette en bois. Son nez et sa bouche sont peints à la main. Ses mains et ses pieds sont articulés et ont des ficelles.

Je réinvestis mes connaissances

Les homophones (a/à)

1 * Recopie les deux mots de chaque phrase qui se prononcent de la même façon.

a. Il a gagné le gros lot à la kermesse des écoles.
b. À la fin du film, il y a une bonne surprise.
c. Il a garé sa voiture dans le parking, à droite de la nôtre.
d. Il m'a invité à venir chez lui.
e. Mon oncle a un vélo à vendre.

2 * Recopie uniquement les phrases avec le verbe avoir.

a. Ce chien a mordu son maître*.
b. Je rentre à la maison à midi pour déjeuner en famille.
c. On a froid dans ce sous-bois ombragé.
d. Il pense toujours qu'il a raison.
e. Tu joues à chat avec moi ?

3 ** Recopie et complète ces phrases avec à ou a. Écris avait pour justifier l'emploi de a.

Il **a** *(avait)* une maison **à** la campagne.

a. L'épicerie est ... côté, elle ... une façade jaune.
b. L'ordinateur ... remplacé la machine ... écrire.
c. Je ne sais pas ... quelle heure il ... décidé d'arriver.
d. Elle ... invité tous ses amis ... son anniversaire.
e. Maman ... une robe très ... la mode.

4 ** Recopie ces phrases et mets un accent grave sur les a soulignés quand c'est nécessaire.

a. Je n'ai plus rien a lire.
b. Ils attendent leurs amis a l'entrée du cinéma.
c. Le match a mal commencé pour nous.
d. Il a trouvé a manger dans le frigo.
e. Ce n'est pas beau a voir.

Les homophones (est/et)

5 * Recopie les deux mots de chaque phrase qui se prononcent de la même façon.

a. Mon frère est parti se promener et j'attends son retour.
b. Paul et Léa ont un ami qui est hollandais.
c. Il est arrivé premier et moi troisième.
d. La Suisse est un pays situé entre la France et l'Italie.
e. Mon ordinateur est en panne et je vais le faire réparer.

6 * Recopie uniquement les phrases avec le verbe être.

a. Mon père est très content de mon travail.
b. J'ai acheté une bande dessinée et un livre illustré.
c. Ce spectacle est formidable.
d. J'aime aller à la plage et faire des châteaux de sable.
e. C'est bien ici que vous habitez ?

7 ** Recopie et complète ces phrases avec et ou est. Écris était pour justifier l'emploi de est.

Elle **est** *(était)* contente **et** souriante.

a. On ... là pour le voir ; on lui a apporté des livres ... des sucreries.
b. Ce garçon ... serviable ... courageux.
c. Le joli singe ... admiré par les visiteurs ... par les gardiens.
d. C'... un bijou rare ... précieux.
e. Où ... mon jeu vidéo ? J'ai fouillé ma chambre ... le salon.

8 ** Recopie et complète ces phrases avec est ou et.

a. Tu as fini ton entraînement* ... maintenant, tu vas te reposer.
b. Le cerf a entendu les chasseurs ... il s'... sauvé.
c. Il ... venu ... il ... reparti.
d. Le pirate ... monté sur le bateau ... il a pris l'or ... l'argent.
e. Rachid ... très gentil ... il ... agréable à fréquenter.

Les homophones (ont/on)

9 * Recopie uniquement les phrases avec le verbe avoir.

a. On arrivera vers midi si la route est libre.
b. Ils ont acheté un bateau à moteur.
c. Dans ma famille, on aime se retrouver pour fêter Noël.
d. Ces arbres ont l'air de bien pousser.
e. Sur le quai, même les goélands ont froid.

10 * **Recopie et complète ces phrases avec le mot entre parenthèses qui convient.**

a. (On / Ont) aime bien les dessins qu'ils (on / ont) dans leur classe.

b. Elles (on / ont) toujours du travail à nous donner, (on / ont) ne finit jamais.

c. (On / Ont) est content de la surprise que nos amis nous (on / ont) réservée.

d. Ils se sont bien comportés et ils (on / ont) une récompense.

e. (On / Ont) prévient nos parents du problème et ils (on / ont) une solution.

11 ** **Recopie et complète ces phrases avec on ou ont. Écris avaient pour justifier l'emploi de ont.**

On en est sûr : elles ont *(avaient)* attraper froid.

a. Ils ... appris la nouvelle. ... le sait.

b. Elles nous ... tentés, mais ... hésite encore.

c. ... me dit qu'elles n' ... pas de devoirs à faire.

d. Comme ils ... moins de place ... est serrés.

Les homophones (sont/son)

12 * **Recopie uniquement les phrases avec le verbe être.**

a. Ces pompiers sont des héros.

b. Il est venu rechercher son manteau.

c. Vos amis sont aussi les bienvenus chez nous.

d. Son chien cherche toujours son os.

e. L'Arizona et la Floride sont des États américains.

13 * **Recopie ces phrases au singulier.**

a. Il met ses poissons dans un aquarium.

b. Karine a ouvert ses cadeaux de Noël.

c. La marchande vend ses fromages au marché.

d. Le plombier n'oublie jamais ses outils.

14 ** **Recopie et complète ces phrases avec son ou sont.**

a. Ils ... privés de sortie. Julien finira ... travail et Alexis rangera ... bureau.

b. Jean et ... frère se ... perdus dans la forêt.

c. Elle a perdu ... pari ; ses amies ... arrivées à l'heure.

d. Les surveillants ... vigilants ; il faut attendre ... tour pour entrer dans le stade.

e. ... langage et sa tenue ... excellents.

EXERCICE TRANSVERSAL

15 *** **Complète ce texte avec à, a, et, est, son, sont, on ou ont.**

Mon ballon ... dans un arbre ... il ... impossible ... attraper. Un voisin passe par là ... propose d'aller le chercher. Je lui prête une échelle ... il parvient ... l'attraper avec ... bâton. Mais les branches de l'arbre ... été trop secouées et toutes les feuilles ... tombées ! ... ... désolés pour l'arbre ... heureux pour le ballon récupéré !

EXERCICES D'ÉCRITURE

16 * **Décris ce que font ces touristes. Utilise les mots : son, sont, et, est, à, a.**

17 ** **Écris cinq phrases pour décrire ce tableau. Utilise les mots : son, sont, et, est, à, a.**

Edgar Degas, *La Classe de danse, Un professeur de danse avec les jeunes élèves*, (1873-1876), musée d'Orsay, Paris.

Le verbe

1 Le verbe, son infinitif et les groupes

Compétences : Identifier l'infinitif d'un verbe. Identifier le groupe auquel appartient le verbe.

Découvrons et manipulons

Clotaire est drôlement content parce qu'il va déménager, et ses parents lui ont donné une excuse pour ne pas venir à l'école cet après-midi.
– Mes parents ont besoin de moi pour les aider, nous a dit Clotaire. Nous allons déménager dans un appartement terrible, pas loin de là où j'habite maintenant. Je vais avoir le plus chouette appartement de tous.
– Me fais pas rigoler, a dit Geoffroy.

R. Goscinny et J.-J. Sempé, « Clotaire déménage », *La Rentrée du Petit Nicolas*, © IMAV éditions, 2012.

1 **a)** **Lis le groupe de mots en vert.**
b) **Remplace « Mes parents » par « Il », puis par « Nous ».**
c) **Quel mot change ?**
d) **Ce verbe est-il à l'infinitif ou conjugué ?**

2 **a)** **Lis les deux groupes de mots soulignés.**
b) **Qu'ont-ils en commun ?**
c) **Qu'ont-ils de différent ?**

3 **a)** **Quel est le point commun des verbes en rouge ?**
b) **Relève les autres verbes à l'infinitif de ce texte.**
c) **Épelle* leur terminaison.**

MANIPULER
4 **a)** **Classe ces verbes en deux colonnes.**
réfléchissons – regardais – gratter – vouloir – débutera – bercer – rendre – jetez – cueillir – portaient – ouvrir – allumes – déposer – resterons – surveille – peindre
b) **Comment as-tu classé les verbes ?**

MANIPULER
5 **a)** **Classe ces verbes à l'infinitif selon leur terminaison.**
lire – changer – pouvoir – boire – ramasser – descendre – déplier – finir – vouloir – dormir – faire – promettre – revoir – conduire – venir – bondir – partir – prendre
b) **Combien de groupes de verbes as-tu trouvés ?**

Je retiens

→ Un **verbe** a plusieurs formes : il peut être **conjugué** ou à **l'infinitif**.
verbe avoir : Mes parents **ont** besoin de moi. Je vais **avoir** le plus chouette appartement.
verbe aller : Nous **allons** déménager. Il **va** déménager.

→ À **l'infinitif,** le verbe n'a **pas de sujet** et **ne varie jamais**. Pour le trouver, on peut utiliser la phrase « **C'est l'action de** ... ».
J'**habite** un nouvel appartement. → C'est l'action d'**habiter**.
verbe conjugué — verbe à l'infinitif

→ L'infinitif permet de repérer **plusieurs groupes de verbes**, reconnaissables à leur **terminaison** :
- 1er groupe : verbes en **-er** (sauf *aller*) : march**er** ;
- 2e groupe : verbes en **-ir** et qui se terminent par -issons à la 1re personne du pluriel au présent : choisir (nous chois**issons**) ;
- 3e groupe : tous les autres verbes : voir, prendre, venir, faire, dire, aller...
- Les verbes *être* et *avoir* n'appartiennent à aucun groupe.

→ Dans un dictionnaire, le verbe est toujours à l'infinitif.

Je m'entraîne

Identifier l'infinitif d'un verbe

6 * **Recopie uniquement les verbes à l'infinitif.**
avoir – porter – appartement – arracher – vendre – école – boire – excuse – aider – escalier – saut – sortir – habiter – rigoler

7 * **Recopie ces phrases et souligne les verbes à l'infinitif.**
a. Il faut rendre ce tableau.
b. Tu peux écouter la radio.
c. Elle est en train d'attendre son tour.
d. Vous aimez marcher sur le sable.
e. Léa voudrait devenir médecin.

8 * **Recopie deux par deux les verbes conjugués qui ont le même infinitif.**
elle dira – tu veux – je finis – tu vois – elle escaladait – nous voulions – ils disent – ils escaladent – je finirai – vous cachez – ils voient – je cacherai

Identifier le groupe du verbe

9 * **Recopie et classe ces verbes selon leur groupe.**
grandir – danser – pouvoir – remuer – dormir – partir – voir – rendre – prendre – vendre – lever – créer – réfléchir – vouloir – rougir – applaudir – entendre

1er groupe	2e groupe	3e groupe
...	...	...

10 ** **Donne l'infinitif puis le groupe de ces verbes conjugués.**
il vole – nous regardons – vous pouvez – elles savent – je colle – ils distribuent – tu prends – nous faisons – j'ai – elle ferme

Utiliser et écrire les verbes à l'infinitif

11 ** **Recopie ces phrases en remplaçant les verbes soulignés par un autre verbe à l'infinitif.**
a. Elle l'entendait appeler à l'aide.
b. Tu l'empêches de finir son livre.
c. Elle veut jouer avec nous.
d. Le chat va sauter sur tes genoux.
e. Ils décident de partir.

12 *** **Complète ce texte avec des verbes de ton choix. Attention, les verbes peuvent être conjugués ou à l'infinitif, selon la phrase.**
Lorsque son radeau ... le bord, Hermès ne fut pas mécontent de ... à terre. Mais l'obscurité ne lui permettait pas de ... ce qui l'environnait. Hermès ... de se munir d'une vraie lumière pour ... son exploration.

Muriel Szac, *Le Feuilleton d'Hermès : la mythologie grecque en cent épisodes*, © Bayard Jeunesse, 2006.

J'écris – Je m'exprime

ORAL

13 * **Écris trois phrases pour dire ce que tu aimes faire et trois phrases pour dire ce que tu détestes faire. Utilise des verbes à l'infinitif de groupes différents.**
J'aime **regarder** les nuages.
Je déteste **prendre** le bateau.

ORAL

14 * **Invente la suite de ces phrases en utilisant des verbes à l'infinitif, parmi ceux proposés.**
gagner – jouer – griller – apercevoir – réussir – observer – remporter – préparer
a. Je viens de (d') ...
b. Elle veut apprendre à ...
c. Ils sont sûrs de ... et de ...
d. Vous faites ...
e. Il promet de ...

À toi de jouer

Retrouve l'infinitif de ces verbes dans la grille.
nous sommes – elle crie – vous élisez – je vais – il salit – nous rions

R	E	S	T	E	A
I	T	A	B	L	L
R	R	L	O	I	L
E	E	I	M	R	E
T	C	R	I	E	R

Autodictée

Camille veut préparer le petit-déjeuner toute seule. Catastrophe ! Elle fait tomber un bol, qui se casse en mille morceaux. Elle espère que ses parents ne vont pas la gronder.

2 Le verbe conjugué : radical et terminaison

Compétences : Identifier le radical et la terminaison d'un verbe. Manipuler un verbe conjugué.

Découvrons et manipulons

Les titanosaures [...] doivent leur nom aux Titans, peuple de géants de la mythologie grecque. Ces herbivores figuraient parmi les derniers dinosaures et vivaient en hardes* pour se protéger des prédateurs. La découverte de milliers d'œufs, dispersés sur un vaste terrain en Argentine, laisse à penser qu'ils nidifiaient* en colonies.

L'Encyclopédie des dinosaures, traduction de Sylvie Deraime et Véronique Dreyfus, coll. « Les Yeux de la Découverte », © Éditions Gallimard Jeunesse, 2012.

* en hardes : en groupes.
* nidifier : construire son nid.

1 Lis ce texte et observe les verbes en rouge.
a) Donne les infinitifs de ces verbes.
b) Quels sont les sujets de ces verbes ?
c) Compare les terminaisons de ces verbes. Que remarques-tu ?
d) Remplace leurs sujets par « il ». Comment les verbes varient-ils ?

2 a) « Ces herbivores figuraient parmi les derniers dinosaures. » Commence la phrase par « Aujourd'hui », puis par « Demain ».
b) Comment le verbe varie-t-il ?
c) Quelle partie du verbe ne change pas entre les trois temps ?

MANIPULER
3 Conjugue chaque verbe avec le pronom proposé. Identifie le radical qui ne change pas et épelle* la terminaison qui varie.
- je sortais → nous ...
- il écoute → ils ...
- tu écris → vous ...
- je choisis → vous ...
- tu fermeras → vous ...

MANIPULER
4 Repère, parmi ces verbes conjugués, ceux qui ont le même radical.
je grandis – vous lavez – ils flottaient – elle grandira – tu attendais – nous creusons – ils lavaient – je creuserai – elle flotte – ils attendent – nous grandissons

Je retiens

→ Le **verbe conjugué varie** selon la **personne** et le **temps**.
- Selon la personne :

Tu découvr**es** les dinosaures. Elle découvr**e** les dinosaures. Vous découvr**ez** les dinosaures.
Ils viv**aient** en groupes. Il viv**ait** dans un groupe.

- Selon le temps :

Hier, ils part**aient**. Ce matin, ils part**ent**. L'hiver prochain, ils part**iront**.

→ Le temps de conjugaison permet de savoir si l'action se situe dans le **passé**, dans le **présent** ou dans le **futur**. Des expressions (hier – ce matin – l'hiver prochain...) peuvent aider à **situer** l'action dans le temps.

→ La partie du verbe qui ne change pas s'appelle le **radical**.
La partie du verbe qui change selon la personne et le temps s'appelle la **terminaison**.

Je m'entraîne

Identifier le radical et la terminaison d'un verbe

5 * **Recopie ces verbes. Sépare le radical de la terminaison par un trait vertical.**
il portait – vous rouliez – tu coules – nous monterons – je parle – elle cacha – nous appelions – ils déménageaient – je renverse – tu changeras – elles joueront – vous réveilliez

6 ** **Recopie ces phrases et souligne les verbes conjugués. Sépare d'un trait le radical et la terminaison de chaque verbe, puis indique à quelle personne il est conjugué.**
a. Le magicien fait disparaître* le lapin.
b. Le beau temps revient demain.
c. Vous ne devez pas lécher vos assiettes.
d. Les baleines nagent au fond de la mer.
e. Nous grimperons en haut du mont Blanc cet été.

Manipuler les marques de temps et de personne d'un verbe conjugué

7 * **Recopie chaque verbe. Dis si le sujet est singulier ou pluriel, puis entoure la terminaison du verbe.**
vous écrivez – elles appellent – je viens – tu achètes – nous grandissons – ils peignent – tu jettes – je bondis – vous bercez – elle brosse – tu prends – nous voulons – vous partez – nous finissons – ils descendent

8 * **Recopie ces phrases et choisis la terminaison qui convient.**
a. Nous all(ons / ez) à la campagne.
b. Vous cour(ez / ent) vite.
c. Le troupeau mang(es / e) de l'herbe des prés.
d. Je lis(ais / ait) sous un arbre.
e. Tu ne connaiss(ais / iez) pas ta leçon.

9 * **Recopie ces phrases avec le sujet qui convient.**
a. (Tu / Vous) rampes dans le tunnel.
b. (Elle / Nous) gare sa voiture.
c. (Je / Vous) reprenez une part de gâteau.
d. (J' / Ils) adore escalader les rochers.
e. (Tu / Nous) changeons le canapé de place.

10 ** **Conjugue ces verbe au présent, à l'imparfait et au futur, comme dans l'exemple. Entoure la terminaison qui varie.**
parler : je parl[e] – je parl[ais] – je parl[erai]
a. observer : tu … – … – …
b. choisir : nous … – … – …
c. réaliser : vous … – … – …
d. prendre : il … – … – …
e. devoir : elles … – … – …

J'écris – Je m'exprime

ORAL
11 * **Avec tes camarades, fais un furet de conjugaison : à ton tour, change le verbe ou la terminaison du verbe (en changeant la personne ou le temps) conjugué par l'élève avant toi.**
vous montrez → vous **lancez** *(changement de verbe)*
→ **je** lance *(changement de personne)*

12 ** **Continue chaque liste avec trois verbes conjugués à la même personne et au même temps.**
regardons – pensons – dansons, montons, essayons
a. bavardes – accroches – …
b. encadrera – criera – …
c. glissait – enquêtait – …
d. ouvrons – sentons – …
e. visent – préparent – …

À toi de jouer

Anagramme. Change l'ordre des lettres de ce mot pour obtenir un verbe à l'infinitif. Puis, conjugue-le dans une phrase.

ROBINET

Autodictée

Ce matin, Léon se réveille très tôt. Les vacances commencent. Il retrouve son amie Carla sur la plage, puis ils bâtissent des châteaux de sable. Demain, ils iront sur les rochers : ils chercheront des crabes.

3 Passé, présent, futur

Compétence : Situer une action dans le temps (passé, présent ou futur).

Découvrons et manipulons

– Je sais bien ce que tu veux : Scrubble II, le tout nouveau jeu, c'est ça, hein ? Ne t'en fais pas, tu l'auras.
Je n'ai pas protesté. À quoi bon ? Papa m'offrira Srubble II. Parce qu'il meurt d'envie de l'avoir. La console de jeu qu'il m'a achetée pour Noël, il est le seul à s'en servir. […]
– Écoute, je connais un petit resto super sympa, a-t-il décidé. Tu verras, ça te plaira. J'inviterai Catherine…

Bernard Friot, *Encore des histoires pressées*, © Éditions Milan, 2007.

1 a) Relis les phrases en bleu. Dans quel ordre les événements* se sont-ils passés ?
b) Explique comment tu as fait pour ordonner les actions.

2 a) Identifie, dans ce texte, tous les verbes qui sont conjugués au présent.
b) Identifie ensuite tous les verbes qui sont conjugués au futur.

MANIPULER
3 Quelle phrase peux-tu faire commencer par « Aujourd'hui » ? par « Demain » ? par « Hier » ?
- J'ai fait un cauchemar.
- Le chat de David miaule.
- Fiona repeindra sa chambre.

MANIPULER
4 Complète ces phrases avec les expressions qui conviennent. Il peut y avoir plusieurs possibilités.
Aujourd'hui – L'année dernière – Hier – Demain – Dans une semaine – Maintenant
- … , les spectateurs ont applaudi les sportifs.
- … , tu partiras pour l'Argentine.
- … , Sarah cueille des pommes.
- … , ils se promènent dans le parc.
- … , il rangera son placard.
- … , la neige est tombée à gros flocons.

Je retiens

→ Dans un texte, les **actions** peuvent se situer dans le **passé**, dans le **présent** ou dans le **futur**.
→ Le **verbe conjugué indique le temps** de la phrase. **Sa forme varie** : il se conjugue.

Passé	Présent	Futur
L'action a déjà eu lieu.	L'action est en train de se passer.	L'action va avoir lieu plus tard.
Il a acheté la console pour Noël.	Je mange au restaurant.	J'inviterai Catherine.

→ Le verbe est parfois accompagné de **mots ou groupes nominaux** qui donnent des informations sur le **moment** où se passe l'action :
- au **passé** : hier – avant – la semaine dernière – autrefois…
- au **présent** : aujourd'hui – maintenant – en ce moment…
- au **futur** : demain – bientôt – la semaine prochaine – après – plus tard…

Je m'entraîne

Identifier le moment où l'action se déroule

5 * **Indique, pour chaque phrase, si elle se déroule dans le passé, le présent ou le futur. Entoure le verbe conjugué.**

a. Ils mangeront au restaurant.
b. Le jeune garçon est triste.
c. Dans deux jours, ce sera son anniversaire.
d. Il n'a pas aimé son cadeau de Noël.
e. Il discute avec son père.

6 ** **Recopie ces phrases en choisissant le verbe qui convient.**

a. Aujourd'hui, les comédiens (répétaient / répètent) leur pièce de théâtre.
b. L'année dernière, j'(ai appris / apprendra) à nager.
c. Jadis, des fées (volaient / voleront) dans les bois.
d. Dans trois ans, nous (étions / serons) au collège.
e. Cet été, Estelle (est partie / part) en colonie pour la première fois.

7 ** **Écris chaque phrase avec le verbe qui convient.**

lisait – photographiera – a photographié – lira – lit – photographie

a. Dans deux mois, elle ... le défilé du carnaval.
b. Hier soir, elle ... le coucher de soleil.
c. Aujourd'hui, elle ... des animaux du zoo.
d. En ce moment, il ... un journal.
e. La semaine prochaine, il ... un roman d'aventures.
f. En CE1, il ... des bandes dessinées.

8 *** **Recopie ce texte et indique si les phrases en gras sont au passé, au présent ou au futur.**

– Finissons-en ! s'impatiente le sergent.
– Oui, finissons-en, enchaîne Robin. **C'est un grand crime, en effet, mais je connais Simon, il est brave et honnête. Il a tué un daim par nécessité. Il ne le fera plus car, désormais, il aura à manger, lui et sa famille.**

Claude Merle, *Robin des bois*, © Bayard Jeunesse, 2010.

Utiliser des mots pour situer une action dans le temps

9 * **Classe ces mots en trois colonnes : passé, présent, futur.**

hier – la semaine prochaine – aujourd'hui – demain – l'année dernière – en ce moment – immédiatement – dans quelques jours – à l'époque des hommes préhistoriques – à l'avenir

10 ** **Complète ces phrases.**

a. Il y a cent ans, ...
b. À l'époque des chevaliers, ...
c. En 2159, ...
d. Tout à l'heure, ...
e. À 18 ans, ...

J'écris – Je m'exprime

11 * **Écris trois phrases pour raconter différents moments de ta vie.**

a. Quand j'étais petit(e), ...
b. En ce moment, ...
c. Dans 10 ans, ...

12 ** ORAL **Raconte l'évolution des transports ou de l'éclairage. Fais des phrases en utilisant les verbes suivants.**

a. Les transports : se déplaçaient – vont – rouleront
b. L'éclairage : allumaient – éclairent – utiliseront

À toi de jouer

Déchiffre ce rébus, puis indique si l'action se déroule dans le passé, le présent ou le futur.

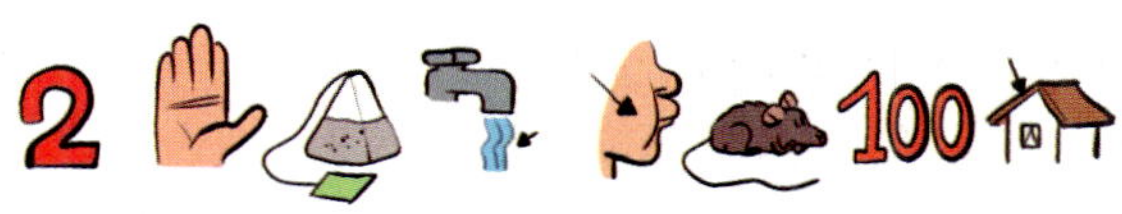

Autodictée

Il y a deux jours, Ophélie a planté des bulbes dans son jardin. Maintenant, elle arrose la terre. Dans quelques mois, les tulipes fleuriront et elle fera de beaux bouquets.

Je réinvestis mes connaissances

Le verbe, son infinitif et les groupes

1 * Recopie et classe ces verbes selon leur groupe.
voir – aimer – obéir – prendre – apercevoir – applaudir – comprendre – danser – pouvoir – tourner – bâtir – habiter – apprendre – vouloir – guetter – vendre – choisir – sortir – descendre – dormir

1er groupe	2e groupe	3e groupe
…	…	…

2 ** Recopie ce texte. Souligne les verbes à l'infinitif et entoure les verbes conjugués.
L'affolement règne dans les couloirs du musée. Depuis ce matin, les gardiens courent partout. Un masque indien très rare a disparu ! Le directeur appelle un détective privé. Il ne veut pas prévenir la police pour rester discret… Le détective étudie soigneusement les indices, interroge les témoins et finit par retrouver le masque… dans l'escalier de secours !

3 * Relève les verbes conjugués de ce texte. Donne leur infinitif et leur groupe.**
Le chevalier Roland part à la recherche d'un anneau magique. Cet anneau peut guérir la princesse Élisabeth. Roland traverse des rivières, gravit des montagnes et affronte de nombreux dangers. Il trouve et emporte de l'or magique dans la montagne noire. Un jour, il arrive dans un village isolé. C'est ici que vit le forgeron qui fabriquera l'anneau avec cet or magique.

Le verbe conjugué : radical et terminaison

4 * Recopie ces verbes conjugués. Sépare le radical et la terminaison par un trait vertical.
elles attrapent – tu remercies – vous transportez – je fais – nous roulerons – ils fabriquaient – tu fermais – je frôlais – vous murmuriez – elle sanglotait – nous voulons – il part – vous comprenez

5 ** Relève tous les verbes conjugués de ce texte. Sépare le radical et la terminaison de chacun par un trait vertical.
Violette marche sur la plage et ramasse des coquillages. Elle attend son cousin Émile. Il arrive en courant, tout joyeux. Ensemble, ils grimpent sur les rochers et attrapent de petits crabes rouges. Émile prend des algues, il les dispose sur le sable avec les coquillages de Violette. Ils créent ainsi un joli tableau éphémère. À la fin de la journée, ils rentrent chez eux bien fatigués.

6 ** Recopie ces verbes conjugués avec un pronom personnel sujet qui convient.
… glissais – … distribue – … lavez – … se reposent – … dit – … allons – … venez – … cours – … dorment – … étudies – … cassons – … rêves – … veux – … peut – … renversons – … dégringolent – … tombez

7 ** Mets les verbes à l'infinitif. Associe deux par deux ceux qui ont le même. Entoure leur terminaison et classe-les en trois groupes.
tu retiens – ils ignorent – tu remarques – elle mélangera – nous choisissons – vous classez – je réunis – il remarquera – ils retenaient – elles classeront – vous mélangez – il ignorait – elles réunissaient – il choisit

8 ** Continue chaque liste avec trois verbes, conjugués à la même personne et au même temps.
regardons – dansons – montrons – pleurons

a. discutez – …
b. donnent – …
c. irai – …
d. sauta – …
e. assumes – …
f. dessinons – …

Passé, présent, futur

9 * Recopie l'intrus de chaque liste.
a. il organisait – elles escaladeront – tu jetteras – vous surprendrez
b. ils attendent – elle embarquait – tu cultives – vous soignez
c. je soulevais – elles montaient – il enlèvera – il installait
d. nous préparons – nous cuisinions – elles blessent – tu inventes
e. il nagera – elles fouilleront – je sauverai – tu partais

10 **Recopie ces phrases. Souligne en vert celles qui sont au passé, en bleu celles au présent et en rouge celles au futur.**

a. Cette année, il étudiera la vie des Gaulois.

b. Alicia invite deux amies pour la soirée.

c. Mohammed et Aurélien joueront au bal on demain.

d. J'ai apporté une tarte aux framboises à ma grand-mère.

e. Nous ferons de grands travaux dans la maison cet été.

f. Tu connais tout sur les planètes du système solaire.

g. Ulysse et ses compagnons naviguaient depuis des semaines.

11 **Recopie ces phrases avec le verbe qui convient.**

a. Le train (est arrivé / arrivera) dans quelques minutes.

b. Hier, il (a pris / prendra) son manteau car il (faisait / fait) froid.

c. Tu (deviens / deviendras) un célèbre chercheur.

d. Les jeunes chevaliers (étaient / sont) au service d'un seigneur et (devaient / devront) s'entraîner* pendant des heures.

e. Aujourd'hui, je (rendais / rends) mes livres à la bibliothèque et je (peux / pourrai) après en emprunter de nouveaux.

EXERCICES TRANSVERSAUX

12 **Recopie ce texte.**

a) Écris en rouge tous les verbes conjugués et qui appartiennent au 1er groupe (-er).

b) Recopie en vert les autres verbes conjugués.

c) Pour tous ces verbes conjugués, sépare le radical et la terminaison par un trait vertical.

Madeleine et Lucie sont jumelles. Personne ne réussit à les reconnaître*. En plus, elles adorent s'habiller pareil. Même la maîtresse* se trompe de prénom parfois. Quand Lucie arrive en retard, elle dit : « Dépêche-toi Madeleine ! » Si elle appelle Madeleine pour faire une opération au tableau, c'est Lucie qui se lève. Il n'y a que moi qui sais les identifier, grâce à un minuscule grain de beauté sur le nez de Lucie !

13 **Recopie ces phrases. Souligne les verbes conjugués et complète avec des indicateurs de temps qui conviennent.**

a. Les cerisiers sont en fleurs, nous pourrons manger des cerises ... .

b. ... j'irai en Italie, mais ... je dois apprendre à parler italien.

c. ..., le bus était en retard, alors j'ai préféré marcher.

d. ... je me suis cassé la jambe, ... je dois rester à l'hôpital.

EXERCICES D'ÉCRITURE

14 **Invente la suite de ces phrases en commençant par un verbe à l'infinitif. Indique entre parenthèses le groupe auquel appartient le verbe.**

Tu dois **débarrasser** la table. *(1er groupe)*

a. Nous pouvons ...

b. Je dois ...

c. Vous allez ...

d. Il faut ...

e. Tu espères ...

f. Ma maman aime ...

g. Les élèves préfèrent ...

15 **Réécris ce mode d'emploi pour fabriquer un cerf-volant, en conjuguant les verbes au présent, à la 2e personne du singulier.**

Prendre un grand morceau de tissu, deux baguettes en bois, du ruban adhésif, de la ficelle, des petits morceaux de tissus multicolores. Découper un losange dans le tissu. Assembler les deux baguettes en forme de croix, les fixer avec le ruban adhésif. Enfoncer les extrémités des baguettes dans les coins du losange. Nouer la ficelle au milieu des baguettes. Décorer le bout de la ficelle avec des petits tissus multicolores. Le cerf-volant est prêt à voler !

Tu prends un grand morceau de tissu ...

16 **Complète ces phrases. Utilise des verbes au passé, au présent et au futur.**

a. Avant de me coucher, ...

b. Pendant la nuit, ...

c. Et demain matin, ...

4 Le présent des verbes du 1er groupe (-er)

Compétence : Mémoriser les terminaisons des verbes du 1er groupe (-er) au présent de l'indicatif.

Découvrons et manipulons

Et nous creusons. Pelle, seau. Je trace sur le sable humide, prévois les défenses contre l'eau, monte des tours. Bao creuse les douves, élève les remparts… et nous oublions le reste du monde. Il y a bien trois ou quatre autres familles qui jouent ensemble, lorgnent* notre création, parlent chiffons*.

Jean-Michel Payet, *Les enquêtes de Scarlett et Watson, Mystère et crustacés, Tome 7*, © Éditions Milan, 2015.

* lorgner : regarder discrètement avec envie.
* parler chiffons : discuter.

1 a) Observe les verbes en rouge. Quels sont leurs infinitifs ? À quel groupe appartiennent-ils ?
b) Quels sont leurs sujets ?
c) Quelle est la terminaison de ces deux verbes ?

2 a) Observe les verbes en bleu. Quels sont leurs infinitifs ? À quel groupe appartiennent-ils ?
b) Quelle est la terminaison de ces deux verbes ?
c) Quels sont les sujets de ces verbes ? Que remarques-tu ?

3 a) Dans l'expression « je trace », remplace le sujet par « tu », puis par « ils ». Comment s'écrivent les deux verbes ?
b) Prononce-les à voix haute. Quelle terminaison entends-tu à chaque fois ?

MANIPULER

4 Prononce ces verbes à voix haute et relève ceux dont la terminaison s'entend pareil mais s'écrit différemment.

ils versent – tu skies – nous sauvons – vous roulez – je pose – tu gardes – tu montres – tu préfères – vous mesurez – elles posent – il oublie – nous ajoutons – vous effacez

MANIPULER

5 Conjugue chaque verbe avec deux sujets différents. Épelle* leurs terminaisons, puis compare tes réponses avec celles de tes camarades.

creuser → vous creus**ez**, ils creus**ent**

- monter → …
- parler → …
- regarder → …

Je retiens

→ Au **présent**, tous les verbes du **1er groupe** (-er) ont les **mêmes terminaisons** : **-e, -es, -e, -ons, -ez, -ent.**

→ Tu peux prendre l'exemple du verbe **chanter** :

chanter
je chant**e**
tu chant**es**
il/elle/on chant**e**
nous chant**ons**
vous chant**ez**
ils/elles chant**ent**

***Attention !** Le verbe **aller** n'est pas un verbe du 1er groupe. C'est un verbe irrégulier du 3e groupe.*

Je m'entraîne

Identifier les terminaisons du présent des verbes du 1er groupe (-er)

6 * **Trouve l'infinitif de ces verbes, puis recopie ceux du 1er groupe.**

nous jouons – elle brûle* – vous voyez – je parle – ils creusent – tu as – tu aimes – ils sont – vous montez – il prend – elles oublient – je pars

7 * **Recopie ces verbes en choisissant la terminaison qui convient.**

ils gagn(e / ent) – vous entr(es / ez) – je retourn(e / ent) – elles lanc(e / ent) – tu discut(e / es) – je travaill(e / es) – ils laiss(e / ent)

8 ** **Écris ces phrases avec le pronom personnel sujet qui convient.**

a. ... accroches un tableau au mur.
b. ... commençons une nouvelle année.
c. ... pleure toute la nuit.
d. ... cuisinent.
e. ... passez par là.

Conjuguer les verbes du 1er groupe (-er) au présent

9 * **Recopie ces phrases et conjugue les verbes entre parenthèses au présent.**

a. Elle (prêter) sa voiture.
b. Ils (annoncer) une bonne nouvelle.
c. Tu (chercher) un ballon.
d. J' (admirer) le paysage.
e. Nous (sauter) dans la piscine.

10 ** **Réécris ces phrases avec le pronom personnel entre parenthèses.**

a. Le facteur dépose un colis. (ils)
b. Je cultive des tomates et des radis. (nous)
c. Elles guident les touristes. (tu)
d. Vous attachez vos chaussures. (je)
e. Nous réchauffons le repas. (il)

11 ** **Réécris ces phrases au présent.**

a. Il somnolait après sa course.
b. Tu décoreras ta chambre.
c. Elles brossaient leur poney.
d. Je chuchotais pendant le film.
e. Nous brûlerons* les feuilles mortes.

12 *** **Recopie ce texte et conjugue les verbes entre parenthèses au présent.**

Nous (marcher) dans les rues sombres et étroites de Paris. Tu (avancer) vite et je (regarder) derrière pour vérifier que personne ne nous (talonner). Nous (chercher) la maison de Monsieur X. Il nous (guetter) à la fenêtre. En nous voyant, il (prononcer) ces mots : « Vous (apporter) un message très important. Mes informateurs (arriver) bientôt. »

J'écris – Je m'exprime

ORAL

13 * **Lis ce texte à voix haute, en remplaçant « je » par « nous ».**

Le matin, je saute du lit dès que le réveil sonne. J'avale rapidement un chocolat chaud, je dévore deux tartines et je lave le bol. J'embrasse maman avant de partir avec papa. J'attrape mon cartable, puis je roule jusqu'à l'école en trottinette.

14 ** **Écris cinq phrases au présent avec les verbes suivants.**

fabriquer – aimer – nager – terminer – réparer

À toi de jouer

Charade.

- Mon premier est la première syllabe de « savane ».
- Mon deuxième est le petit de la vache.
- Mon troisième est au milieu du visage.
- Mon tout est un verbe du 1er groupe.

Autodictée

Nous assistons à un spectacle de marionnettes. Derrière les rideaux, on tire les ficelles. Dans le public, tous les enfants crient pour avertir Guignol de la présence du gendarme.

5 Le présent des verbes être et avoir

Compétences : Identifier et conjuguer les verbes *être* et *avoir* au présent de l'indicatif.

Découvrons et manipulons

Quand nous atteignons le hameau, j'ai l'impression d'être à ma place. J'y suis chez moi. Mieux que partout ailleurs, et même qu'à Paris, là où je vivais jusqu'ici.
– Voilà, nous y sommes ! s'exclame maman, derrière le volant de la camionnette.
Elle a un petit je-ne-sais-quoi d'inquiet dans la voix. Mais moi, je n'ai pas de mots pour exprimer mon bonheur ! Nous allons habiter ici, et pas seulement pour les vacances. Pour de bon ! J'ai encore du mal à le croire. C'est comme un rêve qui se réalise.

Catherine Kalengula, *Les enquêtes de Clém, vol. 1 : La mystérieuse Mrs Walton*, © Éditions Flammarion jeunesse, 2018.

1 Observe le verbe en rouge.

a) Quel est son infinitif ? À quel temps est-il conjugué ?

b) Quel est son sujet ? Trouve, dans le texte, ce verbe conjugué à une autre personne.

c) Dis cette phrase en la commençant par « Nous », puis par « Elles ».

Tu as du mal à la croire.

2 Observe le verbe en bleu.

a) Quel est son infinitif ? À quel temps est-il conjugué ?

b) Quel est son sujet ? Trouve, dans le texte, ce verbe conjugué à d'autres personnes.

c) Dis cette phrase en la commençant par « Vous », puis par « Ils ».

Il est en vacances.

MANIPULER

3 Dis s'il s'agit du verbe être ou du verbe avoir au présent.

je suis – nous sommes – vous avez – j'ai – vous êtes – tu as – ils sont – elle a – nous avons – tu es – elles ont – il est

MANIPULER

4 Conjugue ces phrases avec le verbe être ou le verbe avoir au présent.

- Nous ... soif !
- Où ... -nous ?
- Quel âge ... -vous ?
- Ils ... raison.
- Je ... malade.
- Elle n' ... pas contente.

Je retiens

→ Au **présent**, les verbes « être » et « avoir » ont des conjugaisons particulières : leur **radical** et leurs **terminaisons changent**.

être	avoir
je suis	j'ai
tu es	tu as
il/elle/on est	il/elle/on a
nous sommes	nous avons
vous êtes	vous avez
ils/elles sont	ils/elles ont

Je m'entraîne

Identifier les verbes *être* et *avoir* au présent

5 * **Trouve l'intrus dans chaque liste.**

a. êtes – sommes – a – sont
b. est – ai – as – avez
c. sommes – suis – sont – son
d. est – et – êtes – es
e. a – avons – ont – à

6 * **Écris, pour chaque phrase, quel est le verbe conjugué : être ou avoir.**

a. Ces maisons sont très anciennes.
b. Les pirates n'ont pas un bateau solide.
c. Mon filleul et moi sommes des judokas.
d. Êtes-vous certains de votre réponse ?
e. J'ai très mal au ventre !

7 * **Recopie en choisissant le verbe être ou le verbe avoir à la bonne personne.**

a. nous (avez / avons) → nous ...
b. tu (es / est) → tu ...
c. je (sommes / suis) → je ...
d. ils (est / sont) → ils ...
e. vous (êtes / sommes) → vous ...
f. elles (as / ont) → elles ...
g. tu (a / as) → tu ...
h. j' (ai / as) → j' ...

8 ** **Recopie ce texte, puis entoure en rouge le verbe être et en bleu le verbe avoir.**

Nous sommes au départ de la course. J'ai e dossard n° 12 à mon dos. Les spectateurs sont derrière des barrières. Ils sont impatients. Guy a son appareil pour me photographier. La piste est dégagée et le soleil est là. C'est bientôt le signal !

Conjuguer les verbes *être* et *avoir* au présent

9 * **Complète ces phrases avec les verbes être ou avoir au présent.**

a. Nous ... trois canards et deux poules dans la basse-cour*.
b. Comme tu ... maladroit ! Comme tu n' ... pas de chance !
c. Ce chemin ... dangereux, il n'y ... pas de barrière.
d. Ils ... le vertige en haut de l'immeuble.
e. Les gazelles ... des animaux sauvages très rapides.

10 * **Complète ces phrases avec les sujets donnés.**

Leur chien – Le lion – mon frère et moi – les facteurs – les routes

a. Ce matin, ... sont embouteillées.
b. Est-ce que ... ont des vélos jaunes ?
c. ... a une crinière magnifique.
d. Non, ... ne sommes pas jumeaux.
e. ... est encore dans la cuisine !

11 ** **Réécris ces phrases en mettant les verbes au singulier.**

a. Nous sommes fâchées avec lui.
b. Elles ont un beau chapeau sur la tête.
c. Avez-vous encore faim ?
d. Ils sont plus grands que nous.
e. Nous n'avons pas de monnaie.

J'écris – Je m'exprime

ORAL

12 * **Décris cette cabane en utilisant les verbes être et avoir.**

13 ** **Réécris ces phrases en remplaçant « il » par « elles ».**

a. Il a un gros nez rouge et une perruque jaune.
b. Heureusement qu'il est toujours à l'heure.
c. Est-il dans l'étable ? A-t-il ses outils ?
d. Il est malade depuis deux jours : il a de la fièvre.

À toi de jouer

Remets ces syllabes dans l'ordre pour trouver le mot de chaque définition.

A	FÉ	AS	MÉ	RÉ
FA	AF	PEU	SOIF	

- Avoir soif, c'est être ... .
- Avoir faim, c'est être ... .
- Avoir peur, c'est être ... .

Autodictée

J'ai froid et je suis fiévreux. Je suis fatigué et j'ai sommeil. Je suis malade et j'ai envie d'aller au lit.

6 Le présent des verbes irréguliers du 3e groupe

Compétences : Identifier et conjuguer les verbes irréguliers du 3e groupe au présent de l'indicatif.

Découvrons et manipulons

Voici les premiers beaux jours… Allons faire un tour en forêt. Tu vois ces gros dômes ? Ce sont des nids de fourmis rousses des bois ! Après avoir passé tout l'hiver engourdis sous terre, les petits insectes montent se réchauffer au soleil. Il ne faut pas les embêter : si elles ont peur, les fourmis peuvent mordre.

Stéphanie Ledu, *Les Fourmis*, © Éditions Milan, 2016.

1 **a)** **Quel est l'infinitif des verbes en rouge ?**
b) **À quel temps sont-ils conjugués ?**
c) **À quelles personnes sont-ils conjugués ?**
d) **Quelle est la terminaison de ces verbes ?**
e) **Ces verbes à l'infinitif ont-ils la même terminaison ?**

MANIPULER

2 **Conjugue les expressions suivantes à toutes les personnes, au présent.**
- Aller à l'école.
- Voir une éclipse.
- Faire une randonnée.
- Vouloir des bonbons.

MANIPULER

3 **Classe les verbes suivants selon la personne à laquelle ils sont conjugués. Attention, certains verbes peuvent être classés dans plusieurs colonnes.**

je	tu	il / elle	nous	vous	ils / elles
…	…	…	…	…	…

vois – dites – peux – dit – voyons – venez – veulent – veux – dis – pouvons – faites – voient – prenez – veut – disons – voit – peut – prennent – fais

Je retiens

→ Au **présent**, la plupart des verbes du 3e groupe ont les **mêmes terminaisons** : **-s**, **-s**, **-t**, **-ons**, **-ez**, **-ent**.

→ Certains **verbes irréguliers** ont leur **radical** qui **change**.
D'autres, comme **pouvoir**, **vouloir** et **prendre**, ont des **terminaisons particulières**.

venir	faire	aller	dire
je vien**s**	je fai**s**	je vai**s**	je di**s**
tu vien**s**	tu fai**s**	tu va**s**	tu di**s**
il/elle vien**t**	il/elle fai**t**	il/elle va	il/elle di**t**
nous ven**ons**	nous fais**ons**	nous all**ons**	nous dis**ons**
vous ven**ez**	vous faites	vous all**ez**	vous dites
ils vienn**ent**	ils font	ils vont	ils dis**ent**

voir	pouvoir	vouloir	prendre
je voi**s**	je peu**x**	je veu**x**	je prend**s**
tu voi**s**	tu peu**x**	tu veu**x**	tu prend**s**
il/elle voi**t**	il/elle peu**t**	il/elle veu**t**	il/elle prend
nous voy**ons**	nous pouv**ons**	nous voul**ons**	nous pren**ons**
vous voy**ez**	vous pouv**ez**	vous voul**ez**	vous pren**ez**
ils voi**ent**	ils peuv**ent**	ils veul**ent**	ils prenn**ent**

Je m'entraîne

Identifier le présent des verbes irréguliers du 3e groupe

4 * **Donne l'infinitif des verbes soulignés.**

a. Une fourmi peut porter 60 fois son poids.
b. Vous voyez cette fourmilière ?
c. Les ouvrières prennent soin des œufs.
d. Les fourmis font des trous dans la terre.
e. Nous venons observer d'autres insectes.

5 * **Recopie et relie ces verbes conjugués à leur infinitif.**

je viens •	• faire
il fait •	• vouloir
vous dites •	• prendre
tu veux •	• venir
elles prennent •	• dire

6 ** **Recopie et complète ces phrases avec un pronom personnel sujet qui convient.**

a. ... faites une tarte à la tomate.
b. ... veux un camion de pompiers.
c. ... prend un train pour rentrer.
d. ... voient les oiseaux avec leurs jumelles.
e. ... dis la bonne réponse.
f. ... vais chez mon ami Florent.

Conjuguer les verbes irréguliers du 3e groupe au présent

7 * **Réécris ces phrases avec le pronom personnel sujet entre parenthèses.**

a. Nous voyons le soleil se lever. (je)
b. Tu dis toujours la même chose. (vous)
c. Vous pouvez marcher sur un fil. (ils)
d. Ils prennent toute la place. (tu)
e. Je fais semblant de dormir. (nous)

8 ** **Conjugue ces verbes aux personnes indiquées.**

a. aller : 2e personne du singulier
b. venir : 3e personne du pluriel
c. pouvoir : 1re personne du singulier
d. faire : 2e personne du pluriel
e. vouloir : 1re personne du pluriel

9 ** **Recopie ces phrases en conjuguant les verbes entre parenthèses au présent.**

a. Vous (faire) des bêtises.
b. Ses amis (aller) au cinéma.
c. Tu (prendre) ton maillot de bain.
d. Nous (pouvoir) préparer le repas.
e. Je ne (vouloir) pas !

10 ** **Recopie ce texte en conjuguant les verbes entre parenthèses au présent.**

La famille Duval (aller) aux sports d'hiver. Les enfants (vouloir) glisser avec la luge pendant que les parents (faire) du ski. Ils (prendre) le télésiège jusqu'en haut des pistes. Soudain, M. Duval (voir) des nuages noirs. Ils (devoir) vite redescendre !

J'écris – Je m'exprime

ORAL
11 * **Raconte en cinq phrases un voyage en famille. Utilise des verbes au présent.**

ORAL
12 ** **Raconte ce que tu fais le matin à la maison avant de partir à l'école. Utilise ces verbes ou expressions conjugués au présent.**

venir – prendre – ne pas pouvoir – faire exprès

À toi de jouer

Complète la grille avec ces verbes conjugués au présent. Puis, donne l'infinitif du verbe qui se cache dans les cases vertes.

a. faire : 2e personne du singulier
b. dire : 2e personne du pluriel
c. aller : 3e personne du pluriel
d. venir : 3e personne du singulier
e. voir : 1re personne du singulier

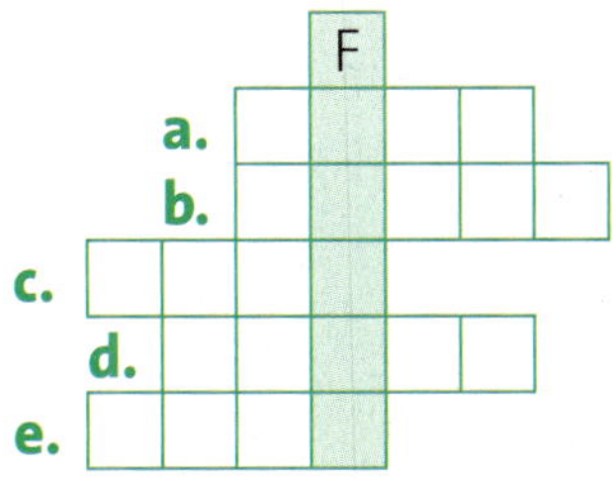

Autodictée

Les abeilles vivent en société dans une ruche. Elles vont de fleurs en fleurs, et prennent le pollen et le nectar.

7 Le futur des verbes du 1er groupe (-er)

Compétences : Mémoriser les terminaisons des verbes du 1er groupe (-er) au futur de l'indicatif.

Découvrons et manipulons

Qu'est-ce qu'on mangera dans le futur ?
Que trouveras-tu dans ton assiette en 2050 ?

• **Ta pizza imprimée**

Une pizza fabriquée sur mesure selon l'âge, le poids et la taille… Ce rêve fou se réalisera grâce à une imprimante 3D. Dans le futur, ces machines capables d'imprimer des objets en trois dimensions s'inviteront jusqu'à notre table.

• **Des spaghettis d'algues**

[…] Les spécialistes promettent que des dizaines d'aliments utiliseront un jour cette ressource naturelle excellente pour la santé !

N. Michelet et C. Ganet, *Mes exposés 1 jour 1 actu*, Hors série octobre 2016, © Milan Presse.

1 Observe les verbes en rouge.

a) À quel temps sont-ils conjugués ?

b) À quelles personnes sont-ils conjugués ?

c) Quel est le radical et la terminaison de chacun ?

2 Dans la première phrase, remplace le pronom « on » par « je », puis par « tu », « nous », « vous », « ils ». Que se passe-t-il ?

MANIPULER

3 Observe la terminaison de chaque verbe et indique à quelle personne il est conjugué.

donneras – frapperons – rouleras – mélangera – pousseras – sonneront – bavarderont – fermeront – placerons – délivrera

MANIPULER

4 a) Conjugue ces verbes au futur, à la 1re personne du singulier.

poser → je poserai

gratter – croquer – brûler* – sauver – libérer – changer – décider – lancer

b) Conjugue-les ensuite à la 3e personne du singulier.

MANIPULER

5 Conjugue ces phrases au futur.

- Tu plonges la tête la première.
- Vous coupez les tomates en rondelles.
- Elles terminent leur peinture.
- Je compte jusqu'à cinq avant le décollage de la fusée.

Je retiens

→ Au **futur**, tous les verbes du 1er groupe (-er) ont les **mêmes terminaisons** : **-ai**, **-as**, **-a**, **-ons**, **-ez**, **-ont**.

→ Pour conjuguer un verbe au futur, on **ajoute ces terminaisons à l'infinitif** du verbe.

chanter
je chanter**ai**
tu chanter**as**
il/elle/on chanter**a**
nous chanter**ons**
vous chanter**ez**
ils/elles chanter**ont**

***Attention !** Le verbe **aller** n'est pas un verbe du 1er groupe. C'est un verbe du 3e groupe.*

Je m'entraîne

Identifier les verbes conjugués au futur

6 * **Recopie uniquement les verbes au futur.**
vous calculerez – je fêterais – nous sautons – tu joueras – tu tiras – ils laveront – elle détachera – nous filons – vous accepterez – elles chargeront – tu éloigneras – je dresse – je continuerai

7 * **Trouve l'intrus dans chaque liste.**
a. collera – changera – voyage – sèchera
b. promènerai – danserai – filais – pleurerai
c. brisez – bougerez – chanteras – gigoterai
d. taperas – montas – ramera – montreras
e. marcherons – rigolent – brûleront* – tenteront

8 ** **Recopie ces phrases, puis souligne les verbes au futur et donne leur infinitif.**
a. Tu gagneras sûrement* une peluche à la loterie.
b. Mes parents loueront un chalet à la montagne.
c. Le cheval reculera devant l'obstacle.
d. Le parasol nous protègera du soleil.
e. Nous téléphonerons tous les jours.

Conjuguer les verbes au futur

9 * **Conjugue ces verbes au futur, aux personnes demandées.**
a. planer : nous ... – ils ...
b. rencontrer : je ... – tu ...
c. pousser : vous ... – elle ...
d. renverser : elles ... – il ...
e. bavarder : tu ... – nous ...

10 ** **Réécris ces phrases en mettant les sujets et les verbes au pluriel.**
Tu attach**eras** ta ceinture. (singulier)
→ **Vous** attach**erez** votre ceinture. (pluriel)
a. Elle se réveillera de bonne heure.
b. Je plongerai dans la piscine.
c. Tu berceras le bébé.
d. Il assaisonnera la salade.
e. Je terminerai bientôt ce livre.

11 ** **Réécris ces phrases au futur. Pour t'aider, trouve d'abord l'infinitif du verbe.**
Elle arrive en retard.
→ verbe « arriver » → Elle arrivera en retard.
a. Tu affrontes le champion de judo.
b. Le bateau chavire à cause du vent.
c. Laure caressait son chat endormi.
d. Nous fabriquons un bonhomme de neige.
e. Ils effaçaient le tableau noir.

12 *** **Réécris ce texte au futur.**
Timothée achète sa place de cinéma. Il entre dans la salle déjà dans le noir. Les publicités se terminent et le film commence. Pendant le film, Timothée se ronge les ongles, il pleure et sursaute au moment où... Mais il ne raconte pas la fin. Il garde le suspense !

J'écris – Je m'exprime

ORAL
13 * **Un scientifique trouve l'œuf d'un animal encore inconnu. Imagine ce qu'il découvrira quand l'œuf sera éclos. Décris la scène en utilisant des verbes du 1er groupe au futur.**

14 ** **Imagine la vie sur Terre dans 1 000 ans. Conjugue les verbes entre parenthèses au futur.**
Dans un millier d'années, les gens (habiter) ... et ils (voyager) ...
Ils (manger) ...
Un robot (laver) ...
Tout le monde (respirer) ...

À toi de jouer

Invente une drôle de phrase !
Remplace chaque verbe de ce texte par un autre du 1er groupe, trouvé au hasard dans ton dictionnaire.
Un jour, les hommes traverseront l'espace. Ils voyageront dans des fusées et ils habiteront des planètes inexplorées.

Autodictée

Ce soir, la fête du printemps commencera. Nous accrocherons des lampions entre les arbres. Ils illumineront le jardin toute la nuit. Les invités arriveront bientôt.

8 Le futur des verbes *être* et *avoir*

Compétences : Identifier et conjuguer les verbes *être* et *avoir* au futur de l'indicatif.

Découvrons et manipulons

Dans le Journal du Soir, *M. Willy Wonka fait paraître l'avis suivant…*

Je, soussigné Willy Wonka, ai décidé de permettre à cinq enfants – cinq et pas plus, retenez-le bien – de visiter ma chocolaterie cette année. Ces cinq élus feront le tour de l'établissement, pilotés par moi-même, et seront initiés à tous ses secrets, à toute sa magie. Puis, en fin de tournée, tous auront droit à un cadeau spécial : il leur sera fait don d'une quantité de chocolats et de bonbons qui devra suffire jusqu'à la fin de leurs jours ! Enfants, cherchez bien vos tickets d'or ! Cinq tickets d'or ont été imprimés sur papier d'or, et ces cinq tickets d'or sont cachés dans le papier d'emballage ordinaire de cinq bâtons ordinaires de chocolat.

Roald Dahl, *Charlie et la chocolaterie*, trad. Élisabeth Gaspar,

1 Observe le verbe en rouge.

a) Quel est son infinitif ? À quel temps est-il conjugué ?

b) Quel est son sujet ? Trouve, dans le texte, ce verbe conjugué à une autre personne.

c) Dis cette phrase en la commençant par « Nous », puis par « Elle ».

Ils seront initiés à tous ses secrets.

2 Observe le verbe en bleu.

a) Quel est son infinitif ? À quel temps est-il conjugué ?

b) Quel est son sujet ?

c) Dis cette phrase en la commençant par « Tu », « Il », « Vous » et « Nous ».

Ils auront droit à un cadeau spécial.

MANIPULER

3 Classe ces verbes dans le tableau.

Verbe avoir au futur	Verbe être au futur
…	…

elles seront – je serai – tu auras – vous serez – elle sera – nous serons – vous aurez – tu seras – ils auront – j'aurai – nous aurons – il aura

MANIPULER

4 Conjugue ces phrases avec le verbe être ou le verbe avoir au futur.

- Tu … riche.
- Il … trop tard !
- Nous … une grande maison.
- Elles n' … aucun tort dans cette affaire.
- … - vous là ?
- J' … une épée magique.

Je retiens

→ Au **futur**, les verbes « être » et « avoir » ont les **mêmes terminaisons** : **-ai, -as, -a, -ons, -ez, -ont**.

→ Le **radical** des verbes « être » et « avoir » **change**.

être	avoir
je ser**ai**	j'aur**ai**
tu ser**as**	tu aur**as**
il/elle/on ser**a**	il/elle/on aur**a**
nous ser**ons**	nous aur**ons**
vous ser**ez**	vous aur**ez**
ils/elles ser**ont**	ils/elles aur**ont**

Je m'entraîne

Identifier les verbes *être* et *avoir* au futur

5 * **Associe chaque verbe conjugué à son infinitif.**

elles seront •	
j'aurai •	
nous aurons •	• être
tu seras •	• avoir
vous serez •	
il aura •	

6 * **Recopie uniquement les verbes être et avoir au futur.**

a. Les spectateurs sont sur la plage où aura lieu le feu d'artifice.

b. Les majorettes seront au cœur du défilé auquel j'ai hâte d'assister.

c. Notre char est très coloré : il sera le plus beau !

d. Tu es ravi car tu auras un costume d'indien et tu seras applaudi.

7 * **Recopie en choisissant le verbe être ou le verbe avoir au futur.**

a. elles (seront / sont) → elles ...

b. j' (ai / aurai) → j' ...

c. vous (aurez / avez) → vous ...

d. tu (es / seras) → tu ...

e. nous (serons / sommes) → nous ...

f. il (a / aura) → il ...

8 ** **Recopie ces phrases, puis souligne chaque verbe et entoure son sujet.**

a. Serez-vous dans la même classe l'an prochain ?

b. Quand il sera grand, il sera danseur.

c. Nous serons épuisés et aurons envie de rentrer.

d. Tu n'auras que des bonnes notes et ta mère sera fière de toi !

e. Aurai-je le temps de venir car je serai très pressé ?

Conjuguer les verbes *être* et *avoir* au futur

9 * **Recopie ces phrases avec le verbe être ou avoir au futur.**

a. Bientôt, Soline ... sa première dent.

b. Demain, le soleil ... de retour.

c. Je ... une chanteuse célèbre.

d. Vous ... de nouvelles chaussures.

e. Les chevaux ... du foin et de l'avoine.

10 * **Complète ces phrases avec les pronoms personnels sujets qui conviennent.**

a. ... seront au bord de la mer tout l'été.

b. ... n'aurez jamais une si belle collection !

c. Seras- ... plus fort que moi à ce jeu ?

d. J'espère qu' ... aura une bonne idée de sortie.

e. Normalement, ... serai encore là quand tu reviendras.

11 ** **Réécris ce texte au futur.**

Vous avez beaucoup de chance de visiter cette exposition. C'est un très grand peintre ! Ses toiles sont visibles dans le monde entier. Il y a toujours la queue. Nous avons raison de venir et nous sommes contents.

J'écris – Je m'exprime

ORAL

12 * **Complète ces phrases comme dans l'exemple.**

Quand je serai grand, j'aurai une grosse voiture.

a. Quand tu ... , tu ... .

b. Quand elle ... , elle ... .

c. Quand vous ... , vous ... .

13 ** **Réécris ce texte en mettant les verbes au pluriel.**

À la prochaine rentrée, tu seras en CM1. Je serai dans la même classe. Tu auras un maître*qui sera très gentil. Il ne sera jamais en colère. Il aura toujours de bons conseils pour ses élèves. J'aurai envie d'aller à l'école !

À toi de jouer

Remets ces lettres dans l'ordre pour trouver le déguisement de Kevin.

O S E I R C A R   P É E É

Le jour du carnaval, Kevin sera un ... et il aura une ... .

Autodictée

Dans deux jours, nous serons à la montagne. Il y aura beaucoup de neige. Tous nos amis seront avec nous. Nous aurons une luge. Ce sera chouette !

9 Le futur des verbes irréguliers du 3e groupe

Compétences : Identifier et conjuguer les verbes irréguliers du 3e groupe au futur de l'indicatif.

Découvrons et manipulons

Clara se tourna à nouveau vers son casse-noisette. Elle l'allongea délicatement et dénoua le mouchoir. Il souriait si tristement qu'elle eut envie de pleurer. « Oh, mon petit Casse-Noisette ! Je prendrai soin de toi et parrain Drosselmeier parviendra sûrement à remettre tes bras en place et à réparer tes jambes », murmura-t-elle.

D'après le conte d'Ernst Theodor Amadeus Hoffmann, *Casse-Noisette*.

1 a) Quel est l'infinitif du verbe en bleu ?
b) À quel temps et à quelle personne est-il conjugué ?
c) Quelle est sa terminaison ?
d) Compare-la avec la terminaison des verbes du 1er groupe (-er) : est-elle identique ou différente ?

2 a) Quel est l'infinitif du verbe en rouge ?
b) À quel temps et à quelle personne est-il conjugué ?
c) Quelle est sa terminaison ?

3 a) Dans la phrase soulignée, remplace le sujet par « Les enfants ».
b) Quelle est la nouvelle terminiaison du verbe ?

MANIPULER

4 Avec d'autres élèves, choisissez au hasard un pronom personnel sujet et l'un des verbes suivants : *faire, aller, venir, dire, voir, pouvoir, vouloir, prendre*. Puis, essayez de le conjuguer ensemble au futur.

Je retiens

→ Au **futur**, tous les verbes du 3e groupe ont les **mêmes terminaisons** : -ai, -as, -a, -ons, -ez, -ont.

→ Certains **verbes irréguliers** ont leur **radical** qui **change**.

venir	faire	aller	dire
je viendr**ai**	je fer**ai**	j'ir**ai**	je dir**ai**
tu viendr**as**	tu fer**as**	tu ir**as**	tu dir**as**
il/elle viendr**a**	il/elle fer**a**	il/elle ir**a**	il/elle dir**a**
nous viendr**ons**	nous fer**ons**	nous ir**ons**	nous dir**ons**
vous viendr**ez**	vous fer**ez**	vous ir**ez**	vous dir**ez**
ils/elles viendr**ont**	ils/elles fer**ont**	ils/elles ir**ont**	ils/elles dir**ont**

voir	pouvoir	vouloir	prendre
je verr**ai**	je pourr**ai**	je voudr**ai**	je prendr**ai**
tu verr**as**	tu pourr**as**	tu voudr**as**	tu prendr**as**
il/elle verr**a**	il/elle pourr**a**	il/elle voudr**a**	il/elle prendr**a**
nous verr**ons**	nous pourr**ons**	nous voudr**ons**	nous prendr**ons**
vous verr**ez**	vous pourr**ez**	vous voudr**ez**	vous prendr**ez**
ils/elles verr**ont**	ils/elles pourr**ont**	ils/elles voudr**ont**	ils/elles prendr**ont**

Je m'entraîne

Identifier les verbes irréguliers du 3e groupe conjugués au futur

5 * **Recopie uniquement les verbes qui sont conjugués au futur.**

tu veux – il ira – nous disons – nous prendrons – je vais – tu viendras – elle disait – vous voyiez – ils feront – il prendra – il fait – vous verrez – tu voudras

6 * **Recopie ces verbes. Sépare le radical et la terminaison par un trait vertical.**

il voudra – elles iront – vous prendrez – tu diras – nous viendrons – ils feront – tu pourras – je prendrai

Conjuguer les verbes irréguliers du 3e groupe au futur

7 * **Recopie et complète ces verbes avec la terminaison du futur qui convient.**

a. tu prendr... – elles ir... – je dir... – ils viendr...
b. nous dir... – vous viendr... – tu verr... – elle ir...
c. elle prendr... – il fer... – vous pourr... – je voudr...
d. vous verr... – tu fer... – nous pourr... – elles voudr...
e. je viendr... – il verr... – nous fer... – elles dir...

8 * **Recopie ces phrases en choisissant le verbe qui convient.**

a. Je (ferai / fera) des photographies du coucher de soleil.
b. Les hiboux (verra / verront) les souris même la nuit.
c. Nous (pourrons / pourront) aller au cinéma.
d. Tu (dira / diras) toute la vérité.
e. La petite fille (prendrez / prendra) son panier.

9 ** **Recopie ces phrases en conjuguant les verbes entre parenthèses au futur.**

a. Je (pouvoir) venir avec toi.
b. Nous (voir) bien les étoiles ce soir.
c. Elle (aller) au bout du monde.
d. Tu (faire) une sieste après le repas.
e. Ils ne (dire) rien de méchant.

10 ** **Réécris ces verbes en mettant les pronoms personnels au pluriel.**

il verra (1re personne du singulier)
→ ils verront (1re personne du pluriel)

tu iras – je verrai – elle voudra – il viendra – je prendrai – elle dira – tu feras – je pourrai

11 ** **Réécris ces phrases en conjuguant les verbes au futur.**

a. Ils voient des aigles dans le ciel.
b. Vous alliez à la campagne ce week-end*.
c. Je veux un verre de jus de fruits.
d. Il fait très froid cet hiver.
e. Nous prenions ce travail très au sérieux.
f. Viens-tu à la kermesse samedi ?

J'écris – Je m'exprime

ORAL

12 * **Imagine que tu présentes un numéro de cirque. Dis ce que les spectateurs vont *voir*, ce que l'artiste va *faire*... Utilise des verbes au futur.**

13 ** **Écris un dialogue entre deux enfants qui imaginent ce qu'ils feront lorsqu'ils seront adultes. Utilise les verbes aller, voir, faire, pouvoir et dire.**

À toi de jouer

Remets les espaces entre les mots au bon endroit et retrouve la phrase cachée.

Lap roc hai nef ois jep ren dra iun eca rte pou rtr ouv erl abon nero ute.

Autodictée

Demain, les enfants iront visiter une ferme. Ils verront des vaches, des cochons et un âne gris. Ils pourront nourrir les animaux et ils auront le droit de traire les chèvres.

Je réinvestis mes connaissances

Le présent des verbes du 1er groupe (-er)

1 * Recopie ce texte et souligne en bleu les verbes qui sont conjugués au présent.

Le monde ressemble à une grosse boule qui flotte dans l'espace. De nos jours, les savants étudient la place de la Terre dans l'univers. Moi, un jour, j'aurai une combinaison spatiale et j'irai dans les étoiles.

2 ** Recopie ce texte et conjugue les verbes entre parenthèses au présent.

Pour le carnaval, Tchang et Juliette se (déguiser). Tchang (porter) un large pyjama blanc, Juliette (enfiler) une robe de toutes les couleurs. Ils (danser) dans la rue, (chanter) et (sauter) dans tous les sens. Juliette s'exclame : « Nous (rigoler) tant ! J'(aimer) cette fête ! Et toi, l'(aimer)-tu ? »

Le présent des verbes *être* et *avoir*

3 * Recopie et complète ces phrases avec le verbe être ou avoir au présent.

a. À ce jeu, je ne ... pas le meilleur.
b. Dans sa boîte*, Clémence ... dix médailles.
c. Nous ... perdues dans ce labyrinthe !
d. Ces basketteuses ... dix points d'avance.
e. ... -ils champions du monde ?

4 * Réécris ces phrases avec le pronom personnel sujet entre parenthèses.

a. Je suis très enrhumée. (tu)
b. Mes amis ont un grand jardin. (je)
c. Vous n'êtes pas les bienvenus ! (nous)
d. Elle a les cheveux longs. (ils)
e. Es-tu dans la rue ? (vous)

Le présent des verbes irréguliers du 3e groupe

5 * Écris l'infinitif des verbes soulignés dans ce texte.

Dans les rues, les voitures vont et viennent dans tous les sens. Théo regarde à gauche, puis à droite. Il voit une grosse moto qui prend le virage et accélère. Théo fait un bond en arrière et ne peut presque plus bouger. « Tout va bien... dit sa maman. Tu veux rentrer à la maison ?
– Oui ! » répond Théo.

6 ** Conjugue au présent les verbes entre parenthèses.

a. Ils (aller) à la piscine parce qu'il (faire) beau.
b. Tu (prendre) des frites, et si tu (vouloir) du ketchup, tu (pouvoir) te servir.
c. Nous (voir) nos amies tous les mardis.

Le futur des verbes du 1er groupe (-er)

7 * Recopie uniquement les verbes conjugués au futur.

a. J'attends le bateau et quand il arrivera, nous naviguerons toute la journée.
b. Les assistants aideront les médecins s'ils le leur demandent.
c. Il est difficile de savoir si ces clients achèteront un objet.
d. Voyez-vous, il marchera très bientôt !

8 ** Recopie ce texte. Conjugue les verbes entre parenthèses au futur.

Bientôt les grandes pluies (arriver). Les éléphants (marcher) vers les rivières. Ils se (désaltérer) enfin. Les mères (laver) leurs petits avec leur trompe, pendant qu'ils (éclabousser) tout le troupeau. Les plus anciens (montrer) le chemin...Tu les (admirer) depuis le 4×4.

Le futur des verbes *être* et *avoir*

9 * Recopie et classe les phrases dans le tableau.

Verbe avoir	Verbe être
...	...

a. Le musée sera en travaux pendant un mois.
b. Les peintres auront de quoi faire !
c. Serez-vous les invités du prince ?
d. Nous aurons juste le temps.
e. Elles ne seront pas au dernier rang.

10 ** Recopie et complète ces phrases avec les verbes être ou avoir au futur.

a. J'... huit ans dans un mois.
b. Il traîne*, il ... encore en retard.
c. Si vous ne mettez pas votre manteau, vous ... un rhume, vous ... malades.
d. Sans aide, ils ... perdus dans la nuit. Ils ... du mal à retrouver leur chemin.

Le futur des verbes irréguliers du 3e groupe

11 * **Recopie ces phrases et conjugue les verbes entre parenthèses au futur.**

a. Maman (faire) une bonne purée et nous (pouvoir) nous régaler au dîner*.

b. Je (venir) à l'entraînement* mardi et j'(aller) à la compétition samedi.

c. (Prendre)-vous le tramway ? Nous (voir).

d. La voyante me (prédire) un avenir radieux.

e. Il (vouloir) en savoir plus.

12 ** **Réécris ce texte au futur.**

Les villes du futur semblent merveilleuses. Pas de pollution ! On y voit des maisons d'une hauteur vertigineuse. On peut aller en quatre secondes d'une ville à l'autre. Les jardiniers font pousser sur les toits des légumes bleus et roses. Les voitures vont toutes seules au garage. Tous les matins, le robot de la maison vient cuisiner et dit à chacun son emploi du temps. Quelle belle vie !

EXERCICES TRANSVERSAUX

13 * **Recopie ce texte en conjuguant les verbes entre parenthèses au présent.**

Maxime (avoir) son maillot de bain et (plonger) au milieu des dauphins. Il (regarder) partout et (voir) des bancs de sardines, des tortues, des méduses... et une épave ! Il (penser) : « Je (savoir) que c'(être) un bateau pirate ! Avec papa, nous (prendre) souvent des livres dessus à la bibliothèque ! » Maxime (continuer) de nager. De petits poissons jaunes et bleus (arriver). Un poulpe (dérouler) ses tentacules.

14 ** **Réécris ce texte au futur.**

Oscar et Zoé gagnent le premier prix : un voyage merveilleux. Ils font le tour du monde. Ils voient les ours blancs et la banquise au pôle Nord, ils admirent les montagnes du Tibet, ils nagent avec les otaries. En Chine, ils mangent avec des baguettes. Dans la forêt vierge, ils doivent faire attention aux serpents. Et ils vont jusque dans le désert de sable blanc... Quel voyage !

15 ** **Réécris ce texte au présent, puis au futur.**

Le Chef Wali décida de préparer une grande cérémonie pour demander justement aux ancêtres de veiller sur eux. Les femmes s'activèrent pour préparer les « bougnats ». Il s'agissait de faire cuire, dans des feuilles de bananier tressées, les légumes qui poussaient sur l'île [...]. Les hommes, eux, pendant ce temps, préparaient les chants et les danses avec lesquelles ils allaient s'adresser aux ancêtres.

Corinne Albaut, Agnès Perruchon,
Les Oiseaux Koudoux, coll. « Le bibliobus » n°29 –
Le développement durable », © Hachette Livre, 2009.

EXERCICES D'ÉCRITURE

16 * **Écris un court texte en conjuguant les verbes suivants au présent.**

cuisiner – être – avoir – prendre – faire

17 ** **Imagine la suite de cette histoire en écrivant cinq phrases au futur.**

La semaine prochaine, mon frère et moi ...

10 L'imparfait des verbes du 1er groupe (-er)

Compétences : Mémoriser les terminaisons des verbes du 1er groupe (en -er) à l'imparfait de l'indicatif.

Découvrons et manipulons

Mon grand-père fabriquait des miroirs. Lorsqu'un enfant s'y regardait en faisant des grimaces, pof ! il entrait dans le miroir et, pour le retrouver, il fallait briser le miroir. Un jour de carnaval, quinze enfants qui passaient devant sa boutique ont disparu subitement.

Janine Teisson, *L'ogre bouquiniste*,
© Éditions Gallimard Jeunesse, 2012.

1 **Cette histoire est-elle racontée au passé, au présent ou au futur ?**

2 **a) Quel est l'infinitif des verbes en rouge ?**
b) Quel est leur sujet ?
c) Quelle est leur terminaison ?

3 **a) Relis la première phrase en remplaçant « Mon grand-père » par « Mes parents ».**
b) Y a-t-il un changement ? Si oui, lequel ?

MANIPULER
4 **Conjugue ces verbes à l'imparfait comme dans l'exemple.**
laver : je lavais – tu lavais – il lavait – nous lavions – vous laviez – ils lavaient
réveiller – tomber – sauter – rentrer – pousser

MANIPULER
5 **Associe chaque pronom personnel sujet au verbe conjugué qui convient.**

je •	• jouions
tu •	• jouais
il / elle •	• jouiez
nous •	• jouaient
vous •	• jouait
ils / elles •	• jouais

Je retiens

→ L'**imparfait** est un temps du **passé**.

→ À l'imparfait, tous les verbes du 1er groupe (-er) ont les **mêmes terminaisons** : **-ais, -ais, -ait, -ions, -iez, -aient.**

chanter
je chant**ais**
tu chant**ais**
il/elle/on chant**ait**
nous chant**ions**
vous chant**iez**
ils/elles chant**aient**

***Attention !** Le verbe **aller** n'est pas un verbe du 1er groupe. C'est un verbe du 3e groupe.*

Je m'entraîne

Reconnaître* les terminaisons de l'imparfait

6 * **Recopie ces verbes et entoure leur terminaison.**

ils visitaient – nous racontions – tu criais – elle posait – vous commenciez – ils décollaient – je coiffais – tu frôlais

7 * **Recopie ces verbes. Sépare le radical et la terminaison par un trait vertical.**

vous laviez – tu secouais – ils roulaient – nous versions – elle portait – elles escaladaient – nous soulignions – vous décidiez – il demandait – je surveillais

8 ** **Souligne les verbes à l'imparfait et donne leur infinitif.**

a. Yassim cherchait son sac partout.
b. Je croisais souvent ce chien noir.
c. Tous les enfants postaient des cartes de vœux.
d. Vous reculiez face au danger.
e. Nous chantions ce refrain à tue-tête.
f. Il regonflait les pneus de son vélo.

9 *** **Recopie ces phrases. Choisis le sujet qui convient pour chaque verbe conjugué.**

a. (Le voleur / Les voleurs) dérobaient un célèbre diamant jaune.
b. (Elle / Tu) retournait à la boulangerie.
c. (Je / Nous) passions de bons moments ensemble.
d. (Je / Elles) cachais les clés de la voiture.
e. (Il / J') appelait un taxi.

Conjuguer les verbes du 1er groupe (-er) à l'imparfait

10 ** **Réécris ces phrases en mettant les sujets au pluriel.**

Tu penchais la tête. (singulier)
→ **Vous** pench**iez** la tête. (pluriel)

a. Elle sautait de plus en plus haut.
b. Je promenais le chien de ma voisine.
c. Tu mélangeais le lait et les céréales.
d. J'examinais la carte pour retrouver le chemin.
e. Il dînait* au restaurant.

11 ** **Recopie ces phrases en conjuguant les verbes entre parenthèses à l'imparfait.**

a. Vassilissa (marcher) depuis des heures.
b. La nuit (tomber) tôt en Norvège.
c. Des lumières (éclairer) le chemin.
d. Inès (habiter) une maison rouge.
e. Le soir, la vieille dame (trier) les grains de blé.

12 *** **Dans ce texte, relève les verbes conjugués à l'imparfait. Indique à quelle personne ils sont conjugués et donne leur infinitif.**

Christophe Colomb continuait à fixer l'horizon, à épier le moindre signe. Une multitude d'oiseaux volaient du nord au sud-ouest, comme s'ils rentraient se reposer sur une île.
– Nous allons changer de cap : hurla-t-il. […]
Déjà à bord, les hommes n'écoutaient plus. Ils avalaient sans appétit les pois chiches dans leurs écuelles, l'air renfrogné.

Isabelle Wlodarczyk, *Le Pari insensé de Christophe Colomb*, © Oskar Éditeur, 2016.

J'écris – Je m'exprime

ORAL

13 * **En groupe, transformez à tour de rôle la phrase de départ en changeant soit la personne, soit le verbe conjugué.**

Je fermais le livre. → **Nous** fermions le livre. → Nous **empruntions** le livre.

a. Tu dansais avec enthousiasme.
b. Ils coupaient les pommes.
c. Vous repassiez les chemises.

14 *** **« Quinze enfants qui passaient devant la boutique ont disparu... » Écris la suite !**

À toi de jouer

Utilise ces syllabes pour former le plus possible de verbes conjugués à l'imparfait.

rin – tiez – lan – sau – çaient – chan – çais – tais

Autodictée

Mon père lavait son vélo tous les dimanches. Je le regardais avec admiration. Il démontait les roues, passait l'éponge, puis rinçait le vélo.

11 L'imparfait des verbes être et avoir

Compétences : Identifier et conjuguer les verbes *être* et *avoir* à l'imparfait de l'indicatif.

Découvrons et manipulons

Il y avait une fois un marchand qui était extrêmement riche. Il avait six enfants, trois garçons et trois filles [...]. Ses filles étaient très belles ; mais la cadette, surtout se faisait admirer, et on ne l'appelait, quand elle était petite, que *La belle enfant* ; en sorte que le nom lui en resta ; ce qui donna beaucoup de jalousie à ses sœurs. Cette cadette, qui était plus belle que ses sœurs, était aussi meilleure qu'elles. Les deux aînées avaient beaucoup d'orgueil, parce qu'elles étaient riches [...]. Elles allaient tous les jours au bal, à la comédie, à la promenade, et se moquaient de leur cadette, qui employait la plus grande partie de son temps à lire de bons livres.

Jeanne-Marie Leprince de Beaumont, *La Belle et la Bête – La belle enfant*, 1757.

1 Observe le verbe en rouge.

a) Quel est son infinitif ? À quel temps est-il conjugué ?

b) Quel est son sujet ? Trouve, dans le texte, ce verbe conjugué à une autre personne.

c) Dis cette phrase en la commençant par « J' », puis par « Nous ».

Il avait six enfants.

2 Observe le verbe en bleu.

a) Quel est son infinitif ? À quel temps est-il conjugué ?

b) Quel est son sujet ? Trouve, dans le texte, ce verbe conjugué à une autre personne.

c) Dis cette phrase en la commençant par « Tu », puis par « Vous ».

Elles étaient riches.

MANIPULER

3 Relève les verbes être et avoir conjugués à l'imparfait.

nous étions – j'ai – vous aurez – j'avais – tu étais – elle est – ils étaient – il aura – nous avions – elles seront – tu avais – vous êtes

MANIPULER

4 Conjugue ces phrases avec le verbe être ou le verbe avoir à l'imparfait.

- Vous ... les premiers au stade.
- ... -tu froid ou chaud ?
- Cette histoire n' ... pas drôle.
- J'en ... sûre* !
- Les chiens ... du flaire.
- Nous ... le double de cartes.

Je retiens

→ À l'**imparfait**, les verbes « être » et « avoir » ont les **mêmes terminaisons** : **-ais**, **-ais**, **-ait**, **-ions**, **-iez**, **-aient**.

être	avoir
j'ét**ais**	j'av**ais**
tu ét**ais**	tu av**ais**
il/elle/on ét**ait**	il/elle/on av**ait**
nous ét**ions**	nous av**ions**
vous ét**iez**	vous av**iez**
ils/elles ét**aient**	ils/elles av**aient**

Je m'entraîne

Identifier les verbes *être* et *avoir* à l'imparfait

5 * **Recopie uniquement les phrases avec le verbe être à l'imparfait.**

a. Je serai là. / J'étais là. / Je suis là.

b. Elles étaient seules. / Elles sont seules. / Elles seront seules.

c. Nous sommes fatigués. / Nous serons fatigués. / Nous étions fatigués.

d. Il est droit. / Il sera droit. / Il était droit.

6 * **Recopie uniquement les phrases avec le verbe avoir à l'imparfait.**

a. Tu auras peur. / Tu as peur. / Tu avais peur.

b. Ils avaient mal à la tête. / Ils auront mal à la tête. / Ils ont mal à la tête.

c. J'ai soif. / J'avais soif. / J'aurai soif.

d. Vous aurez du talent. / Vous avez du talent. / Vous aviez du talent.

7 ** **Recopie et complète ces phrases avec un pronom personnel sujet qui convient.**

a. À la fin de la partie, ... avait dix cases d'avance.

b. ... n'avais plus de pions à déplacer.

c. Est-ce que ... avions de la chance ?

d. ... étaient tout joyeux d'avoir gagné.

e. Heureusement que ... étiez bons joueurs !

Conjuguer les verbes *être* et *avoir* à l'imparfait

8 * **Recopie ces phrases en choisissant la terminaison du verbe qui convient.**

a. Le cheval ét(ait / aient) à l'écurie.

b. Vous êt(iez /ais) sur l'estrade pour chanter.

c. Les fillettes av(ait / aient) des robes de fée.

d. Tu n'av(ais / ait) pas d'histoire à raconter.

e. Nous av(ions / aient) peur du loup.

9 ** **Complète ces phrases avec le verbe qui convient.**

aviez – avais – étaient – étais – avions

a. Leurs amis ... tous sur la photo.

b. Noé et moi ... la chance de vivre à la mer.

c. Tu n' ... pas à côté de nous au cirque.

d. Cet hiver, j' ... le nez qui coulait.

e. ... -vous des manteaux assez chauds ?

10 *** **Recopie ce texte en conjuguant le verbe être ou le verbe avoir à l'imparfait.**

Quand le dragon hurla, nous ... devant sa grotte. Nous n' ... rien pour nous défendre. Tu ... certain de pouvoir l'endormir. J' ... la chair de poule alors que toi, tu chantais. Le dragon ... les paupières lourdes. Il ... endormi. Tu ... le plus fort !

J'écris – Je m'exprime

11 ** **Invente et écris la suite de ces phrases à l'imparfait.**

a. Autrefois, nous vivions à la ferme. Nous (avoir) ... et nous (être) ...

b. Quand les voitures n'existaient pas, les gens (avoir) ... et tout le monde (être) ...

c. Avant d'avoir des ordinateurs, vous (être) ... et vous (avoir) ...

ORAL

12 ** **Explique comment cette petite fille téléphonait autrefois. Utilise les verbes être et avoir à l'imparfait.**

À toi de jouer

Complète la grille avec les terminaisons des verbes être et avoir à l'imparfait.

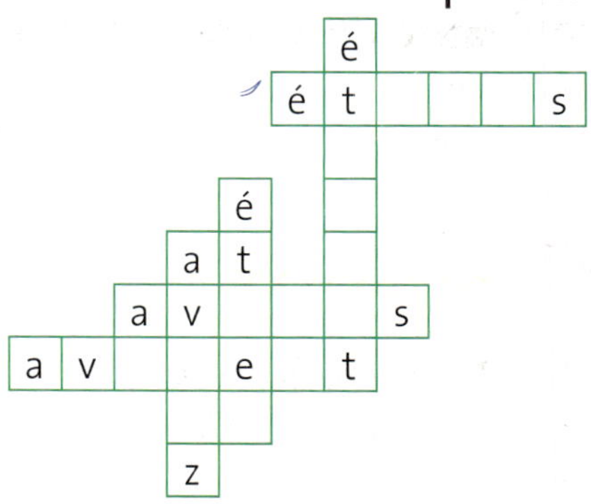

Autodictée

Les petites sorcières étaient assises près du feu. Leur mère avait un livre de recettes. Elles avaient très envie de manger cette soupe.

12 L'imparfait des verbes irréguliers du 3e groupe

Compétences : Identifier et conjuguer les verbes irréguliers du 3e groupe à l'imparfait de l'indicatif.

Découvrons et manipulons

Ce soir-là, dans ma chambre, au foyer, je ne suis pas arrivé à m'endormir. J'en voulais à M. Harmé. Je me disais que ce n'était pas possible. Il devait bien y avoir une solution. Mais laquelle ? J'ai fouillé et encore fouillé dans ma tête. Subitement, j'ai eu une idée !

Jean-Marie Defossez, *Attention, fragile !*
© Bayard Éditions, 2013.

1 **a) Quel est l'infinitif du verbe en bleu ?**
b) À quel temps et à quelle personne est-il conjugué ? Quelle est sa terminaison ?
c) Trouve, dans le texte, un autre verbe avec la même terminaison et donne son infinitif.

2 **a) Quel est l'infinitif du verbe en rouge ?**
b) Quelle est sa terminaison ?
c) Trouve un autre verbe avec la même terminaison. Donne son infinitif et dis à quelle personne il est conjugué.

MANIPULER
3 **Dans ces phrases, remplace « je » par « nous ».**
je voulais → nous voulions
- Je disais au revoir.
- Je prenais des cours d'anglais.
- Je pouvais partir tranquillement.
- Je voyais une petite lumière.

MANIPULER
4 **Complète chaque liste avec un verbe conjugué à la même personne.**
- allait – venait – pouvait – ...
- disaient – prenaient – voulaient – ...
- faisiez – voyiez – preniez – ...

Je retiens

→ À l'**imparfait**, tous les verbes irréguliers ont les **mêmes terminaisons** : **-ais, -ais, -ait, -ions, -iez, -aient.**

→ La plupart des **verbes irréguliers** ont leur **radical** qui **ne change pas**. Mais certains, comme **faire**, **dire** et **voir**, ont leur **radical** qui **change**.

venir	faire	aller	dire
je ven**ais**	je fais**ais**	j'all**ais**	je dis**ais**
tu ven**ais**	tu fais**ais**	tu all**ais**	tu dis**ais**
il/elle ven**ait**	il/elle fais**ait**	il/elle all**ait**	il/elle dis**ait**
nous ven**ions**	nous fais**ions**	nous all**ions**	nous dis**ions**
vous ven**iez**	vous fais**iez**	vous all**iez**	vous dis**iez**
ils/elles ven**aient**	ils/elles fais**aient**	ils/elles all**aient**	ils/elles dis**aient**

voir	pouvoir	vouloir	prendre
je voy**ais**	je pouv**ais**	je voul**ais**	je pren**ais**
tu voy**ais**	tu pouv**ais**	tu voul**ais**	tu pren**ais**
il/elle voy**ait**	il/elle pouv**ait**	il/elle voul**ait**	il/elle pren**ait**
nous voy**ions**	nous pouv**ions**	nous voul**ions**	nous pren**ions**
vous voy**iez**	vous pouv**iez**	vous voul**iez**	vous pren**iez**
ils/elles voy**aient**	ils/elles pouv**aient**	ils/elles voul**aient**	ils/elles pren**aient**

Je m'entraîne

Reconnaître* les terminaisons de l'imparfait

5 * **Recopie uniquement les verbes conjugués à l'imparfait.**

nous voulons – vous disiez – tu allais – vous voyez – tu prenais – je dis – ils venaient – elle fait – nous allions – je vais – vous pouviez – ils faisaient

6 * **Recopie ces verbes. Entoure leur terminaison et donne leur infinitif.**

je pouvais – vous alliez – il disait – nous voyions – tu prenais – elles disaient – tu faisais – ils allaient – je voulais – ils venaient

7 ** **Recopie ces verbes. Sépare le radical et la terminaison par un trait vertical.**

il pouvait – vous faisiez – nous prenions – je venais – nous allions – tu disais – ils disaient – j'allais – elles prenaient – tu voyais – elle voulait

Conjuguer les verbes irréguliers du 3e groupe à l'imparfait

8 * **Recopie ces phrases en choisissant le verbe qui convient.**

a. L'actrice (faisait / faisaient) semblant de dormir.
b. Nous ne (pouviez / pouvions) pas rater cette occasion !
c. Arthur et toi ne (disions / disiez) que des bêtises.
d. (Allais / Allait) -tu à la médiathèque quand tu l'as rencontré ?
e. Toutes les voitures (prenais /prenaient) la rue à contresens.
f. Est-ce qu'il (venait / venais) souvent te saluer ?

9 * **Recopie ces phrases en conjuguant les verbes entre parenthèses à l'imparfait.**

a. Je (venir) de me casser la jambe.
b. Vous (prendre) votre carnet de croquis.
c. Il (aller) devenir un grand journaliste.
d. Nous (voir) la statue de la Liberté pour la première fois.
e. Tu (pouvoir) emporter ton doudou avec toi.

10 ** **Écris ces phrases à l'imparfait.**

a. Marine prend son parapluie.
b. Il fait des boules de neige.
c. Vous voyez le croissant de lune.
d. Une bohémienne dit la bonne aventure.
e. Je veux un petit frère !

11 ** **Réécris ces phrases avec le pronom personnel sujet donné entre parenthèses.**

a. J'allais à la patinoire. (elle)
b. Vous faisiez du bruit pour montrer votre joie. (tu)
c. Ils prenaient le car pour aller à l'école. (il)
d. Le soir, tu pouvais rentrer en bus. (nous)
e. Vous veniez le voir à l'hôpital. (ils)

J'écris – Je m'exprime

ORAL

12 * **Invente une phrase à l'imparfait avec chaque verbe.**

apprendre – défaire – prédire – comprendre – revenir

13 ** **Écris un court texte à l'imparfait pour décrire cette image.**

À toi de jouer

Retrouve, dans la grille, huit verbes conjugués à l'imparfait.

p	c	e	r	i	s	e	f
o	v	e	n	a	i	s	a
u	o	r	d	e	d	w	i
v	y	o	a	s	o	v	s
a	a	n	n	a	n	o	i
i	i	d	s	i	c	u	o
s	t	e	s	t	h	l	n
k	p	r	e	n	a	i	s
d	i	s	a	i	s	e	d
x	a	l	l	i	e	z	u

Autodictée

Souvent, Marco allait se promener sur le port. Il faisait le tour des quais. Il voyait les bateaux et il pouvait s'imaginer partir loin.

13 Temps simples et temps composés

Compétences : Différencier les temps simples et les temps composés. Manipuler les verbes à des temps différents.

Découvrons et manipulons

D'habitude, je n'aime pas beaucoup visiter les musées. Pourtant, cette fois, notre sortie de classe se présentait plutôt bien. Avant de partir, la maîtresse a annoncé :
– Il paraît qu'il y a un nouveau guide très amusant, au musée. Après la visite, nous irons faire un pique-nique, et ensuite une partie de foot. Il y a un jardin juste à côté.
Mes copains et moi, nous avons poussé des cris de joie.
En arrivant devant l'entrée du musée, la maîtresse nous a avertis :
– Il ne faut pas courir, il ne faut rien toucher, il ne faut pas crier, sinon ça dérange les gens.
Le guide est arrivé…

Catherine de Lasa, *Prisonnier du tableau*, © Bayard Presse, J'aime lire n° 292, 2001.

1 Observe les deux verbes en rouge.
a) À quelles personnes et à quels temps sont-ils conjugués ?
b) Quels sont leurs infinitifs ?
c) De combien de mots chaque verbe est-il composé ?
d) Quel est le verbe associé à « poussé » ?

2 Observe le verbe en vert.
a) À quelle personne et à quel temps est-il conjugué ?
b) Quel est son infinitif ?
c) Quel est le verbe associé à « arrivé » ?

3 Trouve, dans le texte, d'autres verbes écrits à un temps composé.

MANIPULER
4 Indique quels sont les verbes conjugués à un temps simple et ceux conjugués à un temps composé.
- Viêt a pris son arrosoir et l'a porté jusqu'au jardin. Maintenant, il arrose les fleurs.
- L'alarme sonne : un cambrioleur est entré dans le musée et il a volé un tableau.
- Louis est tombé de l'arbre ; il aura une cicatrice.

Je retiens

→ Un **verbe** peut se conjuguer :
- à un **temps simple**. Il s'écrit avec **un seul mot**. C'est le cas au présent, au futur et à l'imparfait.

Je n'**aime** pas les musées. (aimer au présent)
Nous **irons** faire une partie de foot. (aller au futur)
Nous **sautions** de joie. (sauter à l'imparfait)

- à un **temps composé**. Il s'écrit avec **deux mots** :

l'**auxiliaire** (**avoir** ou **être**) + le **participe passé** du verbe conjugué.

Nous **avons poussé** des cris de joie.
auxiliaire avoir + participe passé du verbe pousser

Le guide **est arrivé**.
auxiliaire être + participe passé du verbe arriver

Je m'entraîne

Différencier les temps simples et les temps composés

5 * **Recopie et classe les verbes en deux colonnes : temps simples et temps composés.**

elle a voulu – nous rentrons – ils avaient dessiné – je serai parti – vous mangez – ils ont mesuré – tu prépareras – ils avalaient – vous aviez dansé – elles ont gagné

6 * **Recopie ces phrases et indique si les verbes soulignés sont conjugués à un temps simple ou à un temps composé.**

a. Le jardinier <u>a planté</u> des roses dans le parc.
b. Samin <u>déménagera</u> à la fin de l'année scolaire.
c. J'<u>aime</u> les romans d'aventures.
d. Nous <u>avons invité</u> nos cousins à dîner*.
e. Nous <u>sommes allés</u> en Alsace pendant les vacances.

7 ** **Relève tous les verbes et indique s'ils sont conjugués à un temps simple ou un temps composé.**

Félix appelle sa mère. Son chaton a grimpé tout en haut de l'arbre. Il ne sait pas redescendre tout seul. Il a peur. Les pompiers sont arrivés. L'un d'entre eux est monté sur son échelle. Il a récupéré le chat tremblant de peur. Tout le monde est content de cette fin heureuse.

8 ** **Recopie ce texte, et écris en rouge les verbes conjugués à un temps simple et en bleu les verbes conjugués à un temps composé. Donne leur infinitif.**

L'autre nuit, j'étais un tigre. Pour m'amuser, j'ai escaladé le toit de la gare de l'Est. Je regardais les trains filer vers la Pologne, la Russie… J'ai commencé à gronder si fort que des contrôleurs, et des policiers en bleu, et des pompiers en rouge sont arrivés avec des mitraillettes et des tuyaux d'arrosage ! Alors, d'un bond immense, j'ai sauté sur le toit de la gare du Nord !

Paul Thiès, *Je suis amoureux d'un tigre*, © Syros.

Manipuler les verbes à des temps différents

9 * **Associe deux par deux les verbes qui ont le même infinitif.**

il montrera – elles nageront – vous avez fait – nous avons – nous faisons – elle aura pris – j'ai eu – ils avaient dit – nous avons nagé – il disait – tu prends – tu as montré

10 ** **Recopie et complète ces phrases avec le pronom personnel sujet qui convient.**

a. … allons au cinéma ce soir.
b. … ont joué tout l'après-midi dans la forêt.
c. … s'est trompé de bus et … s'est perdu.
d. … photographiez les oiseaux marins.
e. … as pris toutes tes affaires de piscine.

J'écris – Je m'exprime

11 * **Réécris ce texte au présent. Commence par trouver l'infinitif des verbes.**

Charles a participé à un concours de sculpture avec Angélina. Ils ont décidé de faire un animal avec des objets recyclés. Ils ont attaché de vieilles roues de vélos, un arrosoir et des planches de bois. Le jury a aimé leur imagination.

ORAL

12 ** **Invente une fin pour chaque phrase. Utilise des verbes différents.**

a. Vous avez visité Paris et vous …
b. Le renard a trompé le loup : il …
c. Mes parents ont invité ma cousine et nous …

À toi de jouer

Remets les syllabes dans l'ordre pour trouver les éléments indispensables à un temps composé.

AU PAR RE
PE XI TI
LI CI AI
PAS SÉ

Autodictée

Ce matin, j'ai reçu une carte postale du Brésil. Elle vient de mon oncle qui fait le tour du monde. Il est déjà allé au Mexique et au Pérou.

14 Le passé composé

Compétences : Comprendre la formation du passé composé. Conjuguer des verbes au passé composé.

Découvrons et manipulons

– Vous allez me faire une double roulade avant, pieds joints. J'ai fait une première galipette catastrophique, et j'ai perdu une tennis. J'ai entendu les autres se marrer, alors pour leur faire plaisir, j'en ai fait une deuxième, et je me suis débrouillé pour envoyer l'autre godasse au plafond. Quand je me suis relevé, on voyait un bout de mon slip parce que mon pantalon avait glissé.

Anna Gavalda *35 kilos d'espoir*, © Bayard Éditions, 2002.

1 a) Donne l'infinitif des verbes en rouge.
b) À quelle personne sont-ils conjugués ?
c) Quel est l'auxiliaire utilisé ? À quel temps est-il conjugué ?

2 a) Donne l'infinitif des verbes en bleu.
b) À quelle personne sont-ils conjugués ?
c) Quel est l'auxiliaire utilisé ? À quel temps est-il conjugué ?

3 a) Observe le groupe de mots souligné. Le verbe est-il conjugué au même temps que les autres verbes du texte ?
b) Justifie ta réponse.
c) Change la phrase pour que le verbe soit au même temps que les autres.

MANIPULER
4 Associe chaque verbe à l'infinitif à sa conjugaison au passé composé.
- glisser – savoir – lire – venir – naître* – vivre
- nous avons su – il est né – tu as glissé – j'ai vécu – elles ont lu – vous êtes venu

Je retiens

→ Le passé composé est un **temps composé**, formé de **deux mots** : l'**auxiliaire avoir** ou **être** conjugué au présent + le **participe passé** du verbe.

J'**ai** chanté → verbe *chanter*

Je **suis** tombé(e) → verbe *tomber*

→ Tous les verbes ont un participe passé :
- verbes du **1er groupe** (en -er) : participe passé en **-é** sauté, arrivé
- verbes du **2e groupe** (en -ir) : participe passé en **-i** grandi, fini
- verbes les **plus fréquents** :

être → été	faire → fait	dire → dit	voir → vu	vouloir → voulu
avoir → eu	aller → allé	venir → venu	pouvoir → pu	prendre → pris

***Attention !** Avec l'**auxiliaire être**, le **participe passé du verbe s'accorde** toujours avec le sujet en **genre** (masculin, féminin) et en **nombre** (singulier, pluriel).*

Je m'entraîne

Comprendre la formation du passé composé

5 * **Recopie uniquement les verbes conjugués au passé composé.**

ils glissent – tu as rempli – elles ont gagné – elles conduisaient – vous avez été – il avait pris – ils sont venus – vous avez voulu – nous verrons – nous sommes allés – tu auras fini – tu as copié

6 ** **Recopie ces phrases. Entoure l'auxiliaire et souligne le participe passé.**

a. Ils sont rentrés de leur randonnée.
b. Elle a porté des seaux d'eau jusqu'à la maison.
c. Les cygnes ont volé jusqu'à cet arbre tordu.
d. J'ai pris des médicaments.
e. Vous avez déjeuné sur la terrasse.

7 ** **Recopie ces phrases. Entoure les verbes au passé composé, puis donne leur infinitif.**

a. Dimanche, nous avons acheté des meubles.
b. Charlie a consolé sa petite sœur qui est tombée.
c. Kamel est revenu à pied car sa roue a crevé
d. Ils ont eu une bonne surprise quand tu es arrivé.
e. Vous avez fait pousser des tomates.

8 *** **Relève, dans ce texte, les verbes conjugués au passé composé.**

Un jour, un macaque japonais a inventé une technique pour retirer le sable des patates douces qu'il mangeait : il a rincé ses légumes ! Peu à peu, la plupart des singes de son clan l'ont imité !

Pascale Hédelin et Thibaut Rassat, *Les Inventions*, coll. « Mes p'tites questions », © Éditions Milan, 2016.

Conjuguer des verbes au passé composé

9 * **Recopie et conjugue ces verbes au passé composé.**

a. présenter : J'... mon exposé.
b. geler : Il ... cette nuit.
c. tirer : Vous ... une bonne carte.
d. tisser : Les araignées ... leur toile.
e. recoller : Tu ... cette assiette.

10 ** **Recopie et complète ces phrases avec les verbes proposés, conjugués au passé composé.**

quitter – monter – prendre – partir – changer

a. Le gardien ... tout en haut du phare.
b. Elles ... à la chasse aux papillons.
c. Ce matin, nous ... la ville.
d. J'... de téléphone la semaine dernière.
e. Vous ... la bonne décision.

11 ** **Réécris ces phrases avec le pronom personnel sujet entre parenthèses.**

a. Nous avons pleuré à la fin du film. (tu)
b. Il a traversé sans faire attention. (ils)
c. Vous avez triché. (elle)
d. Je suis allé à la campagne. (nous)
e. Où as-tu posé les clés ? (vous)

J'écris – Je m'exprime

ORAL

12 * **Un explorateur revient d'un voyage dangereux. Raconte ses aventures avec des verbes conjugués au passé composé.**

13 ** **Termine ces phrases en utilisant des verbes conjugués au passé composé.**

a. La semaine dernière, dans le jardin, je (j') ...
b. En voiture, nous ...
c. L'hiver dernier, les enfants ...
d. Au Moyen Âge, les chevaliers ...
e. Après les informations, papa ...

À toi de jouer

Retrouve ces verbes conjugués au passé composé.

- avoir, 3e personne du singulier :
- dire, 2e personne du singulier :
- prendre, 1re personne du singulier :

Autodictée

Les dinosaures ont disparu. Mais des archéologues ont découvert plusieurs squelettes, qui sont exposés dans des musées.

Je réinvestis mes connaissances

L'imparfait des verbes du 1er groupe (-er)

1 * **Relève les verbes du 1er groupe conjugués à l'imparfait, puis entoure leur terminaison.**

a. Je montais tous les matins en haut de l'échelle sans trembler.

b. Les singes grimpaient agilement tout en haut des arbres.

c. Les enfants hurlaient pour effrayer les oiseaux.

d. Chaque été, nous courions dans le jardin.

e. À l'automne, nous ramassions des marrons et des feuilles mortes.

2 ** **Recopie ces phrases en conjuguant les verbes entre parenthèses à l'imparfait.**

L'année dernière, Louane (chanter) dans une chorale. Félix, lui, (jouer) du trombone dans un orchestre. Tous les enfants (répéter) les vendredis après l'école. Nous (écouter) leurs concerts. Après chaque spectacle, je (bavarder) avec les autres invités, pendant que vous (ranger) la salle.

3 ** **Conjugue ces expressions à l'imparfait, à la 1re personne du singulier, puis à la 1re personne du pluriel.**

a. manger des légumes

b. sauter à la corde

c. caresser le chat

d. soigner une écorchure

L'imparfait des verbes *être* et *avoir*

4 * **Complète les phrases avec le verbe qui convient.**

étais – était – avions – avaient

a. Léonard de Vinci ... un artiste italien.

b. Elles ... un matériel de couture impressionnant.

c. Avant mon opération, j'... incapable de croquer dans une pomme.

d. Nous ... hâte de les retrouver enfin.

5 ** **Recopie et complète ces phrases avec le verbe être ou avoir au présent.**

a. Les marins ... de lourds balluchons à l'épaule.

b. Nous ... si contents d'assister à la course !

c. Le capitaine ... -il impatient de lever l'ancre ?

d. Tu n'... pas de drapeau à la main.

e. Vous ... tous présents au départ.

L'imparfait des verbes irréguliers du 3e groupe

6 ** **Recopie ces phrases en conjuguant les verbes entre parenthèses à l'imparfait.**

a. Mon grand-père (savoir) être sévère : il (dire) qu'on ne (pouvoir) pas parler à table.

b. Les enfants (aller) se coucher tôt quand ils (devoir) aller en classe le lendemain.

c. Je (venir) toujours l'embrasser avant de dormir.

d. Vous (vouloir) être tranquilles le week-end*.

7 *** **Recopie ces phrases en mettant les verbes à l'imparfait.**

Les gens (voir) Magritte comme un génie ou un original ! En effet, celui-ci (faire) des associations surprenantes entre les images et les mots dans ses tableaux. Les amis de Magritte (venir) parfois dans son atelier pour l'aider à trouver un titre à ses toiles. Ils (pouvoir) les écrire sur des morceaux de papier, puis Magritte en (prendre) au hasard !

René Magritte, *Le Faux Miroir*, 1928.

Temps simples et temps composés

8 * **Recopie ces phrases. Souligne en rouge les verbes conjugués à un temps simple et en bleu les verbes conjugués à un temps composé.**

a. L'engin spatial a décollé.

b. Les nuages ont caché le paysage.

c. Le mécanicien règlera la panne.

d. Vous avez vu le décollage à la télévision ?

e. Les étoiles semblaient plus brillantes ce soir.

f. Le public a applaudi longtemps.

9 **Recopie et complète ce texte avec les verbes suivants.**

avaient peint – ont fait – ont découvert – existe – est – sont descendus

En 1940, quatre adolescents ... une étrange découverte. Ils ... au fond d'une grotte et ... des peintures extraordinaires. Des hommes préhistoriques ... sur les parois rocheuses de nombreux animaux. Pour ne pas abîmer* ces peintures, la véritable grotte de Lascaux ... aujourd'hui fermée au public, mais il ... une copie parfaite de la grotte pour les visiteurs.

Le passé composé

10 **Recopie ces phrases. Entoure l'auxiliaire et souligne le participe passé. Dis quel est l'infinitif du verbe.**

a. Le chat a miaulé pendant dix minutes.
b. Vous avez mis un rôti au four.
c. Nous avons changé de tenue.
d. Ils n'ont pas mangé le dessert.
e. Margot et Fabien sont partis en Espagne.
f. Tu as encore raté l'autobus !
g. J'ai essayé de tricoter un pull.

11 **Donne les participes passés des verbes suivants.**

a. vouloir
b. avoir
c. aller
d. venir
e. voir
f. faire

12 **Réécris ce texte au passé composé.**

Dans la prairie, les Indiens montent les tentes près de la rivière. Les femmes puisent de l'eau à la rivière. Les enfants jouent avec des bâtons et des ficelles. Les chevaux galopent dans leur enclos.

EXERCICES TRANSVERSAUX

13 **Réécris ce texte à l'imparfait.**

Fanny est malade depuis plusieurs jours. Elle reste dans sa chambre et n'a pas le droit de sortir de la maison. Comme elle s'embête toute la journée, ses amies viennent lui tenir compagnie après la classe. Elles prennent le goûter* ensemble, puis parlent des derniers chanteurs à la mode.

14 **Recopie ce texte. Souligne en bleu les verbes à l'imparfait et en rouge ceux conjugués à un autre temps. Entoure les terminaisons des verbes à l'imparfait.**

Je me suis couché tôt et j'ai rêvé que je parcourais une grande prairie où des chevaux galopaient. Je m'approchais de l'un d'eux et je lui glissais à l'oreille : « Je vais grimper sur ton dos. Tu verras, nous serons bons amis. » Puis, je montais sur lui et le cheval m'entraînait* haut dans le ciel. Tous deux, nous volions parmi les étoiles. Tout à coup, le rêve s'arrête, maman me secoue et me réveille. « Debout, rêveur ! dit-elle. Il est temps de se lever. »

EXERCICES D'ÉCRITURE

15 **Écris cinq phrases avec les verbes suivants, conjugués à l'imparfait ou au passé composé.**

naviguer – échouer – explorer – rencontrer – admirer

16 **Écris la suite de cette histoire au passé.**

Je marchais sur la plage chaque matin pendant des heures. Un jour, j'ai vu une femme seule au loin. Elle semblait perdue. Je me suis approché(e) d'elle et ...

17 **Invente une courte histoire au passé, à partir de ce tableau.**

Auguste Renoir, *Le Déjeuner des canotiers*, 1881.

Lexique

1 L'ordre alphabétique et la recherche dans le dictionnaire

Compétences : Connaître l'ordre alphabétique. Savoir chercher un mot dans un dictionnaire.

Découvrons et manipulons

a b c d e f g h i j k l m n o **p** q r s t u v w x y z

ping-pong

ping-pong (nom masculin)
Sport qui se joue sur une table avec une petite balle et des raquettes. *Kevin a envoyé la balle de* ***ping-pong*** *dans le filet.* (Syn. tennis de table.)
ORTHO On écrit aussi **pingpong**.

pingre (adjectif et nom)
Qui est d'une avarice sordide. *C'est un* ***pingre****, il est incapable de faire un cadeau.*

pin's (nom masculin)
Badge qui se fixe au moyen d'une pointe retenue par un embout. *Les* ***pin's*** *se portent souvent sur une veste.* **Pin's** est un mot anglais : on prononce [pins].

pinson (nom masculin)
Petit oiseau au chant mélodieux. • **Gai comme un pinson** : très gai.

un **pinson**

pintade (nom féminin)
Oiseau de basse-cour au plumage gris tacheté de blanc. *Dimanche, nous avons mangé de la* ***pintade*** *aux pruneaux.* **Pintade** vient d'un mot portugais qui signifie « oiseau peint » à cause des taches de son plumage.

pintadeau, eaux (nom masculin)
Jeune pintade.

pioche (nom féminin)
1. Outil formé d'un fer allongé et courbe, muni d'un manche et servant à creuser. *Les ouvriers creusent une tranchée à la* ***pioche***. 2. Tas de cartes ou de dominos non distribués et dans lequel on pioche.

piocher (verbe) ▸ conjug. n° 3
1. Creuser avec une pioche. *Pour creuser les fondations, il a fallu* ***piocher*** *dans la caillasse.* 2. Puiser dans un tas. *Pierre n'a pas eu de chance au scrabble, il* ***a pioché*** *un W, un X et un Q !*

piolet (nom masculin)
Courte pioche utilisée par les alpinistes.

pion (nom masculin)
Pièce que l'on déplace dans certains jeux. *Un jeu de dames avec des* ***pions*** *en os.* ■ **pion, pionne** (nom) Synonyme familier de surveillant. *La sœur de Laura est* ***pionne*** *dans un collège.*

pionnier, ère (nom)
1. Personne qui défriche et cultive des contrées inhabitées. *Le Far West a été conquis par les* ***pionniers***. 2. Personne qui explore une nouvelle voie. *Les frères Montgolfier ont été les* ***pionniers*** *de la navigation aérienne.*

pipe (nom féminin)
Ustensile servant à fumer. *Romain a rapporté de Bavière une* ***pipe*** *en porcelaine.*

pipeau, eaux (nom masculin)
Petite flûte à bec. *Thomas joue* À la claire fontaine *sur son* ***pipeau***.

une **pintade**

966

Dictionnaire Hachette Junior CE-CM 8-11ans,

1 **a)** Quel mot lis-tu tout en haut de cette page ?
b) Où retrouves-tu ce mot dans la page ? À ton avis, pourquoi ?
c) À ton avis, comment ce mot placé tout en haut de la page peut-il t'aider à te repérer dans un dictionnaire ?

2 Quelles sont les deux premières lettres communes à tous les mots de cette page ?

3 Observe les lettres qui suivent ces deux premières lettres des mots. Comment les mots sont-ils classés ?

4 Pourquoi le mot « pintade » est-il placé avant le mot « pioche » ?

5 MANIPULER Dans chaque liste, quel mot n'est pas à sa place, dans l'ordre alphabétique ?
- abricot – biberon – cerise – éventail – domino
- aviron – avis – aviser – avocat – avion – avoine
- largeur – larme – lasso – larve – lasagnes

6 MANIPULER Quelle est la place du mot en gras dans chaque liste ?
- **dorure** : dorloter – dormir – dorsal – dortoir
- **robinet** : rizière – robe – robot – robotique – robuste

Je retiens

→ Dans un dictionnaire, les mots sont rangés dans l'**ordre alphabétique**.
a – b – c – d – e – f – g – h – i – j – k – l – m – n – o – p – q – r – s – t – u – v – w – x – y – z

→ Pour chercher un mot dans le dictionnaire, il faut regarder les **lettres dans l'ordre**.
- Il faut d'abord regarder la **première lettre** de ce mot : agir – bateau – chien...
- Quand les mots d'une même page commencent par la même lettre, il faut regarder ensuite la **deuxième lettre**, puis la **troisième lettre**, etc. : dolmen – domaine – dôme.

→ Pour se repérer dans un dictionnaire, il y a des « **mots repères** » :
- **en haut de la page de gauche**, le mot repère indique le premier mot de la double page ;
- **en haut de la page de droite**, le mot repère indique le dernier mot de la double page.

Je m'entraîne

Connaître* l'ordre alphabétique

7 * **Recopie uniquement les listes qui sont dans l'ordre alphabétique.**

a. avion – blaireau – facile – caramel
b. bicyclette – bidon – bidule – bien
c. état – étape – étagère – étang
d. lardon – large – laser – laurier
e. cigale – cigare – cinéma – cinq

8 * **Recopie ces listes en rangeant les mots dans l'ordre alphabétique.**

a. pastille – cercle – lavande – force
b. valise – hélicoptère – vapeur – tour
c. dont – domicile – dormir – dopage
d. feu – fête – feutre – fétiche
e. russe – ruminer – rupture – ruse

9 ** **Recopie et complète avec deux mots qui viennent après le mot donné, dans l'ordre alphabétique.**

a. biche – ... – ...
b. sardine – ... – ...
c. roman – ... – ...
d. abreuvoir – ... – ...
e. terminer – ... – ...
f. crustacé – ... – ...
g. figue – ... – ...
h. origine – ... – ...
i. girafe – ... – ...
j. changer – ... – ...

10 *** **Recopie et place le mot en gras avant, entre ou après les deux mots donnés, dans l'ordre alphabétique.**

a. **cinéma** : cascade / concombre
b. **peluche** : pull / punaise
c. **savoir** : sauver / saveur
d. **piano** : picorer / pièce
e. **train** : tragique / trait

Savoir chercher un mot dans un dictionnaire

11 * **Pour chaque mot, recopie les deux mots repères entre lesquels il se trouve dans le dictionnaire.**

a. **louve** : (loupe – lucidité) – (louer – loup)
b. **cendre** : (centimètre – cerf-volant) – (celle – centime)
c. **valet** : (vaillance – vampire) – (van – varappe)
d. **mou** : (motard – mouette) – (moufle – mousseux)
e. **slalom** : (singer – sketch) – (ski – sobre)

12 ** **Relève le mot qui ne se trouve pas entre les deux mots repères en couleur.**

a. carrosse – cartouche – cavalerie (carquois / casque)
b. filer – fillette – fiacre – fils (figuré / finesse)
c. jalousie – jardin – juger – jaune (jaguar / jaunir)
d. passer – paume – pays – péage (patrouille / pécari)
e. guirlande – gymnase – habile – hameçon (guillotine / habitude)

13 *** **Cherche, dans ton dictionnaire, entre quels mots repères se trouvent ces mots.**

gorille : gonfleur / gourmet
a. murmure : ... / ...
b. continent : ... / ...
c. gaufre : ... / ...
d. roquefort : ... / ...
e. trompe : ... / ...

J'écris – Je m'exprime

14 * ORAL **Qu'aimes-tu regarder lorsque tu ouvres un dictionnaire : les illustrations, la définition de mots que tu ne connais pas, les expressions... ?**

15 ** **Range ces mots dans l'ordre alphabétique. Puis, écris une phrase amusante en utilisant ces mots rangés dans l'ordre.**

a. loup – père – agneau – boulanger – dévorer
b. vitrine – lacet – rouge – peindre – chaussure
c. chanter – bateau – matelot – mer – vague

À toi de jouer

Tu as décidé de visiter cinq villes françaises dans l'ordre alphabétique.

Prends une carte de France et trace ton parcours dessus !

Autodictée

Dans mon dictionnaire, les mots sont rangés dans l'ordre alphabétique. Je trouve l'atterrissage avant le décollage, digérer avant manger et même la vie après la mort.

2 L'article de dictionnaire

Compétences : Lire et comprendre un article de dictionnaire.

Découvrons et manipulons

> **parfum** (nom masculin)
> **1.** Odeur agréable qui se dégage de quelque chose. *Le **parfum** des roses embaumait la pièce.* **2.** Liquide odorant que l'on utilise pour sentir bon. *Pierre a offert un flacon de **parfum** à sa mère.* **3.** Goût agréable de certains aliments. *Je voudrais une glace à la vanille, c'est mon **parfum** préféré.* Famille du mot : parfum**é**, parfum**er**, parfum**erie**.

Dictionnaire Hachette Junior CE-CM 8-11ans, © Hachette Livre, 2016.

1 Quels renseignements sur le mot « parfum » sont donnés entre parenthèses au début de l'article du dictionnaire ?

2 a) Combien de sens différents ce mot a-t-il ?
b) Quelle définition convient au mot « parfum » dans cette phrase ?
Pour son rendez-vous, elle a mis du parfum.

3 À quoi servent les phrases en italique après chaque définition ?

4 Quel renseignement est donné à la fin de l'article ?

MANIPULER
5 Quelle définition convient au mot « orange » dans cette phrase ?
Le conducteur imprudent a accéléré en voyant le feu orange.
- Fruit comestible de l'oranger.
- De la couleur de l'orange, jaune mêlé de rouge.

MANIPULER
6 Quel exemple convient à la définition du mot « air » dans cette phrase ?
Gaz que nous respirons et qui constitue l'atmosphère.
- L'air pénètre dans le corps par le nez et la bouche.
- Romain a pris un air étonné quand je lui ai annoncé la nouvelle.

Je retiens

→ Dans le **dictionnaire**, chaque mot est expliqué et détaillé.
- Sa **classe grammaticale** est donnée en premier entre parenthèses.
- Pour le nom, on précise aussi son **genre** (masculin ou féminin).
  parfum (nom masculin)

→ Dans le dictionnaire, les **noms** sont écrits au **singulier**, les **verbes** à l'**infinitif** et les **adjectifs** au **masculin singulier**.

→ Le dictionnaire donne la **définition** des mots. C'est l'**explication du sens** d'un mot.
parfum : 1/ Odeur agréable qui se dégage de quelque chose.
Un seul mot peut avoir **plusieurs sens** donc plusieurs définitions.

→ Un **exemple** accompagne chaque définition. Il précise le sens particulier du mot.
Le parfum des roses embaumait la pièce.

→ Parfois, des renseignements complémentaires sont donnés comme : des **mots de la même famille**, un **synonyme** ou un **contraire**.

→ Le dictionnaire utilise parfois des **abréviations** pour donner toutes ces informations.
v. (verbe) – n. (nom) – f. ou fém. (féminin) – m. ou masc. (masculin) – adj. (adjectif)
syn. (synonyme) – cont. (contraire) – fam. (familier) – p. (page) – pl. (pluriel)

Je m'entraîne

Connaître* les abréviations pour identifier la classe grammaticale d'un mot

7 * **À l'aide du dictionnaire, écris la classe grammaticale et le genre (si c'est un nom) des mots suivants.**

a. heure : (...)
b. pays : (...)
c. agréable : (...)
d. embaumer : (...)
e. étrange : (...)
f. arriver : (...)
g. tranquille : (...)
h. vanille : (...)
i. nez : (...)
j. sentir : (...)

8 ** **Écris en toutes lettres ces abréviations.**

a. v. : ...
b. adj. : ...
c. f. ou fém. : ...
d. syn. : ...
e. fam. : ...
f. n. : ...
g. pl. : ...
h. m. ou masc. : ...
i. cont. : ...
j. p. : ...

9 *** **À l'aide du dictionnaire, écris l'abréviation de la classe grammaticale des mots soulignés.**

Pour bien <u>connaître</u> (...) les oranges, il faut les <u>avoir</u> (...) vues chez elles, aux <u>îles</u> (...) Baléares, en Sardaigne, en Corse, en Algérie, dans l'<u>air</u> (...) bleu doré, l'atmosphère <u>tiède</u> (...) de la Méditerranée. Je me <u>rappelle</u> (...) un <u>petit</u> (...) bois d'orangers, aux <u>portes</u> (...) de Blidah ; c'est là qu'elles étaient <u>belles</u> (...) !

Alphonse Daudet, *Les Oranges*, in *Lettres de mon moulin*, 1869.

Lire et comprendre un article de dictionnaire

10 * **Recopie chaque mot avec la définition qui lui correspond.**

dindon – aventure – grue – planche – campagne

a. Événement* extraordinaire ou imprévu, vécu par quelqu'un.
b. Étendue de terre couverte de champs, de bois ou de prés.
c. Grosse volaille dont la tête et le cou sont rouge et violet.
d. Grand oiseau à longues pattes.
e. Longue pièce de bois plate et peu épaisse.

11 ** **Recopie ces mots et cherche dans ton dictionnaire l'exemple proposé pour préciser leur sens.**

a. guimauve : ...
b. cloporte : ...
c. sofa : ...
d. cachette : ...

12 *** **Recopie uniquement les phrases dont la définition entre parenthèses correspond bien au sens du mot souligné.**

a. Ce garçon est un véritable <u>poison</u>.
(personne très désagréable)
b. Il sort et <u>ferme</u> la porte.
(maison et terres d'un agriculteur)
c. Papa parle toujours de la <u>montée</u> des prix.
(route qui va vers le haut)
d. Ce <u>clou</u> est rouillé.
(petite tige métallique pointue)
e. Rodin est un <u>grand</u> sculpteur français.
(qui est de haute taille)

J'écris – Je m'exprime

ORAL

13 * **Donne tous les sens que tu connais du mot « face ». Invente une phrase d'exemple pour chaque définition.**

14 ** **Écris la définition de ces mots, puis donne un exemple pour en préciser le sens. Vérifie dans ton dictionnaire.**

a. miel (nom masculin)
Définition : ...
Exemple : ...

b. léger (adjectif)
Définition : ...
Exemple : ...

À toi de jouer

Trouve les mots et remplis cette grille.

1. S'élever au-dessus du sol et retomber.
2. Récipient utilisé pour mettre des fleurs.
3. Grande demeure où vit le roi.
4. Étoile ou planète.
5. Bandit qui attaque les navires.

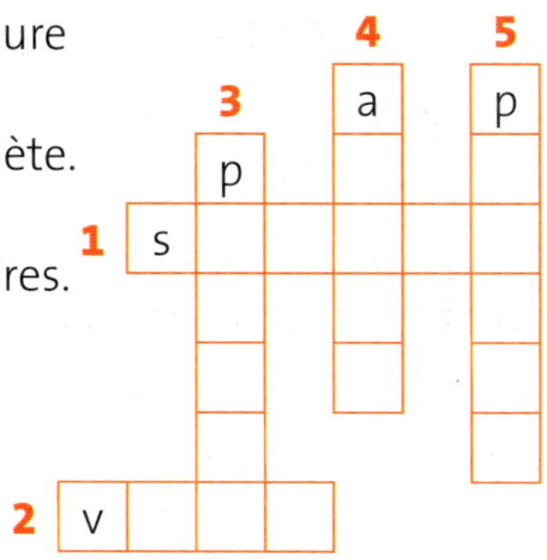

3 Les synonymes

Compétences : Identifier et utiliser les mots synonymes.

Découvrons et manipulons

Éléna regarde par le trou de la serrure. Mais elle ne voit rien.
Rien qui corresponde aux bruits qu'elle entend depuis le couloir. Des bruits effrayants de trucs qui se cassent, de choses qui se déchirent, de bidules qui se brisent.
Comme si son grand frère était devenu fou et qu'il projetait ses jouets contre les murs, tordait ses livres, marchait sur sa lampe de chevet.
Même en fermant un œil, Éléna ne devine qu'un bout de fenêtre ouverte. Rien de plus.
À croire que son frère se cache sur le côté.
Au début, elle a pensé qu'Igor avait une crise de nerfs. Ça lui arrive de temps en temps.
La dernière fois, c'était au supermarché quand sa mère ne voulait pas lui acheter les nouvelles céréales de la télé. [...]
Alors que là, Igor ne dit pas un mot. Il fracasse sans crier.

Gilles Abier, *Une graine en cadeau*, © Éditions Actes Sud, 2010.

1 Lis le texte et observe les mots en rouge.
a) Cherche dans ton dictionnaire leur définition.
b) Que remarques-tu ?
c) À quelle classe grammaticale appartiennent-ils ?

2 Observe les mots en bleu.
a) Cherche dans ton dictionnaire leur définition.
b) Que remarques-tu ?
c) À quelle classe grammaticale appartiennent-ils ?

MANIPULER
3 Associe deux par deux les mots qui ont le même sens.
une glace – content – drôle – adorer – un miroir – aimer – heureux – amusant

MANIPULER
4 Quel mot n'est pas un synonyme du mot donné ?
- **davantage** : plus – encore – moins
- **le visage** : la figure – la face – l'entrée
- **facile** : simple – compliqué – aisé
- **construire** : écrouler – bâtir – édifier

Je retiens

→ Les **mots synonymes** sont des mots qui ont un **sens proche ou identique**.
se casser – se briser   crier – hurler

→ Dans un texte, on utilise les mots synonymes pour éviter les **répétitions**.
Des **trucs** qui se cassent, des **choses** qui se déchirent, des **bidules** qui se brisent.

→ Le synonyme d'un mot est toujours un mot de la **même classe grammaticale**.
- des **noms** : un truc → un bidule
- des **verbes** : casser → briser
- des **adjectifs** : drôle → amusant
- des **mots invariables** : après → ensuite

Je m'entraîne

Identifier les synonymes

5 * Associe et recopie les noms synonymes.
un individu – une blague – un visage – une bêtise – une sottise – une figure – une compétition – un cadeau – un concours – une farce – un présent – une personne

6 * Associe et recopie les adjectifs synonymes.
ravi – ventru – joli – immense – délicieux – facile – robuste – enchanté – bedonnant – simple – solide – exquis – énorme – beau

7 ** Recopie ces listes et complète-les avec les synonymes proposés.
mince – un appareil – gravir – gentil – un vacarme
a. un bruit – un son – un tintamarre – ...
b. monter – escalader – grimper – ...
c. maigre – fin – fluet – ...
d. agréable – charmant – aimable – ...
e. une machine – un engin – un instrument – ...

8 ** Recopie l'intrus de chaque liste.
a. peureux – poltron – costaud – craintif
b. dessiner – applaudir – crayonner – gribouiller
c. amusant – comique – drôle – disponible
d. une forêt – une maison – une habitation – une demeure

9 ** Recopie ces phrases et entoure les mots synonymes.
a. J'ai beaucoup de chance d'avoir plein d'amis.
b. Éric fabrique des meubles et Anne confectionne des paniers.
c. Le loup n'est ni cruel ni méchant.
d. Je garde mon vieux sac et mes anciens stylos.
e. Ce vélo est tout terrain, la bicyclette est de ville.

Utiliser les synonymes

10 ** Recopie ces phrases et remplace chaque mot souligné par un synonyme.
C'est un film comique. → C'est un film drôle.
a. Tous ses vêtements sont sales.
b. Elle lance du pain aux canards.
c. Il est assez costaud pour porter cette valise.
d. Il est toujours en train de papoter.
e. C'est trop simple pour lui.

11 ** Recopie ces phrases en remplaçant les mots soulignés par des synonymes, pour éviter les répétitions.
a. Denis habite dans ce village et il habite dans cette maison.
b. Il est heureux de nous voir et il est heureux de partager son repas avec nous.
c. Il faut enlever ta veste et enlever ton pull pour avoir moins chaud.
d. Il prend un jus d'orange et il prend aussi un croissant.
e. Ce repas était bon et ce dessert était bon.

J'écris – Je m'exprime

ORAL
12 * « Comme si son grand frère était devenu fou ... » Es-tu nerveux (euse), colérique, agité(e) ? Dis comment tu réagis quand tu es énervé(e).

13 ** Trouve un mot synonyme au mot donné, puis écris une phrase avec.
a. donner : ...
b. un gamin : ...
c. courageux : ...
d. autrefois : ...

À toi de jouer

Remets ces syllabes dans l'ordre pour trouver les trois noms de ce personnage.
VO – BAN – BRI – LEUR – DIT – GAND

Autodictée

Maman dit que je mange trop de confiseries et de friandises. Elle exagère : ce ne sont que des bonbons et des sucreries.

4 Les antonymes

Compétences : Identifier et utiliser les mots antonymes.

Découvrons et manipulons

Il était une fois une paire de chaussures qui étaient mariées ensemble. La chaussure droite, qui était le monsieur, s'appelait Nicolas, et la chaussure gauche, qui était la dame, s'appelait Tina.
Elles habitaient une belle boîte en carton où elles étaient roulées dans du papier de soie. Elles s'y trouvaient parfaitement heureuses, et elles espéraient que ça durerait toujours.
Mais voilà qu'un beau matin une vendeuse les sortit de la boîte afin de les faire essayer à une dame.
La dame les mit, fit quelques pas avec, puis voyant qu'elles lui allaient bien, elle dit :
– Je les achète.
– Faut-il vous les envelopper ? demanda la vendeuse.
– Inutile, dit la dame, je rentre avec.
Elle paya et sortit, avec ses chaussures neuves aux pieds.
C'est ainsi que Nicolas et Tina marchèrent toute une journée sans se voir l'un l'autre.

Pierre Gripari, *La Paire de chaussures*, in *Contes de la rue Broca*,

1 Lis ce texte et observe les mots en rouge.
a) Que remarques-tu ?
b) À quelle classe grammaticale appartiennent-ils ?

2 a) Quel est le contraire du mot en bleu ?
b) À quelle classe grammaticale appartiennent-ils ?

3 a) Quel est le contraire du mot en vert ?
b) À quelle classe grammaticale appartiennent-ils ?

4 a) Quel est le contraire du mot souligné ?
b) À quelle classe grammaticale appartiennent-ils ?

MANIPULER
5 Associe les mots de sens contraire.
jamais – bon – partir – le soir – derrière – arriver – triste – devant – le matin – toujours – gai – mauvais

MANIPULER
6 Relève l'intrus dans chaque liste.
- ignorer – savoir – oublier – omettre
- costaud – faible – fragile – délicat
- la bravoure – l'audace – la peur – la témérité
- avec – dans – sans – parmi

Je retiens

→ Les mots qui ont un **sens contraire** sont des **antonymes**.
gauche – droite   une dame – un monsieur   fort – faible

→ Les mots de sens contraire sont toujours de la **même classe grammaticale**.
- des **noms** : le début → la fin
- des **verbes** : vendre → acheter
- des **adjectifs** : neuve → ancienne
- des **mots invariables** : toujours → jamais

Je m'entraîne

Identifier les antonymes

7 * Associe les mots de sens contraire.

optimiste •	• avancer
rire •	• l'intérieur
reculer •	• pleurer
l'extérieur •	• pessimiste
pour •	• interdire
autoriser •	• contre

8 * Recopie le verbe donné et son contraire.

a. monter : construire – démonter
b. endormir : réveiller – coucher
c. réussir : échouer – gagner
d. nettoyer : laver – salir
e. finir : terminer – commencer

9 ⁑ Associe et recopie les mots invariables contraires.

sous – avant – sur – beaucoup – devant – plus – tard – derrière – près – toujours – peu – jamais – après – moins – loin – tôt

Utiliser les antonymes

10 * Recopie ces phrases et remplace chaque mot souligné par son contraire.

a. Mon père conduit trop vite : c'est dangereux.
b. Il faut éteindre le radiateur car il fait très chaud.
c. Ces élèves sont très agités.
d. C'est une pièce de théâtre dynamique.
e. Il a des mains minuscules.

11 ⁑ Écris le contraire de chaque nom.

a. la vieillesse / ...
b. le mâle / ...
c. le premier / ...
d. un cauchemar / ...
e. la richesse / ...
f. un homme / ...
g. un ennemi / ...
h. la nuit / ...
i. un géant / ...
j. le soir / ...

12 ⁑ Ajoute une syllabe pour écrire le contraire de chaque mot.

in – dés – mal – im – dé – mé

a. ...adroit
b. ...juste
c. ...poli
d. ...coller
e. ...boucher
f. ...visible
g. ...obéir
h. ...pardonnable
i. ...content
j. ...habiller

J'écris – Je m'exprime

13 ⁑ Écris le contraire des mots en gras pour retrouver le vrai titre de ces contes.

a. La **Vilaine** au bois dormant
b. Le **Grand** Chaperon rouge
c. Le **Mignon** Petit Canard
d. Le **Roi** des neiges
e. Blanche-Neige et les Sept **Géants**

ORAL

14 ⁑ Invente une phrase en utilisant tous les mots. Puis, donne le contraire de chacun et invente une nouvelle phrase.

- avancer
- ouverte
- le jour
- souvent

À toi de jouer

Retrouve dans la grille le contraire de ces mots.

vide – grande – sortir – faible – cuit

a	r	i	p	o	t	e
o	p	l	e	i	n	a
f	o	r	t	u	v	e
d	e	v	i	s	a	c
b	e	n	t	r	e	r
v	i	r	e	c	l	u

Autodictée

Tu pleures quand je ris, tu sors quand je rentre, tu montes quand je descends, tu dors quand je suis réveillé.

5 Les mots étiquettes

Compétences : Identifier les mots étiquettes. Identifier les mots spécifiques d'un mot étiquette.

Découvrons et manipulons

C'est bien d'acheter des bonbons chez la boulangère. [...] De loin, on aperçoit les bocaux magiques, les rouleaux de réglisse avec une pastille en sucre glacé blanc ou rose au milieu, les roudoudous et la petite coquille qu'on imagine déjà, un peu rêche sur les lèvres, les fraises de guimauve aplaties et les chewing-gums gagnants. Doucement on avance, et puis voilà « c'est à toi » dit la boulangère.

Philippe Delerme, *C'est bien*,
© Milan Poche Junior, 2007.

1 Lis ce texte.

a) Sous quel mot, utilisé dans la première phrase, peux-tu regrouper tous les mots en rouge ?

b) Ce mot a-t-il un sens particulier ou général ?

c) Donne d'autres mots que tu pourrais regrouper sous ce mot.

MANIPULER

2 Sous quel mot étiquette peux-tu regrouper les mots de chaque liste ?

- la pomme – la poire – la fraise – la pêche – la banane
- la vipère – le boa – la couleuvre – le python – le cobra
- le pull – la chemise – le pantalon – le manteau

MANIPULER

3 Donne deux mots spécifiques que tu peux regrouper sous les mots étiquettes suivants.

- des océans : ...
- des véhicules : ...
- des planètes : ...

MANIPULER

4 Quel est l'intrus de chaque liste ?

- **des métiers :** le promeneur – le chauffeur – le plombier – le maçon
- **des outils :** le tournevis – le marteau – la table – la pince
- **des sports :** le judo – le repassage – le tennis – le basket-ball*

Je retiens

→ Pour regrouper des mots d'une même catégorie, on utilise un **mot étiquette**.
Le mot étiquette **bonbon** regroupe les mots : rouleaux de réglisse, roudoudous, fraises de guimauve...

→ Un mot étiquette représente des objets, des animaux, des personnes ...
Il a un **sens général**.

→ Les mots qui sont regroupés sous un même mot étiquette sont des **mots spécifiques**.
Les mots spécifiques pull, chemise, pantalon... sont regroupés sous le mot étiquette **vêtements**.

Je m'entraîne

Identifier les mots étiquettes et les mots spécifiques

5 * **Recopie et associe chaque mot étiquette à la liste qui convient.**

des pièces – des arbres – des bateaux – des bonbons – des pays

a. le sucre d'orge – la sucette – le nougat : ...
b. le peuplier – le chêne – le marronnier : ...
c. le voilier – le paquebot – la péniche : ...
d. l'Italie – la France – le Maroc – le Portugal : ...
e. la cuisine – la chambre – la salle de bains : ...

6 * **Dans chaque liste, recopie le mot spécifique qui ne correspond pas au mot étiquette en gras.**

a. des bijoux : une bague – un collier – un peigne – un bracelet
b. des poissons : une daurade – un saumon – un vautour – un merlan
c. des animaux : le lièvre – le cactus – le jaguar – le cheval
d. des mois : janvier – mars – Neptune – mai

7 * **Recopie le nom étiquette qui correspond à chaque liste.**

a. un marteau – une scie – une pince – un tournevis
→ **des outils / des couverts**
b. une vipère – une couleuvre – un boa – un python
→ **des rapaces / des serpents**
c. une veste – un pantalon – une chemise – un pull
→ **des meubles / des vêtements**
d. un carré – un rectangle – un cercle – un losange
→ **des nombres / des figures**
e. le rugby – le tennis – la natation – la boxe
→ **des sports / des organes**

8 ** **Lis ce texte, puis recopie les noms spécifiques qui correspondent à ces deux noms étiquettes.**

- **des commerces :** ...
- **des véhicules :** ...

Dans la rue principale de mon village, il y a un fleuriste et une épicerie, avec un parking pour les voitures. On trouve aussi une pharmacie, en face de l'arrêt de bus. J'attache mon vélo à côté des motos pour entrer dans la boulangerie. Mon frère circule en trottinette. Il ne la quitte jamais, même pour aller chez le coiffeur.

9 ** **Reproduis ce tableau et complète-le.**

Des fleuves	Des ...	Des ...	Des jeux
la Seine	une carotte	...	...
...	...	...	les échecs
la Loire	...	une rose	...
...	un radis	...	...

Utiliser les mots étiquettes et les mots spécifiques

10 * **Recopie et complète ces phrases avec un mot étiquette.**

Le chat et le chien sont des **animaux domestiques**.

a. Un boucher et un fleuriste sont des ... .
b. Londres, Paris et Madrid sont des ... .
c. La voiture, le train et l'avion sont des ... .
d. La tristesse et la peur sont des ... .

11 ** **Recopie ces phrases et remplace chaque mot étiquette souligné par deux mots spécifiques.**

<u>Les enfants</u> vont à l'école.
→ <u>Pauline et Pedro</u> vont à l'école.

a. Je range <u>les outils de jardin</u>. → ...
b. <u>Ces jouets</u> sont à ma petite sœur. → ...
c. Je vais acheter de <u>la vaisselle</u>. → ...
d. Il m'a offert <u>des fleurs</u>. → ...
e. J'ai changé de place <u>les meubles du salon</u>. → ...

J'écris – Je m'exprime

12 * **Écris un court texte pour présenter les artistes (mot étiquette) d'un spectacle de cirque.**

13 ** ORAL **À part les bonbons, que peux-tu acheter chez le (la) boulanger(ère) ? Utilise des mots étiquettes et des mots spécifiques.**

À toi de jouer

Voici une liste de course. Liste les commerçants chez qui tu vas te rendre.

Un pain, deux croissants, une escalope, deux saucisses, le journal, un bouquet de tulipes.

Autodictée

Jeudi est un jour de la semaine, décembre est un mois de l'année, l'après-midi est un moment de la journée.

6 Les familles de mots

Compétences : Reconnaître* et construire une famille de mots.

Découvrons et manipulons

Olaf et ses compagnons naviguent sur […] de longs bateaux rapides. Les Vikings sont d'excellents navigateurs. Sans cartes, ils se repèrent grâce aux vents, aux courants, ou encore aux étoiles.
Quand la mer se déchaîne, Olaf ordonne de replier la voile et de sortir les rames. Assis sur les coffres qui contiennent leurs affaires, les Vikings rament en cadence. Olaf prie les dieux Thor et Odin de les aider.

Texte de Charlotte Villez et illustration de Vincent Caut, *Toboggan* n° 433, décembre 2016, © Milan Presse.

1 Lis le texte et observe les mots en rouge.
a) Qu'ont-ils en commun ?
b) À quelles classes grammaticales appartiennent-ils ?
c) À ton avis, pourquoi peut-on dire que ces mots appartiennent à la même famille ?

2 Observe les mots en bleu.
a) Qu'ont-ils en commun ?
b) À quelles classes grammaticales appartiennent-ils ?
c) Quel est le sens de chacun ?

3 Trouve un autre mot de la même famille que le mot souligné.

MANIPULER
4 Quelle est la partie commune de ces mots de la même famille ?
- le soleil – solaire – ensoleillement
- les chaussons – les chaussures – déchausser
- le lait – le laitage – l'allaitement
- le mur – la muraille – le muret
- la grandeur – agrandir – grande
- coller – le collage – le décollement

MANIPULER
5 Quel est l'intrus dans chaque famille de mots ?
- le courage – encourager – écourter – courageux
- la terre – terrible – le terrain – le territoire
- la chasse – chasser – le chausson – le chasseur
- le saut – sauter – le sautillement – sauvage

Je retiens

→ Tous les mots qui sont formés à partir d'un **même radical** appartiennent à la même **famille de mots**.
naviguer – un navigateur

→ Ces mots peuvent appartenir à des **classes grammaticales différentes**.
une rame (nom) – ramer (verbe)

→ Dans une famille de mots, tous les mots se rapportent à une **même idée**.
un chevalier – un cheval – la chevalerie

→ Le **dictionnaire** indique souvent la famille du mot que l'on cherche.
Voile → Famille du mot : voilier, voilure.

Je m'entraîne

Reconnaître* une famille de mots

6 Recopie ces familles de mots. Souligne le radical commun à chaque mot.

a. un voile – une voilure – un voilier
b. naviguer – un navigateur – la navigation
c. ranger – un rang – un rangement
d. ramer – un rameur – une rame
e. un patin – le patinage – une patinoire

7 Associe le nom et l'adjectif de la même famille.

la gentillesse •	• riche
la rapidité •	• laid
la richesse •	• lourd
la laideur •	• rapide
la lourdeur •	• gentil

8 Recopie et range ces mots en quatre familles.

un dentiste – un poissonnier – une nageoire – un marchand – une dent – une poissonnerie – une marchandise – nager – un marchandage – un nageur – un poisson – une dentition

Construire une famille de mots

9 Aide-toi de la lettre finale de chaque mot pour écrire un mot de la même famille.

a. tricot : ...
b. chaud : ...
c. camp : ...
d. regard : ...
e. sport : ...
f. climat : ...
g. outil : ...
h. retard : ...
i. gratuit : ...
j. long : ...

10 Écris un verbe de la même famille que le nom proposé.

a. un départ : ...
b. une laverie : ...
c. un patineur : ...
d. un terrain : ...
e. un plongeoir : ...
f. une permission : ...
g. un habitant : ...
h. un produit : ...
i. un déguisement : ...
j. un apprenti : ...

11 Trouve et écris deux mots de la même famille que le mot proposé.

a. un éventail : ... – ...
b. un producteur : ... – ...
c. livrer : ... – ...
d. percevoir : ... – ...
e. la neige : ... – ...

12 Reproduis et complète ce tableau avec des mots de la même famille.

Un nom	Un adjectif	Un verbe
le courage	...	...
...	inventif	...
...	...	laver
la salissure	...	...

13 Recopie et complète chaque texte avec les mots de la même famille entre parenthèses.

a. (jardinier – jardinage – jardinerie)
Nous avons acheté beaucoup de plantes à la ... . Ma mère adore le ..., mais mon père n'est pas un bon ... .

b. (vue – visible – voit – voyant)
Depuis notre balcon, on ... le mont Blanc. Un troupeau de vaches est ... sur la colline d'en face. D'ici, la ... est splendide. On s'émerveille toujours en ... ce paysage.

c. (dénombrer – nombre – nombreux)
Je ne connais pas le ... d'espèces d'insectes vivant sur la Terre. Les scientifiques disent qu'ils sont ... . Cela semble impossible de pouvoir les ... .

J'écris – Je m'exprime

14 Comme dans l'exercice 13, écris trois textes avec tous les mots de chaque famille donnés.

a. la chasse – le chasseur – chasser
b. un vol – une volière – voler
c. un portable – emporter – insupportable

ORAL
15 Les Vikings arrivent sur une terre inconnue... Imagine la suite de l'histoire !

À toi de jouer

Associe chaque dessin à la famille de mots qui lui correspond.

• chausser – déchausser – ...
• servir – un service – ...
• le tableau – la tablette – ...

a. 
b. 
c. 

7 Les niveaux de langue

Compétences : Reconnaître* et utiliser les différents niveaux de langue.

Découvrons et manipulons

Gurty est une petite chienne qui raconte ses vacances dans son journal intime.

Le 24 juillet – Saint Blacky :

Aujourd'hui, notre voiture a décidé d'aller faire un tour à la mer et ça tombait bien parce qu'on était dedans.

J'adore la mer mais dommage que ça mouille. Surtout les vagues.

Quand j'étais petite, elles me faisaient peur les vagues. Mais, maintenant, laissez-moi rire ! Elles ont beau cracher de la mousse, ces froussardes finissent toujours par se ratatiner* sur la plage avant de faire marche arrière comme de vraies poules mouillées !

J'aime aussi la plage mais dommage qu'elle soit pleine de sable. Quand mes pattes ramènent un peu de sable à la maison, on me crie que c'est sale et qu'il va falloir passer le balai, alors que sur la plage il y a du sable partout mais bizarrement ça ne dérange personne.

Bertrand Santini, *Le Journal de Gurty, Vacances en Provence*, © Éditions Sarbacane, 2015.

* se ratatiner : se réduire jusqu'à devenir tout petit.

1 Observe les expressions en rouge.
a) À quoi font-elles référence ?
b) Que veulent-elles dire ?
c) À ton avis, utilise-t-on ces expressions plutôt à l'oral ou à l'écrit ?

2 Le dictionnaire indique que « froussard » est un synonyme familier de « peureux ». À ton avis, que veut dire « familier » ?

3 « Ces froussardes finissent toujours par se ratatiner sur la plage. » : trouve une manière moins familière, plus courante, de dire la même chose.

MANIPULER

4 Pour chaque phrase, dis quel est le niveau de langue : familier, courant, soutenu.

a) • Mon maître* m'a donné un os.
• Mon maître* m'a filé un os.
• Mon maître* m'a fait un délicieux présent.

b) • Le sable m'agace.
• Le sable m'exaspère.
• Le sable ça me soûle*.

c) • Cette activité professionnelle me permet de m'épanouir.
• Ce travail me rend très heureux.
• Ce job me plaît* vachement.

Je retiens

→ Quand on s'exprime, on n'utilise pas les mêmes mots selon que l'on est à l'**oral** ou à l'**écrit**, et selon la **personne** à qui l'on s'adresse.

- Avec des amis, des frères et des sœurs, on utilise un **langage familier** (tutoiement et exclusivement à l'oral).
  Ces froussardes finissent toujours par se ratatiner sur la plage.
- Avec des parents ou un adulte que l'on connaît*, on utilise un **langage courant** (à l'oral et à l'écrit).
  Ces peureuses finissent toujours par se briser sur la plage.
- Avec un(e) professeur(e) ou un adulte que l'on ne connaît* pas, on utilise un **langage soutenu**. On choisit ses mots et on adapte sa façon de parler (vouvoiement et surtout à l'écrit).
  Les vagues, qui jadis me faisaient peur, terminent toujours leur existence sur la plage.

Je m'entraîne

Reconnaître* et utiliser les différents niveaux de langue

5 * **Associe deux par deux les phrases en langage familier et courant qui ont le même sens.**

a. Dommage que l'eau ça mouille.
b. Les vagues sont des poules mouillées.
c. Le sable, ça colle au poil.

1. Le sable reste collé à mon pelage.
2. Je suis agacé de sortir de la mer mouillé.
3. Il me semble que les vagues ont peur.

6 * **Associe les mots qui veulent dire la même chose.**

un travail •	• un frangin
un livre •	• un gosse
un frère •	• un pote
un enfant •	• un bouquin
un ami •	• un boulot

7 * **Recopie uniquement l'expression en langage courant.**

a. On m'a piqué ma bagnole. / On m'a volé ma voiture.
b. Ce n'est pas drôle. / Ce n'est pas rigolo.
c. Ils se sont perdus. / Ils se sont égarés.
d. J'ai loupé mon bus. / J'ai raté mon bus.

8 ** **Réécris ces phrases en langage courant.**

a. Il a eu l'obligeance de me raccompagner en automobile.
b. Nous sommes submergés par un abondant courrier.
c. Mes aïeux ont résidé dans cette demeure durant un siècle.
d. Me donnez-vous l'autorisation de me retirer à la fin de mon repas ?

9 ** **Recopie et indique le niveau de langue employé dans chaque phrase : familier, courant, soutenu.**

a. On a subtilisé le stylo de mon voisin.
b. Il nous a raconté des salades.
c. Il faut que j'arrive à l'heure.
d. Il me manque une pièce essentielle pour clore ce dossier.
e. On a eu drôlement la trouille de l'orage.

10 ** **Reproduis et complète ce tableau.**

Langage courant	Langage familier	Langage soutenu
s'habiller ↔	… ↔	…
… ↔	une baraque ↔	…
… ↔	… ↔	dérober
peureux ↔	… ↔	…
… ↔	… ↔	un ouvrage

J'écris – Je m'exprime

11 ORAL * **À quel niveau de langue ces phrases appartiennent-elles ? Explique quand et avec qui tu pourrais les prononcer.**

a. Papy et mamie sont trop cools, ils m'ont filé 10 euros.
b. Puis-je avoir l'autorisation de me retirer dans ma chambre ?
c. J'aimerais faire du tennis l'an prochain.

12 ** **Écris trois phrases avec les indications suivantes :**

a. une phrase en **langage courant** en choisissant le verbe qui convient : filer – donner – remettre
b. une phrase en **langage familier** en choisissant le verbe qui convient : s'amuser – rire – se bidonner
c. une phrase en **langage soutenu** en choisissant le verbe qui convient : bouffer – déguster – manger

À toi de jouer

Reformule cette vignette en langage courant.

Le Petit Léonard n° 15, oct-nov-déc. 2016, Milan Presse, © Turk et De Groot – Éditions du Lombard, 2016.

8 Les champs lexicaux

Compétences : Identifier le champ lexical d'une série de mots. Écrire les mots d'un champ lexical.

Découvrons et manipulons

L'avant-veille de Noël

Chaque année, le 23 décembre, presque tous les habitants de la petite ville de Valleby font la même chose : ils sortent savourer un délicieux repas de Noël à l'Hôtel des voyageurs. Des boulettes de viande, du jambon, du hareng et de la purée, le tout présenté sur de grands plats dans la salle à manger. Regardez, voilà Roland Svensson. C'est le curé de l'église, mais aujourd'hui, comme beaucoup de gens, il ne travaille pas. Il ôte son manteau, son écharpe et son chapeau et les tend par-dessus le comptoir à la personne qui s'occupe du vestiaire.

– Joyeux Noël, monsieur Svensson !

Martin Widmark, Helena Willis, *Léo & Maya détectives*, vol. 9 : *Mystère à l'hôtel*, © Pocket Jeunesse, un département d'Univers Poche, 2018.

1 Observe la phrase en bleu.

a) Quels mots font partie du champ lexical du « repas » ?

b) Trouve trois autres mots qui appartiennent à ce champ lexical.

2 Observe la phrase en rouge.

a) Quels mots font partie du champ lexical des « vêtements » ?

b) Trouve trois autres mots qui appartiennent à ce champ lexical.

MANIPULER

3 À quels champs lexicaux appartiennent ces mots ?

- sable – marée – nager – venteux – coquillage
- clavier – numérique – souris – écran – imprimer
- moustique – bourdonner – voler – nuisible

MANIPULER

4 Complète chaque liste avec un des mots donnés.

la natation – la jungle – un cortège

- **la piscine** : le maillot – nager – un vestiaire – ...
- **les animaux** : sauvage – élever – le vétérinaire – ...
- **le carnaval** : défiler – un masque – coloré – ...

MANIPULER

5 Quel mot n'appartient pas à chaque champ lexical donné ?

- **le sport** : la boxe – déménager – athlétique – un stade – une course
- **le livre** : littéraire – une page – écrire – un libraire – une oreille
- **le cirque** : un chapiteau – majestueux – un clown – une fusée – jongler

Je retiens

→ Tous les **mots d'un champ lexical** se rapportent à une **même idée** ou à un **même thème**.
le jambon, la purée, un plat, la salle à manger appartiennent au champ lexical du **repas**.

→ Dans un champ lexical, on trouve :
- des **noms de la même famille** : la **piscine** → nager, la natation, un nageur
- des **synonymes** : le **carnaval** → un défilé, un cortège, une parade

→ Tous les mots d'un champ lexical **n'appartiennent pas** à la même classe grammaticale.
les **animaux** : sauvage → adjectif élever → verbe un vétérinaire → nom

Je m'entraîne

Identifier le champ lexical d'une série de mots

6 * Classe ces mots dans le champ lexical auquel ils appartiennent.

effrayer – la fièvre – un sapin – angoissant – une leçon – soigner – enseigner – offrir – une hotte – une cour – un médicament – un crime

La maladie	L'école	Noël	La peur
...	...	...	...

7 * Recopie ces champs lexicaux et barre l'intrus.

a. le théâtre : un décor – un scénario – applaudir – mesurer

b. le restaurant : gourmand – une toque – une estrade – cuisiner

c. la télévision : consoler – un écran – retransmettre – un feuilleton

d. la montagne : le vertige – grimper – la marée – enneigé

e. la mode : un mannequin – une armée – un modèle – défiler

8 ⁑ Recopie uniquement les mots qui appartiennent au champ lexical de la « météo ».

La neige tombe et les routes sont verglacées. Le thermomètre indique que la température baisse. De gros nuages noirs cachent le soleil. Un vent violent courbe les arbres. On est en hiver, c'est sûr...

Écrire les mots d'un champ lexical

9 * Recopie et complète ces champs lexicaux avec un nom et un verbe.

a. le repas : une fourchette – succulent – ... – ...

b. les vêtements : habillé – une veste – ... – ...

c. la nature : des arbres – fanées – ... – ...

d. le chantier : une grue – construit – ... – ...

e. l'histoire : présidentiel – un château – ... – ...

10 ⁑ Écris la matière scolaire à laquelle appartiennent les mots donnés.

a. un triangle – un compas – tracer – un cube : ...

b. rapide – courir – un sautoir – un gymnase : ...

c. dense – le relief – un pays – peupler : ...

d. écrire – la dictée – un roman – un dialogue : ...

e. la chimie – vivant – expérimenter – un microscope : ...

11 ⁑ Recopie et complète ce texte avec les mots du champ lexical de la « navigation ».

naufrage – mâts – naval – navire – coque – gouvernail

L'Hermione était un ... de guerre français du 18e siècle. C'était un trois ... avec une ... en chêne. Elle a fait ... au large du Croisic. On a retrouvé une partie de son ... au fond de l'eau. À partir de 1997, on a fabriqué une réplique de ce bateau dans un chantier ... proche de Rochefort.

J'écris – Je m'exprime

12 ⁑ Choisis un champ lexical, puis écris un texte de cinq lignes en utilisant les mots donnés et d'autres.

a. le voyage : une valise – visiter – un avion...

b. le conte : un prince – courageux – emprisonner...

c. la forêt : épaisse – un bûcheron* – un chêne...

ORAL

13 ⁑ Trouve cinq mots qui appartiennent à chacun de ces champs lexicaux.

- la ville
- la campagne
- la famille

À toi de jouer

Remets les syllabes dans l'ordre, puis associe les mots à leur champ lexical.

PEN SER TIN

MAC TO ES

A TION CRÉ RÉ

- le corps
- l'école
- la fête

Autodictée

J'écris ton adresse sur l'enveloppe. Je vais à la poste. J'achète un timbre. Je donne mon courrier au postier. Demain, le facteur t'apportera la lettre.

Je réinvestis mes connaissances

L'ordre alphabétique et la recherche dans le dictionnaire

1 * Recopie ces listes de mots en les classant dans l'ordre alphabétique.

a. soleil – lune – terre – univers – monde
b. serviette – salon – sucette – signature – sottise
c. faim – facile – farce – fakir – faon
d. protéger – projet – propre – profond – promesse
e. langue – langage – langouste – languette – lange

L'article de dictionnaire

2 * Écris l'abréviation de la classe grammaticale de ces mots.

a. évacuer : (...)
b. agréable : (...)
c. paquebot : (...)
d. révision : (...)
e. formidable : (...)
f. prendre : (...)

3 ** Cherche dans ton dictionnaire la définition qui convient aux mots soulignés. Puis, recopie-la.

a. Mattéo a bien mérité sa médaille d'or en slalom.
b. Il faut régler l'addition avant de partir.
c. Ce n'est pas un tableau original, c'est une copie.
d. Je vais attaquer mon devoir de mathématiques.
e. Pour faire du vélo ensemble, ils ont acheté un tandem.

Les synonymes

4 * Recopie le tableau et colorie de la même couleur les mots synonymes.

juste	chuchoter	nettoyer	l'erreur
laver	le docteur	murmurer	surprenant
la faute	exact	étonnant	un médecin

5 * Recopie ces phrases et remplace chaque mot souligné par un synonyme.

a. Il est le gagnant du tournoi de ping-pong*.
b. Pendant la pause, la cour est pleine d'enfants qui jouent.
c. Elle a gardé ses cahiers de CP.
d. J'aime beaucoup cette promenade au bord du lac.
e. Papa emprunte l'avenue des Champs-Élysées pour aller travailler.

Les antonymes

6 * Recopie ces phrases et remplace chaque mot souligné par un contraire.

a. Je déteste les gâteaux au chocolat.
b. As-tu bien révisé ta leçon pour le contrôle ?
c. Loïc travaille le jour et Sabine la nuit.
d. Le cinéma est ouvert le lundi après-midi.
e. Tes chemises sont toutes identiques.

7 ** Recopie et écris le contraire de chaque mot.

a. autoriser : ...
b. la nuit : ...
c. dur : ...
d. rire : ...
e. simple : ...
f. allumer : ...
g. le début : ...
h. chaud : ...
i. optimiste : ...
j. fort : ...

Les mots étiquettes

8 * Recopie et complète ces phrases avec deux mots spécifiques.

a. ... et ... sont des monuments historiques.
b. ... et ... sont des rois célèbres.
c. ... et ... sont des outils.
d. ... et ... sont des signes astrologiques.
e. ... et ... sont des figures géométriques.

9 ** Reproduis ce tableau et complète-le.

Des poissons	Des ...	Des continents	Des ...
...	...	l'Océanie	la mouche
...	le bleu	...	...
la carpe	...	...	...
...	...	l'Afrique	...

Les familles de mots

10 * Recopie et range ces mots en quatre familles.

une école – un tableau – une garderie – scolaire – une boisson – une tablette – garder – une table – un buveur – un écolier – un gardien – boire

11 ** Associe le nom et le verbe de la même famille.

la course •	• enterrer
un parapluie •	• rougir
la laideur •	• pleuvoir
une terrasse •	• courir
la rougeur •	• enlaidir

Les niveaux de langue

12 * **Recopie ces phrases et indique le registre de langue employé dans chacune : familier, courant, soutenu.**

a. Cette visite guidée des antiquités romaines m'a exténué.

b. Magne-toi, on va louper le tram !

c. J'ai oublié de prendre mon ballon.

d. Il a malencontreusement égaré son porte-document.

13 ** **Reproduis ce tableau et barre l'intrus dans chaque colonne.**

Langage courant	Langage familier	Langage soutenu
un canapé	une godasse	par mégarde
apporter	une baraque	rigolo
se bidonner	une cuisine	incommoder
le courage	un bouquin	une résidence

Les champs lexicaux

14 * **Recopie le champ lexical auquel appartient chaque série de mots.**

a. drap – confortable – oreiller – dormir – chevet
→ la chambre / la cuisine

b. étoile – nuageux – bleu – voler – soleil
→ la mer / le ciel

c. poupée – cubes – miniature – Noël – s'amuser
→ les outils / les jouets

15 * **Complète chaque champ lexical avec les mots donnés.**

le voyageur – une infirmière – un bulletin – l'ambulance – prévoir – du carburant

a. **l'hôpital :** un médecin – guérir – une radio – ... – ...

b. **la météo :** le vent – pluvieux – un thermomètre – ... – ...

c. **les transports :** circuler – embouteillé – un train – ... – ...

EXERCICES TRANSVERSAUX

16 ** **Reproduis ce tableau et complète-le avec un synonyme et un contraire pour chaque mot.**

Le contraire		Mot		Un synonyme
...	↔	vieux	↔	...
...	↔	construire	↔	...
...	↔	beau	↔	...
...	↔	se coucher	↔	...

17 ** **Écris le contraire de chaque mot. Puis, utilise-le dans une phrase en langage soutenu.**

a. honnête : ...
b. obéissant : ...
c. réel : ...
d. prévu : ...
e. monter : ...

18 ** **a) Recopie ces listes en rangeant les mots dans l'ordre alphabétique.**
b) Barre le mot qui n'appartient pas à la famille de mots.

1. dentiste – dent – dentier – édenté – imprudent
2. terre – terrifiant – déterrer – extra-terrestre* – terrasse
3. soleil – ensoleillé – solfège – ensoleillement – solaire
4. nageoire – déménager – surnager – natation – nageuse
5. boire – buveur – déboire – buvard – buvette – imbuvable

EXERCICES D'ÉCRITURE

19 ** **Écris une phrase avec un mot de la même famille.**

a. heureusement : ...
b. écrit : ...
c. le chauffage : ...
d. coller : ...
e. insupportable : ...
f. chausser : ...

20 ** **Donne un mot spécifique pour chaque mot étiquette suivant. Puis, écris un court texte avec les cinq mots spécifiques que tu as trouvés.**

un vêtement – une pièce de la maison – un animal – un véhicule – un bijou

9 Exprimer un lien logique

Compétences : Connaître* et utiliser les indicateurs logiques.

Découvrons et manipulons

Corinne Popeline travaille au pôle Nord depuis soixante ans. Elle est experte en couture de manteaux rouges et en ajustage de fourrure blanche. En effet, c'est elle la couturière attitrée du père Noël et elle adore son travail. Mais ses vieilles mains tremblent si fort qu'elle ne parvient plus à glisser le fil dans le chas* de l'aiguille et sa vue commence à baisser. […]
Corinne Popeline a pris sa décision… Elle va prendre sa retraite et partir vivre au soleil. Lorsqu'elle annonce la nouvelle au père Noël, celui-ci n'en croit pas ses oreilles.
– Par ma barbe, Corinne ! Que vais-je devenir sans vous ? Personne ne saura vous remplacer…
Il verse même trois petites larmes. Très touchée, Corinne Popeline les essuie avec une étoffe. Mais elle n'est pas du genre à faire machine arrière. Et, dès le lendemain matin, elle remet sa lettre de départ.

Texte de Marie Bodin et illustration de Gérald Guerlais, « Le Nouveau Look du père Noël », *Toboggan* n° 433, décembre 2016, © Milan Presse.

* le chas : le trou

1 a) Pourquoi Corinne Popeline est-elle experte « en couture de manteaux rouges… » ?
b) Quelle phrase t'a donné la réponse ?
c) Par quels mots cette phrase commence-t-elle ?

2 a) Le mot en rouge relie deux informations : quelles sont ces deux informations ?
b) Quel est le lien entre ces deux informations : une explication, une opposition ou bien une conséquence ?

3 a) Le mot en bleu relie deux informations : quelles sont ces deux informations ?
b) Quel est le lien entre ces deux informations : une explication, une opposition ou bien un ajout ?

MANIPULER

4 Complète chaque phrase avec le mot qui convient pour établir un lien logique.
donc – car – pourtant – et – mais
a. Il ne vient pas jouer avec nous … il n'a pas fini ses devoirs.
b. Chan adore la tarte aux fraises, … il n'a plus faim.
c. Elle a raté son bus, … elle est en retard.
d. Nous apportons des jus de fruits … des bonbons.
e. J'ai déjà vu ce film plusieurs fois, … je l'aime toujours autant !

Je retiens

→ Pour qu'une suite de phrases ait du **sens**, elles doivent se suivre de façon **logique**.
→ Il existe des **mots** qui servent à **indiquer ce lien** :
- des mots qui indiquent une **suite logique** (la **conséquence** de quelque chose) : donc – si bien que – alors – ainsi…
- des mots qui indiquent une **suite logique** (la **cause** de quelque chose) : en effet…
- des mots qui indiquent une **opposition** : mais – or – pourtant – cependant…
- des mots qui indiquent une **explication** : car – parce que – c'est pourquoi…
- des mots qui indiquent un **ajout** : et – de plus…

Je m'entraîne

Connaître* les indicateurs logiques

5 * **Recopie ces phrases et souligne les mots qui indiquent un lien logique.**

a. Jeanne n'a pas arrosé ses plantes, donc elles sont fanées.

b. Les enfants ont soif car il fait très chaud.

c. Kamel pourra acheter ce robot parce qu'il a assez d'argent de poche.

d. Les braconniers tuent des éléphants ; en effet leurs défenses ont de la valeur.

e. L'ouvrier est tombé de son échelle, alors il s'est cassé la jambe.

6 ** **Recopie ces phrases et indique si les mots en gras expriment une explication ou une opposition.**

Il est content, **car** il a gagné. → *explication*

a. Antoine est tombé, **mais** il ne s'est pas fait mal.

b. La rivière a débordé **car** il a beaucoup plu.

c. Noémie s'est disputée avec Paul **parce qu'**il lui a tiré les cheveux.

d. Le prince avait perdu son tapis volant, **or** il réussit à retourner au palais.

e. Les dinosaures ont disparu. **En effet**, une catastrophe les a anéantis.

7 *** **Recopie ces phrases. Entoure les mots qui indiquent un lien logique et dis s'ils expriment un ajout ou une conclusion.**

a. Le héros réussit toutes les épreuves, alors le roi lui donna la main de sa fille.

b. Marine a attrapé la scarlatine, donc elle reste à la maison et se repose.

c. Manon a planté des graines, par conséquent elle aura des fleurs au printemps.

d. Laure a gagné un combat au judo. Elle a encore reçu une médaille.

Utiliser des indicateurs logiques

8 * **Indique, pour chaque phrase, quelle partie se passe avant l'autre (la cause, puis la conséquence).**

a. Lou met trop de piment dans son curry / donc elle se brûle* la langue.

b. La grenouille ne s'est pas transformée en prince / parce que la princesse ne l'a pas embrassée.

c. Le volcan est entré en éruption / si bien que toute la population a quitté le village.

9 ** **Recopie et complète ce texte avec les mots proposés. Pense à mettre des majuscules.**

en effet – cependant – pourtant – mais

La forêt était mystérieuse. ..., on disait que des fées y vivaient. ..., tout avait l'air tranquille sous les grands arbres. On voyait parfois une forme qui fuyait, ... ce n'était qu'un chevreuil.

10 *** **Écris une seule phrase à partir de ces deux phrases séparées.**

Léon mange trop vite. Il a mal au ventre.
→ Léon mange trop vite, **donc** il a mal au ventre.

a. La princesse chante. Elle est heureuse.

b. C'est l'été. Les abricots sont mûrs.

c. La tempête arrive. Le bateau risque de couler.

d. Ils ont fait des bêtises. Leurs parents sont furieux.

e. Youma a bien appris sa leçon. Elle a une bonne note.

J'écris – Je m'exprime

11 * **Complète ce texte en respectant le sens des indicateurs logiques en gras.**

Il faut protéger l'océan **car** ... .
En effet, les bateaux ... . **Pourtant**, les algues ... .
Donc, nous pouvons ... .

ORAL

12 ** **Décris ce qu'il se passe dans ces vignettes, en utilisant un indicateur logique.**

À toi de jouer

Remets dans l'ordre ces syllabes pour retrouver trois indicateurs logiques.

CORE – ME – TANT – EN – POUR – COM

Autodictée

Gaël ne peut pas ouvrir la malle car elle est fermée. Alors, il décide de fouiller partout pour trouver la clé.

10 Exprimer un lien chronologique

Compétences : Identifier et utiliser les indicateurs de temps.

Découvrons et manipulons

Dans le car, en plus du chauffeur, il y a Ariane, l'accompagnatrice de l'agence de voyages. Après une heure de route, nous nous arrêtons pour prendre un certain Arthur Papotin. Puis, encore un peu plus loin, monte une jeune fille, Capucine Boutondor. Enfin, monsieur Maboul grimpe dans le car en bougonnant que le chauffeur a quatre minutes de retard.
Le soir, Ariane déplie les fauteuils-couchettes et nous nous installons pour dormir. Après nous avoir proposé une infusion* aux fleurs d'ajonc, Ariane nous souhaite une bonne nuit.

Texte de Béatrice Nicodème et illustration de Laurent Audouin, *Un voyage bien organisé !*, coll. « Tous lecteurs », © Hachette Livre.

* une infusion : boisson chaude aromatisée aux plantes.

1 a) Qu'indiquent les mots en rouge ?
b) Où sont-ils situés dans chaque phrase ?
c) À quoi servent-ils d'après toi ?

2 Observe la phrase en bleu.
a) Que fait Ariane en premier : elle propose une infusion ou elle souhaite une bonne nuit ?
b) Quel mot te permet de savoir dans quel ordre se déroulent ces actions ?

MANIPULER
3 Remets dans l'ordre ces moments de l'histoire.
- Ariane dit « bonne nuit ».
- Le car roule pendant une heure.
- Monsieur Maboul monte dans le car.
- Ariane installe les lits.
- Le car s'arrête pour Capucine Boutondor.
- Arthur Papotin monte dans le car.

MANIPULER
4 Relève uniquement les mots qui sont des indicateurs de temps.
encore – d'abord – sans – enfin – demain – avant – mais – pendant – avec – puis – hier

Je retiens

→ La **chronologie** est l'**ordre** dans lequel les événements* se déroulent.

→ Pour aider à **se repérer** dans l'ordre de ces événements*, on utilise des mots appelés **indicateurs de temps**.

→ Les indicateurs de temps permettent de :
- situer le **moment** de l'action : hier – aujourd'hui – demain – ce matin...
- indiquer une **durée** : pendant...

→ Ils permettent aussi de comprendre l'ordre des événements* :
- pour **commencer** : d'abord – au début...
- pour **continuer** : ensuite – puis – après – plus tard...
- pour **terminer** : enfin – à la fin – finalement...

Je m'entraîne

Identifier les indicateurs de temps

5 * Recopie ces phrases et souligne les indicateurs de temps.

a. D'abord, Mélissa commence sa journée en chantant.

b. Pierre rentre, enlève son manteau, puis enlève ses chaussures.

c. Il est tard, tu vas enfin te coucher.

d. Après l'école, je prends mon goûter*, puis j'apprends mes leçons.

e. Vous devez d'abord prendre le train jusqu'à Lyon. Ensuite, un car vous emmènera.

6 ** Recopie ces phrases. Souligne en bleu l'action qui a lieu en premier et en rouge celle qui vient après. Souligne les deux actions en vert si elles se déroulent en même temps.

a. Kelly débarrasse la table, / pendant que Lucas fait la vaisselle.

b. Quand les vacances sont terminées, / les enfants retrouvent leurs copains.

c. Le clown se maquille, / puis il fait son entrée sur la piste.

d. Diego quitte sa maison, / mais il a d'abord fermé les volets.

e. Pendant que la sirène sonne, / les pompiers montent dans les camions et partent.

Utiliser les indicateurs de temps

7 * Recopie et complète ces phrases avec un indicateur de temps.

enfin – après – pendant que – bientôt – ensuite

a. Victoria fait ses devoirs, ... son papa prépare le dîner*.

b. Mohamed peint les montagnes, ... il exposera son œuvre.

c. Flavien court le marathon. Au bout de 42 km, il est ... arrivé.

d. Lili nourrit son poisson rouge, ... elle s'occupera de son chat.

e. Les bébés déjeunent, ... ils feront la sieste.

8 ** Recopie et complète ce texte avec des indicateurs de temps. N'oublie pas les majuscules.

Au temps de la préhistoire, les hommes s'habillaient avec des peaux d'animaux. ..., ils partaient à la chasse et revenaient avec les animaux qu'ils avaient tués. ..., ils préparaient la peau en la tannant. ..., ils fabriquaient des aiguilles dans les os des animaux. ..., ils cousaient la peau avec les aiguilles et les tendons de l'animal qui servaient de fil.

J'écris – Je m'exprime

9 * Complète chaque phrase par trois actions qui se suivent.

a. Par cette belle journée d'automne, ... Puis, ... Enfin, ...

b. Le premier matin de l'an mil, ... Ensuite, ... Finalement, ...

c. Le jour de mon anniversaire, ... Plus tard, ... Pour finir, ...

ORAL

10 ** Invente une courte histoire en respectant la chronologie.

Il y a longtemps, le roi ... . Puis, un jour, ... Finalement, ...

À toi de jouer

Remets les lettres à l'endroit pour trouver le nom d'une invention ! Dis comment tu t'en servirais.

spmet el retnomer à enihcam al

Autodictée

Élise est architecte. D'abord, elle imagine et dessine ses plans. Ensuite, elle fait une maquette. Enfin, quand les travaux commencent, elle va sur le chantier pour vérifier que tout se passe bien.

11 Comprendre des mots inconnus

Compétence :
S'aider du contexte et des familles de mots pour comprendre un mot inconnu.

Découvrons et manipulons

Le prince fit apporter pour Fleur de Lotus du thé et un plateau de mets délicieux. Il la regardait de loin. Un moment, elle s'approcha de ses sœurs pour leur offrir du nougat et des fruits. Très étonnées par cette demoiselle qu'elles ne reconnaissaient pas, les deux précieuses acceptèrent, fort aises d'être ainsi considérées. Alors qu'elles devisaient gaiement, la belle inconnue entendit sonner onze heures.

1 **a)** **Qu'est-ce que le prince fait apporter à Fleur de Lotus ?**
b) **Que peut-il y avoir sur le plateau ?**
c) **À ton avis, qu'est-ce qui peut être « délicieux » ?**

2 **a)** **Connais-tu le sens du mot en vert ?**
b) **À ton avis, dans la phrase du texte, que peut désigner ce mot : des personnes, des animaux, des choses, des idées ?**
c) **Quelles informations du texte t'ont aidé(e) à répondre ?**

3 **a)** **À quelle classe grammaticale apartient le mot en bleu ?**
b) **Imagine la scène comme un film. Parmi ces mots, lesquels ne peuvent pas remplacer « devisaient » ?**
criaient – sautaient – attrapaient – bavardaient – partaient – nettoyaient – dansaient – parlaient
c) **À ton avis, quel est donc le sens de ce mot ?**

4 **a)** **Connais-tu le sens de l'expression en rouge ?**
b) **Trouve un mot de la même famille qu'« aises ».**
c) **À ton avis, quels sont alors les sentiments des personnages ?**

Je retiens

→ Pour **comprendre** le sens d'un **mot inconnu**, on peut s'aider de ce que raconte le texte et imaginer la scène dans sa tête, comme si on voyait un film.
Il faut s'aider des mots qu'il y a autour pour comprendre le **contexte**.
Les deux **précieuses** acceptèrent. → La phrase précédente « Elle s'approcha de ses sœurs » permet de comprendre qu'il s'agit des sœurs.

→ En cherchant la classe grammaticale du mot inconnu, on peut se faire une première idée.
- Si c'est un **nom** ou un **adjectif** : cela peut être un objet, une personne, un animal, une plante…
- Si c'est un **verbe** : c'est une action, un état, une pensée…
- Certains **mots invariables** indiquent une manière de faire les choses.

→ On peut aussi comprendre le sens d'un mot inconnu en cherchant des **mots de la même famille**.
Elles sont fort **aises**. → Elles sont fort **aisées** / à l'**aise**.

Je m'entraîne

Comprendre des mots inconnus d'après le contexte

5 * Recopie ces phrases en remplaçant le mot en gras par celui qui convient entre parenthèses.

a. L'ogre, mécontent, devint **irritable** et tapa sur la table. (surpris – coléreux – gourmand)

b. Le dragon cracha des flammes jaunes, orangées et **pourpres**. (brillantes – rouges – brûlantes*)

c. Pour le pique-nique*, Amélie a apporté des boissons et Jérémie des **victuailles**. (draps – aliments – jeux)

d. À cause du cambriolage, il perdit toute sa **fortune**. (richesse – mémoire – maison de campagne)

e. Les animaux assoiffés avançaient dans la plaine **aride**. (très sèche – perdue – hantée)

6 * Indique, pour chaque mot souligné, si c'est un objet, une personne, un animal ou une plante. Donne des précisions si tu le peux.

L'indien monta sur le dos du mustang.
→ C'est un animal, c'est un cheval.

a. Au printemps, tu as planté un rosier, un rhododendron et du lilas.

b. Le tapir est herbivore, il se nourrit de graines et de fruits.

c. Le paludier alla jusqu'au marais salant pour récolter le sel.

d. Natacha ne veut pas ouvrir la porte du cagibi car elle a peur du noir.

e. Il traversa la salle du trône et il s'agenouilla devant le monarque.

7 ** Recopie chaque mot souligné avec sa définition.

a. La charnière de la porte grince quand on sort.

b. Sandra cherche des œufs dans le cellier.

c. En Afrique, j'ai admiré un fauve magnifique.

d. Le gardien sert sa pitance au prisonnier.

e. La maman de Léo n'aime pas qu'il reste oisif.

1. Qui est inoccupé.
2. Mammifère féroce et sauvage.
3. Nourriture insuffisante et de mauvaise qualité.
4. Endroit frais pour conserver des provisions.
5. Pièce de métal qui permet d'ouvrir et de fermer.

8 ** Remplace les mots soulignés par un synonyme. Indique quels mots des phrases t'ont aidé(e).

a. Agathe a gravi la montagne jusqu'au sommet.

b. Le cuisinier pèle les pommes avant de les cuire.

c. Ils camouflent les bijoux volés dans un vase.

d. Les indiens descendent le fleuve sur leur pirogue.

e. Fais attention à toi, ce petit chemin est périlleux.

9 * Donne le sens des mots en gras. Aide-toi du contexte du texte et/ou des mots de la même famille.**

La bataille est finie. Les soldats grecs et macédoniens poursuivent les **fuyards**. Mais ils s'enferment à l'intérieur de la ville et **barricadent** les portes des épaisses murailles. Alexandre décide alors de monter son camp dans la plaine, sous les remparts de Césarée. Ce soir, tous les hommes dormiront dans leurs tentes. Mais la ville semble **imprenable** avec ses larges fossés, ses murs si hauts aux tours crénelées.

Martine Laffon, *Alexandre ou les rêves d'un conquérant*, © Le Livre de Poche Jeunesse, 2009.

J'écris – Je m'exprime

ORAL

10 ** Choisis trois mots dans cette liste. Vérifie leur sens dans le dictionnaire. Puis utilise-les dans une phrase d'exemple pour les faire deviner à tes camarades.

jonque – parure – grommeler – flâner – calame – paroi – écluse – soupirail

Autodictée

Derrière les remparts, des archers surveillent la campagne. Des bannières et des oriflammes aux couleurs du seigneur Perceval flottent dans le vent. C'est le signe que le seigneur réside actuellement dans le château.

12 Exprimer un avis

Compétences : Donner un avis, positif ou négatif, et le justifier.

Découvrons et manipulons

– Athéna s'améliore, ces derniers temps, non ? Je me trompe ?
– Elle s'améliore peut-être, mais je ne pense pas qu'elle gagnera, en fin de compte…
– Elle a ses atouts, on ne peut pas dire…
– Héra s'est montrée beaucoup mieux.
– Oui, son argumentation m'a semblé solide.
– Peuh, c'est simplement qu'elle était tout juste à la hauteur de Pâris. Il est joli garçon, à première vue, mais il ne semble pas valoir grand-chose.

Béatrice Bottet, *Rififi sur le mont Olympe*, © Casterman, 2010.

1 a) Dans ce dialogue, que pense-t-on des deux déesses Athéna et Héra ?
b) Ces avis sont-ils positifs ou négatifs ?
c) Quels mots te l'indiquent ?

2 Qu'est-ce qui est dit de positif sur Pâris ? Qu'est-ce qui est dit de négatif sur Pâris ?

MANIPULER
3 Indique, pour chaque phrase, si elle exprime un avis ou non.
- Elle pense que cet exercice est trop difficile.
- Je nourris mon poisson rouge.
- Je descends la piste de ski à toute allure.
- Son invité trouve que l'eau est délicieuse.

MANIPULER
4 a) Classe les mots selon qu'ils expriment quelque chose de positif ou de négatif.
réussi – horrible – plaisant – raté – détestable – excellent – agréable – inintéressant – fantastique – bien – insupportable – extraordinaire – nul
b) Choisis un de ces mots et utilise-le dans une phrase.

Je retiens

→ En **discutant** avec d'autres personnes, on a souvent besoin de donner son **avis**, ou d'exprimer ses **opinions** ou ses goûts*.
Pour **commencer** ses phrases, on peut utiliser des **expressions** comme :
je trouve que… – je pense que… – à mon avis… – j'ai l'impression que… – je crois que… – d'après moi… – je (ne) suis (pas) d'accord – il me semble que…

→ Un **avis** peut être **positif** ou **négatif**. Il existe des mots pour dire :
- ce que l'on **aime** : j'adore – c'est excellent – j'aime – je préfère – ça me plaît*…
- ce que l'on **n'aime pas** : je déteste – je ne supporte pas – j'ai horreur de…

On peut **nuancer** ou **insister** en ajoutant des mots invariables :
un peu – bien – beaucoup – vraiment – peut-être – très – énormément – du tout…

→ Pour **justifier** un avis, il est souvent utile de donner des **arguments** :
- les mots car et parce que indiquent une **explication** ;
- les mots mais et en revanche indiquent une **opposition**.

Je m'entraîne

Exprimer un avis positif ou négatif

5 * **Recopie ces phrases et indique si elles expriment un avis positif ou négatif. Souligne les mots qui t'ont aidé(e).**

a. J'adore ce manteau.
b. Le nouveau marché est très agréable.
c. Je déteste les huîtres*.
d. Cette maison ne me plaît* pas du tout.
e. Ce concert était vraiment mauvais.

6 * **Recopie ces questions avec la réponse qui convient.**

Comment as-tu trouvé ce film ?
→ Il n'était vraiment pas réussi.

a. Que penses-tu de ce restaurant ?
b. Aimes-tu ce petit chat roux ?
c. Veux-tu faire de l'escalade avec nous ?
d. Quel est ton avis sur ta colonie de vacances ?
e. Que penses-tu du judoka Teddy Riner ?

1. Oui, il est vraiment adorable.
2. C'est le meilleur et le plus fort.
3. Je le trouve trop bruyant.
4. Non, c'est trop dangereux.
5. Elle était fantastique, je me suis beaucoup amusé.

7 ** **Recopie et classe ces avis, du plus négatif au plus positif. Justifie ton classement en soulignant les mots qui t'ont aidé(e).**

a. J'ai bien aimé ce livre.
b. Ce livre manque de rebondissements.
c. Il faut absolument que tout le monde lise ce livre !
d. Ce livre était vraiment sans intérêt.
e. Je recommande fortement ce livre.

8 ** **Recopie ces phrases en ajoutant un mot qui convient pour insister ou nuancer l'avis exprimé.**

bien – du tout – très – énormément – beaucoup – vraiment

a. J'adore ... les épinards.
b. Je n'aime pas ... sa façon de parler aux autres.
c. Je trouve que ce dessin est ... beau.
d. Le pain de cette boulangerie me plaît* ... .
e. J'aime ... les fêtes de famille.

Exprimer un avis argumenté

9 * **Recopie ces phrases en associant l'avis à l'argument qui convient.**

a. Il n'a pas aimé ce camping...
b. Je ne supporte pas de jouer avec mon frère...
c. J'ai détesté le ski...
d. Ce roman est excellent...

1. ...parce qu'il est mauvais perdant.
2. ...car la fin m'a complètement surpris(e).
3. ...parce que je suis tombé(e) tout le temps.
4. ...parce que rien n'était prévu pour les enfants.

10 ** **Recopie ces phrases avec l'argument entre parenthèses le plus convaincant.**

a. Ce stylo est fantastique car (il est beau / son encre est invisible).
b. Ce tableau est horrible car (il me déplaît* / il me met mal à l'aise).
c. Cette photographie est vraiment ratée car (elle est floue / elle n'est pas bien).
d. Ma montre est géniale car (elle est chouette / elle donne l'heure de plusieurs pays).
e. Cette pâtissière est la meilleure car (elle a gagné un concours / elle est douée).

J'écris – Je m'exprime

ORAL

11 * **Dis ce que tu préfères entre les deux propositions. Puis explique pourquoi.**

a. la mer / la montagne
b. les chats / les chiens
c. pratiquer un sport individuel / un sport d'équipe
d. le français / les mathématiques

12 ** **Observe ce tableau et donne ton avis en cinq phrases. Pense à argumenter.**

Le Douanier Rousseau, *Paysage exotique*, 1910.

Autodictée

J'aime l'eau ! Quand je vais à la piscine, je saute dans le bassin. Mais ce que j'aime par-dessus tout, c'est nager dans la mer. Je trouve que l'on se sent libre et j'ai le sentiment d'être un poisson.

13 Exprimer une sensation

Compétences : Connaître* les cinq sens et les organes associés. Comprendre les perceptions de chaque sens.

Découvrons et manipulons

C'est quoi un sens ?

Les sens sont comme une équipe de scientifiques dans notre corps qui analysent en permanence tout ce qui nous entoure.

Si on sait que le monde est plein de couleurs, d'odeurs et de sons, c'est grâce à nos sens. Que ce serait triste sans eux !

Chez les humains, les sens les plus connus sont le goût, l'odorat, l'ouïe, le toucher et la vue.

Grâce à eux, on apprécie manger un bon plat, sentir des fleurs, écouter le chant des oiseaux, caresser un chat tout doux ou voir le coucher du soleil.

Angélique Le Touze, *Les 5 sens*, coll. « Mes p'tites questions Sciences », © Éditions Milan, 2018.

1 Quel organe* nous permet de distinguer :

a) les couleurs ?

b) les odeurs ?

c) les sons ?

*un organe : une partie du corps.

2 a) Observe les mots en rouge.

b) Que représentent-ils ?

c) À quels organes correspondent-ils ?

3 a) Observe les verbes en bleu.

b) À quels sens (mots en rouge) correspondent-ils ?

MANIPULER

4 Associe l'organe et le sens qui se correspondent.

les yeux •	• le toucher
les oreilles •	• l'odorat
la peau •	• le goût*
le nez •	• la vue
la langue •	• l'ouïe

MANIPULER

5 Ces mots expriment-ils des sensations agréables ou désagréables ?

le parfum d'une rose – l'amertume du pamplemousse – une griffure de chat – de l'eau tiède – une mélodie au piano – un coup de soleil – l'odeur de gaz d'échappement

Je retiens

→ Un **sens** est ce qui permet de **recevoir des sensations**, de percevoir ce qui nous entoure.

→ Il y a **cinq sens** qui correspondent à **cinq organes** différents :
- la **vue** → les yeux permettent de voir ;
- l'**ouïe** → les oreilles permettent d'entendre ;
- l'**odorat** → le nez permet de sentir ;
- le **toucher** → la peau permet de toucher ;
- le **goût*** → la langue permet de goûter*.

Je m'entraîne

Connaître* les cinq sens et les organes associés

6 * **Entoure uniquement les organes des cinq sens.**
les yeux – le cœur – le foie – le cerveau – les oreilles – les poumons – le nez – les reins – les intestins – la peau – l'estomac – la langue – la vessie

7 * **Recopie ces phrases et entoure les noms des cinq sens.**
a. Au jeu de colin-maillard, on reconnaît* les joueurs au toucher.
b. C'est au sommet de la colline que la vue est la plus belle.
c. J'adore le goût* de la glace à la châtaigne.
d. Des chiens à l'odorat très développé flairent la piste des sangliers.
e. Il faut une bonne ouïe pour distinguer chaque note de ce morceau de musique.

8 ** **Recopie chaque liste et barre le verbe intrus.**
a. la vue : voir – regarder – respirer – contempler
b. l'ouïe : entendre – écouter – ouïr – gaver
c. l'odorat : viser – sentir – flairer – embaumer
d. le toucher : caresser – mâcher – masser – chatouiller
e. le goût* : goûter* – déguster – savourer – lire

Comprendre les perceptions de chaque sens

9 * **Recopie uniquement ce qu'on peut percevoir avec le sens donné.**
a. la vue : une nuit étoilée / un chant de noël
b. l'ouïe : la sonnerie du téléphone / un dessin
c. l'odorat : le chant des oiseaux / une fuite de gaz
d. le toucher : la température de l'eau / une rivière argentée
e. le goût* : l'arôme du café / une tartine beurrée

10 ** **Reproduis ce tableau et classe les expressions dans la bonne colonne.**
un cri dans la nuit – une glace à la vanille – un feu de bois – une poubelle renversée – une caresse du vent – une piqûre* de moustique – une douche glacée – une douce mélodie

Une bonne sensation	Une mauvaise sensation
...	...

11 ** **Écris le sens évoqué par chaque phrase.**
a. On touche avec les yeux. → ...
b. J'en ai l'eau à la bouche. → ...
c. Il n'est pire sourd que celui qui ne veut pas entendre. → ...
d. L'argent n'a pas d'odeur. → ...
e. Qui s'y frotte s'y pique. → ...

J'écris – Je m'exprime

ORAL
12 * **Imagine que tu te promènes à la fête foraine. Décris ce que tu ressens : ce que tu vois, entends, goûtes*, sens et touches.**

13 ** **Pense à ces trois sensations, puis écris ce que tu aimes et ce que tu n'aimes pas.**
a. Ta peau est sensible au toucher.
b. Ta langue est sensible au goût*.
c. Tes oreilles sont sensibles aux bruits.
→ J'aime beaucoup ... .
→ Je n'aime pas du tout ... .

À toi de jouer

Complète la grille avec le nom du sens donné par le dessin de l'organe.

Autodictée

J'aime les couleurs variées du marché. J'aime les odeurs mélangées du poisson, du pain et des fleurs. J'aime les saveurs des fruits sur les étals.

14 Exprimer ses émotions

Compétences : Reconnaître les différentes émotions et savoir les exprimer.

Découvrons et manipulons

Le jour de ses huit ans, la jeune Fleur de Courgette ne souhaite qu'une seule chose : changer de prénom ! Elle s'exprime devant ses parents, son frère Petit Trésor et son grand-père.
– Fleur de Courgette ! C'est ridicule, horrible, ça sent mauvais ! Maman, papa, qui peut supporter de porter un nom pareil ? Je n'en veux plus, c'est fini ! Ce soir, c'est l'anniversaire de mes huit ans, tout va changer ! […]
Son grand-père arrive et se tourne vers Petit Trésor :
– Je n'arrive pas trop tard pour féliciter ta sœur et souffler les bougies de son gâteau ? demanda le grand-père.
– Fleur de Courgette est dans tous ses états, répondit Petit Trésor en l'attirant dans le salon. Regarde, elle n'a accepté aucun de nos cadeaux, elle a refusé de dîner et maintenant, elle pleure à chaudes larmes.

Lisa Bresner, *Le Secret d'un prénom*, © Actes Sud Junior, 2013.

1 a) Lis les paroles de Fleur de Courgette.
b) Quelle émotion ressent-elle ? Qu'est-ce qui te l'indique ?
c) Relis le texte à voix haute en mettant le ton.

2 a) Lis la phrase en rouge. Elle exprime une émotion différente. Laquelle ?
b) Quelle(s) émotion(s) Fleur de Courgette devrait-elle avoir le jour de son anniversaire ?

MANIPULER
3 Dis ces phrases plusieurs fois à voix haute, en exprimant une émotion différente à chaque fois.
- Qui frappe à la porte ?
- N'allez pas si vite, attendez-moi !
- Le lion se rapproche de moi…

MANIPULER
4 Quelle émotion ressens-tu dans les situations suivantes ?
- Tu découvres qu'il a neigé.
- Tu es sur un bateau.
- Tu retrouves tes amis.
- Tu prends l'avion.
- Tu participes à un spectacle.

Je retiens

→ Une **émotion** est un **sentiment** soudain et fort que l'on ressent à l'**intérieur de soi**. Les principales émotions sont la **joie**, la **colère**, la **peur**, la **tristesse** et la **surprise**.

→ **Exprimer** ses émotions, c'est dire à quelqu'un ce que l'on ressent. On le dit :
- avec des **mots**, dans des **phrases exclamatives**.
  Je n'en veux plus ! (colère) Quelle bonne surprise ! (surprise)
- avec des **expressions** du visage ou du corps.
  Elle pleure à chaudes larmes. (tristesse) Son visage devient de plus en plus rouge. (colère) Elle rit aux éclats. (joie)

Je m'entraîne

Reconnaître* les émotions

5 * Quelle est l'émotion exprimée dans les phrases suivantes ?

a. Ma chienne est morte. Je pleure et je ne peux en parler à personne.

b. Alban crie, hurle, se roule par terre. Sa mère essaie de le calmer, mais rien à faire.

c. Tout va bien, mon cœur est léger, j'ai envie de parler à tout le monde, de rire et de chanter.

d. Aahhh... je crois qu'il y a un monstre derrière la porte. Je n'ose pas bouger, je tremble. Mon cœur bat très vite.

6 * Relève les mots ou les groupes de mots qui expriment une émotion.

Déjà, dans les coulisses, il a la chair de poule. Il fait quelques pas hésitants, ses jambes tremblent un peu. Il se décide à avancer sur le devant de la scène. Il regarde la salle, mais il ne voit rien. Il est aveuglé par les projecteurs. Subitement, il a très chaud et il se sent rougir. Il craint d'oublier son texte. Il bafouille, il reprend sa respiration mais aucun son ne veut sortir. Il est paralysé par la peur : c'est le trac.

7 * Écris l'émotion illustrée par chaque dessin.

a.

c.

b.

d.

8 ** Recopie et classe ces mots, du moins fort en émotion au plus fort en émotion.

a. la colère – la fureur – l'énervement

b. le plaisir – la joie – l'extase

c. la tristesse – le désespoir – la peine

d. satisfait – content – heureux

e. agressif – coléreux – violent

9 ** Recopie et complète ces phrases avec le mot entre parenthèses qui convient.

a. Jamel a réussi un examen très difficile. Il se sent (confiant / fier / surpris).

b. Aurore s'est disputée avec sa meilleure amie. Elle se sent (jalouse / peinée / inquiète).

c. Le petit frère d'Alexis a cassé son jouet préféré. Alexis est (en colère / désolé / agacé) et il claque la porte de sa chambre.

d. Quand je me retrouve seul(e) dans le noir, j'ai (honte / chaud / peur).

Exprimer des émotions

10 ** Associe chaque émotion à l'expression imagée qui lui correspond.

la joie – la peur – la tristesse – la colère

a. avoir la moutarde qui monte au nez → ...

b. avoir une boule au ventre → ...

c. être aux anges → ...

d. avoir les cheveux qui se dressent sur la tête → ...

11 ** Écris la suite de ces phrases en exprimant l'émotion indiquée entre parenthèses.

a. Je me sens (la joie) ...

b. Tu as l'air (la colère) ...

c. Depuis ce matin, il n'arrête pas de (le stress) ...

d. Nous ressentons (la honte) ...

J'écris – Je m'exprime

ORAL

12 * Tes parents t'annoncent une nouvelle inattendue. Raconte-la et dis ce que tu ressens : de la joie, de la peur, de la colère...

13 ** Complète ces expressions imagées, puis écris une phrase avec chacune d'elles.

madeleine – rouge – bleue – noir – pinson

a. être ... de colère

b. être gai(e) comme un ...

c. pleurer comme une ...

d. avoir une peur ...

e. broyer du ...

Autodictée

Je me retrouve seul dans le noir et je ne vois plus rien. Je tremble un peu. J'entends des bruits, comme des grattements... Je crie !

15 Dialoguer

Compétences : Identifier la ponctuation du dialogue. Utiliser les verbes introducteurs de dialogue.

Découvrons et manipulons

La maison se trouvait à un peu plus de quatre kilomètres de la gare, mais le cabriolet poussiéreux ne roulait pas depuis cinq minutes, à grand fracas, que les enfants commençaient déjà à mettre leur museau à la fenêtre : « On est bientôt arrivés ? [...]
– Nous y sommes, annonça Mère.
– Comme la maison est blanche ! s'exclama Robert.
– Vous avez vu les roses ? s'écria Anthéa.
– Et les prunes ! renchérit Jane.
– Pas mal du tout ! daigna reconnaître Cyril.
– Veux p'omener, déclara le bébé. »
Sur ce, la voiture stoppa dans un ultime et bruyant soubresaut.

Edith Nesbit, Trad. Bee Formentelli, *Cinq enfants et moi*, © Éditions Gallimard Jeunesse, 2007.

1 **a) Combien de personnes discutent dans ce dialogue ?**
b) Comment sais-tu que la personne qui parle change ?
c) Quels signes de ponctuation observes-tu dans ce dialogue ?

2 **Lisez le dialogue à plusieurs. Quels mots des phrases ne sont pas prononcés par les personnages ?**

MANIPULER
3 **Complète ce dialogue au présent avec les verbes qui conviennent.**
murmure – crie – hurle – gémit – pleure – chantonne – répond – demande – s'exclame
« Bonjour Suzanne, comment vas-tu ? ... il.
– Beaucoup mieux ! ... elle.
– Donc tu reviens en classe demain ! ... il.
– Oui ! Mais j'aurais bien aimé rester à la maison encore un peu. » ... elle.

Je retiens

→ Un dialogue est une **discussion directe** entre plusieurs personnes.
- Chaque personne qui parle est un **interlocuteur**.
- Chaque prise de parole est une **réplique**.

→ À l'écrit, le dialogue se reconnaît* grâce à sa **ponctuation** :
- les **guillemets** (« ») au tout début et à la toute fin des paroles prononcées ;
- les **tirets** (–), en début de ligne, à chaque fois que l'interlocuteur change.

→ À l'écrit, les paroles prononcées sont introduites par des **verbes** comme : demander – proposer – dire – raconter – répondre – ajouter – crier – chuchoter... Ces verbes donnent des **indications** sur l'interlocuteur et sur sa manière de parler.

Je m'entraîne

Identifier la ponctuation du dialogue

4 a) Recopie ce dialogue, puis entoure les guillemets en rouge et les tirets en vert.
b) Souligne avec deux couleurs différentes les paroles prononcées par chaque personnage.

« Il m'est arrivé quelque chose d'incroyable, raconte Charles. J'ai trouvé un portefeuille sur le trottoir…
– Et tu l'as gardé ? Il y avait de l'argent dedans ? lui demande Joséphine.
– Mais non. J'ai cherché le nom de son propriétaire pour le rendre, expliqua Charles.
– Quelle honnêteté ! » s'écria Joséphine.

5 Réécris ce dialogue en le remettant dans l'ordre.

a. – Alors vous êtes des enfants perdus. Et vous ne savez pas où aller.
b. – Les soldats sont partout, siffle le vieux pêcheur entre ses dents, en regardant autour de lui avec une mine de conspirateur.
c. – Qui est votre père ? demande le vieux. D'où venez-vous ?
d. P'tite Louise se tourne vers lui et, d'une voix implorante :
– Vous n'allez pas nous dénoncer ! Nous ne sommes ni des mendiants, ni des voleurs.
e. – De Paris. Nous n'avons jamais connu notre père et maman ne nous a jamais parlé de lui. Elle est morte à présent… Nous n'avons plus aucune famille.

Alain Surget, *Pavillon noir*, Volume 1, *Graines de pirates*, illustrations Annette Marnat © Éditions Flammarion.

6 Réécris ce texte et remplace les points bleus par les signes de ponctuation qui conviennent. Va à la ligne quand c'est nécessaire.

Il s'adressa alors au monsieur au journal : • Monsieur ! Je peux vous demander votre adresse ? • Pourquoi donc ? • Pour que je puisse vous rembourser dès que j'aurai de l'argent. Je reste en principe une semaine à Berlin et je pourrais passer chez vous pour vous le remettre. Mon nom est Émile Tischbein. Je suis de Neustadt. • Tu plaisantes ! lui répondit l'homme. C'est très volontiers que je te l'ai offert. •

Erich Kästner, trad. Anne Georges, *Émile et les détectives*, © Le Livre de Poche Jeunesse, 2007.

Utiliser les verbes du dialogue

7 Recopie ces phrases et souligne les verbes qui indiquent qui parle.

a. Encore des carottes ! se plaignit le lapin.
b. Quand reviendras-tu ? demanda Hélène.
c. Ne fais pas ça ! supplia Anaïs.
d. Quel jour vas-tu à la piscine ? demande Gaëlle.
e. Regardez où vous marchez ! Il y a des trous, avertit le guide de randonnée.

8 Classe ces verbes en deux colonnes : ceux pour parler à voix basse, ceux pour parler fort.

hurler – souffler – chuchoter – murmurer – crier – appeler – grommeler – marmonner – rugir

J'écris – Je m'exprime

ORAL

9 Imaginez et jouez à deux un dialogue entre ces personnages.

a. Un parent et son enfant qui veut faire un tour de manège.
b. Un médecin et un enfant qui est malade.

10 Écris cette scène sous la forme d'un dialogue.

Cazenove et Bastide, *Boule et Bill Tome 37 : Bill est un gros rapporteur !*, © Dargaud, 2016.

16 Répondre à une question

Compétences : Savoir poser des questions et y répondre.

Découvrons et manipulons

Monsieur Seguin perdait toutes ses chèvres.
Même Blanquette, la dernière qu'il possédait, voulait le quitter et s'enfuir dans la montagne…

« Comment Blanquette, tu veux me quitter ?
Et Blanquette répondit :
– Oui, monsieur Seguin.
– Est-ce que l'herbe te manque ici ?
– Oh ! non ! monsieur Seguin.
– Tu es peut-être attachée de trop court ; veux-tu que j'allonge la corde ?
– Ce n'est pas la peine, monsieur Seguin.
– Alors, qu'est-ce qu'il te faut ! Qu'est-ce que tu veux ?
– Je veux aller dans la montagne, monsieur Seguin.
– Mais, malheureuse, tu ne sais pas qu'il y a le loup dans la montagne… Que feras-tu quand il viendra ?…
– Je lui donnerai des coups de cornes, monsieur Seguin. »

Alphonse Daudet, *La Chèvre de monsieur Seguin*, 1887.

1 Lis ce texte à voix haute.
b) Relève les questions.
c) Comment les as-tu repérées ?

2 Lis les questions en bleu.
a) Quelles sont les réponses à ces questions ?
b) Par quel mot commence la première réponse ?

3 Par quels mots commencent les questions en vert ? À quoi servent-ils ?

MANIPULER
4 Réponds à ces questions en reprenant les mots formulés dans chacune d'elle.
- À quelle heure te lèves-tu le matin ?
- Où peut-on voir des tigres ?
- Quelles sont tes matières préférées à l'école ?
- Comment est construit un igloo* ?

Je retiens

→ Pour **poser une question**, on formule une **phrase interrogative.**
- À l'**écrit**, elle se termine par un **point d'interrogation**.
- À l'**oral**, on **élève la voix** en fin de phrase.

Est-ce que l'herbe te manque ici **?** Alors, qu'est-ce qu'il te faut !

→ Pour **répondre** correctement à une question, il faut d'abord en comprendre le **sens**.
- On peut répondre à certaines questions par **oui** ou par **non**.

Oui, monsieur Seguin. Oh ! **non** ! monsieur Seguin.

- Pour les questions commençant par un **mot interrogatif**, les réponses attendues sont différentes.

qui ? : la personne
où ? : le lieu
quand ? : le moment
comment ? : la façon de faire
pourquoi ? : la cause, la raison
combien ? : la quantité

Je m'entraîne

Savoir poser une question

5 * **Réécris chaque question avec la réponse qui convient.**

a. Que pensent-ils de leur petite sœur ?
b. Qui la fillette suivait-elle ?
c. Comment s'appelle ton frère ?
d. Pourquoi souris-tu ?
e. Avec qui discute la petite fille ?

1. Il s'appelle Caleb.
2. Elle discute avec son père.
3. Ils la trouvent drôle.
4. Parce que je suis heureuse.
5. Elle suivait son frère et sa sœur.

6 ** **Recopie ces mots en les ordonnant pour former des questions. Fais attention à la ponctuation.**

a. choisi / prénom / avez / quel / vous
b. fromage / tu / acheter / peux / du
c. ce / que / livre / penses / de / tu
d. matin / ce / fait / as / lit / tu / ton
e. répondu / tante / à / avez / lettre / votre / vous / la / de

7 *** **Complète ces questions par le mot interrogatif qui convient.**

a. ... pleures-tu ?
b. ... sont cachés les cadeaux ?
c. ... te conduira jusque chez nous ?
d. ... viendrez-vous nous voir ?
e. ... allons-nous traverser la rivière ?

8 *** **Écris les questions qu'il faut poser pour obtenir ces réponses.**

a. J'ai récolté des pommes, des prunes et des poires.
b. Je prends ma douche le soir.
c. Je reste ici parce que j'ai froid.
d. Je vais en Normandie.
e. J'ai un frère et trois sœurs.
f. Il faut bien manger pour être en bonne santé.
g. Je suis en retard car je n'ai pas entendu mon réveil.

Savoir répondre à une question

9 * **Écris la réponse qui correspond à la question en bleu.**

a. Que fais-tu demain ?
Je suis en train de lire un livre. / Je vais voir mes grands-parents.
b. Pourquoi es-tu tombé(e) ?
Je change l'ampoule au plafond. / J'ai perdu l'équilibre.
c. Qu'as-tu ramassé dans le jardin ?
J'ai joué avec les feuilles. / J'ai pris toutes les feuilles tombées.
d. À quelle heure part le train ?
Le train part à 10 h. / Le train part de Dijon.

10 ** **Complète ces réponses pour qu'elles correspondent aux questions posées.**

a. Où es-tu parti ? → Je suis parti ... .
b. Quand as-tu arrosé les fleurs ? → Je les ai arrosées ... .
c. Comment va ton frère ? → Il ... .
d. Pourquoi court-il si vite ? → Il court vite ... .
e. Avec qui fera-t-on du patin à glace ? → Nous ferons du patin ... .

J'écris – Je m'exprime

ORAL

11 * **Trouve trois questions à poser à un autre élève pour le connaître* davantage.**

12 ** **Imagine que tu es un(e) journaliste et que tu interviewes quelqu'un de célèbre. Dis de qui il s'agit, puis invente les questions et leurs réponses.**

Autodictée

– Où veux-tu partir en vacances ?
– Je veux aller à la montagne !
– Qu'est-ce que tu aimes y faire ?
– J'adore skier et faire de la luge.

17 Présenter un livre

Compétences : Repérer les informations sur une couverture de livre. Présenter un livre.

Découvrons et manipulons

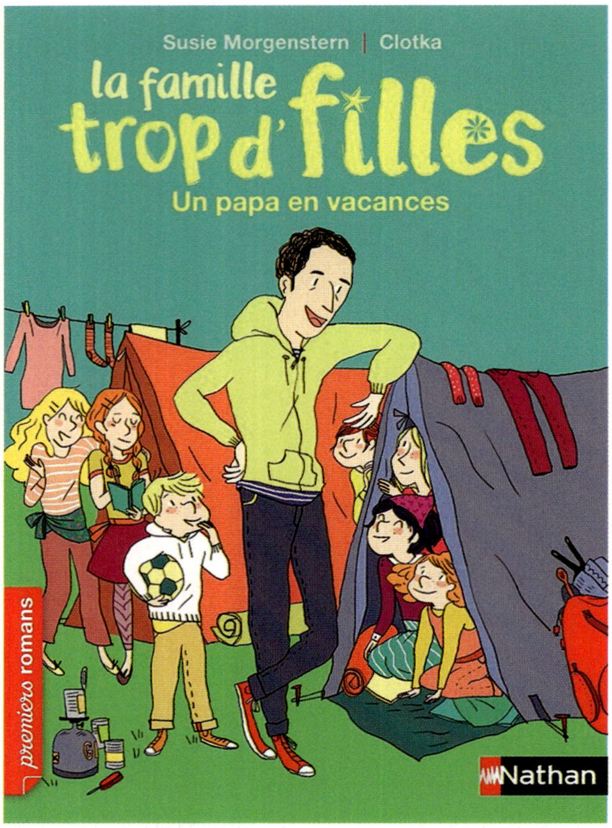

S. Morgenstern, Clotka, *La Famille trop d'filles : Un papa en vacances*, © Éditions Nathan, 2015.

1 Observe la couverture de ce livre.

a) Quel est le titre de ce livre ?

b) Quel est le nom de l'auteur ?

c) Quel est le nom de l'éditeur ?

2 Lis le résumé.

a) Qui sont les personnages principaux ?

b) Quand l'histoire se passe-t-elle ?

c) Où l'histoire se passe-t-elle ?

d) Connaît*-on la fin du livre ?

Je retiens

→ Pour **présenter un livre**, il faut donner certaines **informations** :
- celui qui écrit l'histoire : l'**auteur** ;
- celui qui fait les dessins : l'**illustrateur** ;
- celui qui a fabriqué et publié le livre : l'**éditeur**.
- ce dont le livre parle : son titre, le(s) image(s) et le résumé donnent une première idée.

→ Quand on présente un livre, il faut :
- préciser de quel **type de livre** il s'agit : un roman – un documentaire – une nouvelle – une bande dessinée – une pièce de théâtre – un recueil de poèmes...
- donner le **thème de l'histoire** : un récit d'aventures – un policier – un livre historique – un livre fantastique...

→ La plupart de ces informations sont présentées sur la **couverture** du livre.

Je m'entraîne

Identifier les informations d'un livre pour le présenter

3 * **Recopie et complète ces phrases avec un des mots proposés.**

le personnage principal – le résumé – l'auteur – l'illustrateur

a. Devant son ordinateur, il invente des aventures : c'est … .

b. Il vit les aventures racontées dans l'histoire, c'est un héros ou une héroïne : c'est … .

c. Ce texte nous donne envie d'ouvrir le livre et de le lire : c'est … .

d. Avec ses crayons, il crée des visages aux personnages : c'est … .

4 ** **Lis les informations sur cette couverture. Puis, réponds aux questions.**

Clémentine Beauvais, *Les Royales Baby-Sitters, Tome 1 : les bébés, ça pue !*, trad. Amélie Hesnard, © Le Livre de Poche Jeunesse, 2014, 2016.

a) Quel est le titre de ce livre ?

b) Quel est le nom de l'auteur ?

c) Quel est le nom de l'éditeur ?

d) De quel type de livre s'agit-il : un documentaire, une nouvelle, un roman... ?

e) Quel est le thème de l'histoire : aventure, policier, fantastique, historique ?

f) Qui sont les personnages principaux ?

5 ** **Recopie ces phrases et indique le thème de chaque histoire.**

science-fiction – policier – horreur – historique – récit d'aventures

a. Le vaisseau se posa, Akli sortit et fit ses premiers pas sur Mars.

b. Après avoir relevé les empreintes digitales, Mathilde se dirigea vers le bureau du directeur.

c. Marius descendit de son char et entra dans l'arène voir les gladiateurs.

d. Sacha et Samba attendirent la nuit, puis montèrent sur une barque pour rejoindre l'île* aux oiseaux.

e. Oscar aménage la maison. Mais dès qu'il a le dos tourné, les objets reviennent à leur place silencieusement.

6 *** **Recopie ce résumé de livre. Entoure en rouge les noms des personnages principaux et en bleu les noms des personnages secondaires.**

C'était un vendredi soir, M. et Mme Darling dînaient chez des amis et la nurse Nana, une chienne terre-neuve, était attachée dans la cour. La voie était donc libre pour que Peter Pan, le garçon qui refusait de grandir, vienne rechercher son ombre et entraîne Wendy, Michael et John vers le Pays de Nulle Part, une île enchantée habitée par des Peaux-Rouges, des fées et des pirates commandés par le sinistre capitaine

Crochet. Celui-ci ne cherche qu'à se venger de Peter Pan… et à échapper au crocodile qui a déjà dévoré sa main droite !

James Matthew Barrie, *Peter Pan*, © Éditions Gallimard Jeunesse, 2009, résumé de l'éditeur.

J'écris – Je m'exprime

ORAL

7 * **Présente le dernier livre que tu as lu à tes camarades.**

8 ** **Écris la fiche de lecture de ton livre préféré avec :**

- le titre du livre ;
- le nom de l'auteur ;
- un petit résumé du livre ;
- la date à laquelle tu as lu le livre.

Je réinvestis mes connaissances

Exprimer un lien logique

1 * Écris une seule phrase à partir de ces deux phrases. Relie-les avec un indicateur logique : car, parce que, donc, en effet.

a. Félix n'a plus faim. Il arrête de manger.
b. Ils sont fatigués. Ils ont beaucoup travaillé.
c. Je suis toute mouillée. J'ai oublié mon parapluie.
d. La maîtresse* a puni Raphaël. Il oublie toujours de faire son travail.
e. Le gâteau était excellent. Il n'en reste plus.

2 ** Complète ces phrases en respectant le sens des indicateurs logiques en gras.

a. La gazelle court **car** ...
b. Les éléphants sont protégés **donc** ...
c. L'arbre a perdu ses feuilles **parce que** ...
d. Les lions sont devant notre tente, **alors** ...

Exprimer un lien chronologique

3 * Réécris ces phrases dans l'ordre chronologique.

a. Puis, les flammes atteignent les premiers arbres.
b. Juste après, les pompiers arrivent sur les lieux.
c. D'abord, l'incendie se déclenche.
d. Enfin, l'incendie est éteint.
e. Et ils projettent de l'eau sur les arbres.

4 ** Recopie et complète ce texte avec les indicateurs de temps qui conviennent. N'oublie pas les majuscules.

finalement – d'abord – ensuite – quand – cet après-midi – puis

..., je fais un gâteau avec ma sœur. ... je prépare les œufs, la farine et le sucre. ... je fais fondre le chocolat. Je verse le chocolat sur les autres ingrédients. ... je mélange le tout. J'allume le four et ... le gâteau est cuit, je le sors. ... nous pouvons nous régaler.

Comprendre des mots inconnus

5 ** Remplace les mots soulignés par un synonyme. Indique les mots des phrases qui t'ont aidé(e).

a. La sorcière prépare une potion dans un énorme chaudron.
b. La sorcière enfourche son balai et s'envole.
c. Le prince refusa de boire le breuvage.
d. Le policier menotte le voleur qu'il a arrêté.

6 * Donne le sens des mots en gras en t'aidant du contexte et/ou des mots de la même famille.**

a. Le **pelage** du guépard est différent de celui de la panthère.
b. Les éléphants sont chassés pour leurs **défenses**.
c. Il se sent **esseulé** depuis qu'elle est partie.
d. Le jour se termine, le **crépuscule** tombe sur le fleuve.

Exprimer un avis

7 * Recopie uniquement les phrases qui expriment un avis.

Katia et Pedro ont visité la ville de Venise. Ils l'ont trouvée extraordinairement belle. Katia a adoré marcher dans les ruelles. Ils se sont souvent arrêtés pour regarder les façades. Pedro a préféré prendre les gondoles pour sillonner les canaux de la ville. En revanche, ils ont pensé que la nourriture n'était pas très bonne.

8 ** Écris, en trois phrases, un avis positif sur les colonies de vacances, pour convaincre Augustin.

Augustin déteste partir en colonie pendant les vacances. Il n'aime pas être loin de sa famille. Il trouve que tout est nul et il préfère rester chez lui.

Exprimer une sensation

9 * Relie chaque sens à l'organe et à l'action qui lui correspondent.

la vue •	• la peau •	• entendre
l'ouïe •	• le nez •	• toucher
l'odorat •	• les oreilles •	• voir
le toucher •	• la langue •	• goûter*
le goût* •	• les yeux •	• sentir

Exprimer ses émotions

10 * Écris le nom de chaque émotion exprimée dans ces phrases.

a. Dans la forêt, Camille est seule. Elle a les jambes qui tremblent. Elle décide de faire demi-tour.
b. Un serveur renverse de la sauce sur le pantalon de Louis. Son visage devient tout rouge et son regard est noir. Il crie après le serveur.
c. David est dans son jardin. Il se sent bien, il n'a aucun souci.
d. Anouk est partie loin de ses amis. Elle a le cœur gros et elle pense à eux.

Dialoguer

11 ⁑ Recopie ce texte et entoure les signes du dialogue. Puis, souligne les verbes qui accompagnent les répliques.

Julie déboule dans la cuisine, où sa mère prépare le déjeuner. Elle crie :

« Maman, maman, j'ai trouvé !

– Qu'est-ce que tu as trouvé, ma chérie ? lui demande doucement sa mère.

– Je sais ce que je veux pour mon anniversaire ! Je veux un chien, un petit chien noir et blanc, précise Julie.

– Il n'en est pas question, répond maman. Un chien, c'est beaucoup trop de contraintes, explique-t-elle. Il faut s'en occuper, le nourrir, le promener tous les jours.

– Alors un chat ? un poisson rouge ? » supplie Julie avec espoir.

Répondre à une question

12 * Recopie ces questions et souligne les mots interrogatifs. Puis, réponds à ces questions sur les contes célèbres.

a. Qui mange le Petit Chaperon rouge ?

b. Combien y a-t-il de petits cochons ?

c. Quand Cendrillon doit-elle quitter le bal ?

d. Comment la méchante reine empoisonne-t-elle Blanche-Neige ?

13 ⁑ Des erreurs se sont glissées dans les réponses. Réécris ces réponses pour qu'elles correspondent aux questions posées.

a. Où dorment les chevaux ?

→ Les chevaux dorment debout.

b. Que mangent les vaches ?

→ Les vaches ont plusieurs estomacs.

c. Combien de pattes ont les chèvres ?

→ Les chèvres ont deux cornes.

Présenter un livre

14 * Choisis une bande dessinée. Écris son titre et le nom de l'auteur. Décris sa couverture.

15 ⁑ Choisis un roman policier. Écris le résumé de l'histoire. Nomme les principaux personnages et décris-les en une phrase.

EXERCICE TRANSVERSAL

16 * Lis ce texte, puis réponds aux questions.

a) Relève les verbes qui accompagnent le dialogue.

b) Quelle émotion ressent Daniel ? Recopie les expressions qui t'ont aidé(e) à répondre.

– S'il s'en sort, ce sera grâce à toi, dit l'inspecteur Malus.

Daniel haussa les épaules.

– J'ai pas fait grand-chose, murmura-t-il.

Il se sentait un peu mal à l'aise. Après avoir donné son coup de téléphone, il s'était habillé. Le policier lui avait dit qu'il viendrait prendre sa déposition, même s'il ne trouvait personne. Il avait sonné et Daniel avait eu peur de lui ouvrir. Mais il avait été rassuré en reconnaissant sa voix.

Irina Drozd, *Un tueur à ma porte*,
© Éditions Bayard, 2005.

EXERCICES D'ÉCRITURE

17 ⁑ Donne ton avis sur ce dessin : écris trois phrases pour argumenter.

Carl Larsson, *La Pêche aux écrevisses* (1894-1896).

18 ⁂ Écris un court dialogue entre un(e) chef autoritaire et colérique, et son assistant(e) plutôt peureux (euse).
L'assistant(e) refuse de faire ce que lui demande son (sa) chef.
Montre bien, dans les répliques, le caractère et les émotions des deux personnages.

18 Le corps humain

Compétences : Connaître* et utiliser les mots du corps humain.

Découvrons et manipulons

Ton super-corps !

• Inspirez ! Expirez !

Dans une journée, tu respires 36 000 fois. L'air inspiré passe dans les alvéoles, des petits sacs creux situés dans tes poumons. Étalés, ces millions d'alvéoles couvrent un terrain de tennis !

• Sourire musclé

Pour sourire, tu utilises une quinzaine de muscles dont les zygomatiques. Et pour bouder ? Deux fois plus, paraît-il… Autant sourire, non ?

• Le sang, la vie

Adulte, le corps humain contient 6 litres de sang. Ce sang circule dans ton corps grâce à des vaisseaux sanguins (artères, veines…). Mis bout à bout, ces vaisseaux feraient 2 fois le tour le la Terre !

Léa Vilmer, *Le Petit Léonard*, décembre 2016, © Milan Presse.

1 Lis ce texte.

a) Que fais-tu lorsque tu inspires ? Et lorsque tu expires ?

b) De quel organe a-t-on besoin pour respirer ?

c) Cherche la définition du mot « alvéole ». Essaie de décrire à quoi cela peut ressembler.

2 a) De quoi a-t-on besoin pour sourire ?

b) À ton avis, pourquoi bouder demande-t-il plus d'efforts que sourire ?

3 a) Comment le sang circule-t-il dans le corps ?

b) Sais-tu quel organe produit le sang ?

c) À ton avis, à quoi le sang sert-il ?

MANIPULER

4 Quel mot ne peut pas être associé à chaque mot en gras ?

- **la respiration :** l'air – inspiré – la digestion – expirer
- **les muscles :** les zygomatiques – le crâne – les biceps – tendus
- **le sang :** une articulation – veineuse – circuler – les artères

Je retiens

→ Le **corps humain** est formé de plusieurs **parties**, dont il faut connaître* les termes :
la tête – le tronc – les bras – les mains – les jambes – les pieds.

→ Pour parler du corps humain, il faut en maîtriser* le **lexique** spécifique :
- **son squelette :** le crâne – la cage thoracique – les côtes – les vertèbres – la clavicule – la hanche – le cubitus (os du bras) – le fémur et le tibia (os de la jambe)
- **ses articulations :** le cou – les épaules – les coudes – les poignets – les hanches – les genoux – les chevilles
- **ses muscles :** les biceps – les pectoraux – les triceps – les abdominaux
- **ses organes :** le cerveau – les yeux – les oreilles – la langue – le nez – le cœur – le foie – l'estomac – les poumons – les reins

→ Pour rester en **bonne santé**, il faut prendre **soin** de son corps. On utilise les mots :
l'alimentation – l'hygiène – la sécurité – la propreté – les activités physiques – le sommeil.

Je m'entraîne

Connaître* et utiliser les mots du corps humain

5 * **Reproduis ce tableau et classe les mots dans la bonne colonne.**

le foie – le crâne – les pectoraux – le cœur – les côtes – les biceps – les vertèbres – l'estomac – les abdominaux

Des os	Des muscles	Des organes
...	...	...

6 * **Pour chaque numéro, écris le nom de l'articulation qui convient.**

la cheville – la hanche – l'épaule – le poignet – le genou – le coude

7 ** **Recopie ces phrases en associant chaque organe à son rôle dans le corps humain.**

le cœur – le cerveau – l'estomac – les poumons – les reins

a. Il commande les nerfs et permet de penser et de parler : ...

b. Ils permettent de respirer : ...

c. Il digère les aliments qui sont mastiqués dans la bouche : ...

d. Ils éliminent les déchets et produisent l'urine : ...

e. Il fait circuler le sang dans les vaisseaux : ...

8 ** **Recopie et complète ces expressions avec les parties du corps qui conviennent.**

épaules – cœur – doigt – bouche – main – jambes

a. Avoir le ... sur la main.

b. Prendre ses ... à son cou.

c. Mettre l'eau à la ... .

d. Avoir la ... verte.

e. Obéir au ... et à l'œil.

f. Avoir la tête sur les ... .

9 ** **Recopie et complète chaque paragraphe avec les mots entre parenthèses.**

a. (battements – pompe – vaisseaux)

Le cœur est un muscle puissant qui agit comme une ... . À chacun de ses ..., il envoie du sang dans les ... sanguins (veines, artères...).

b. (poumons – oxygène – nez)

Notre corps a besoin d'... pour vivre. Celui-ci entre par le ..., passe par la trachée, puis par les bronches et arrive aux ... . Là, il pénètre dans notre sang.

c. (informations – fonctions – sens)

Notre cerveau contrôle de nombreuses ... de notre corps : la parole, le mouvement, le sommeil... Il traite également les ... qui proviennent de nos ..., comme la vue ou le goût.

Sally Odgers, *Le Corps humain*, coll. « Tous lecteurs », © Hachette Livre.

J'écris – Je m'exprime

ORAL

10 * **Quelles activités physiques pratiques-tu (marcher, courir, danser, jouer...) pour être en forme ?**

11 ** **Écris trois phrases pour expliquer ce qu'il faut faire pour avoir une bonne hygiène des mains, des dents et du corps.**

À toi de jouer

Devinette.

- Mon premier se lance dans un jeu de société.
- Mon deuxième vient avant « tu » et « il ».
- Mon troisième est au milieu du visage.
- Mon tout est un repas essentiel pour la santé.

Autodictée

Au cours de notre sommeil, nos muscles se relâchent, l'activité de notre cerveau diminue, notre corps reprend des forces.

19 Les objets techniques

Compétences : Connaître* et utiliser les mots des objets techniques.

Découvrons et manipulons

À bord du TGV

• Les signaux

Quand le train va vite, son conducteur ne peut pas voir les signaux* le long de la voie. Un système électronique capte les informations sur la voie au moment où le TGV passe. Si le conducteur ne respecte pas les limitations de vitesse, le train est freiné automatiquement.

• Les freins

Un TGV lancé à 300 kilomètres à l'heure a besoin de 3 000 mètres pour s'arrêter. La température des freins monte alors à 800 degrés !

• L'ordinateur

Il indique les pannes. Dans certains cas, il sait les réparer tout seul !

• Le poste d'aiguillage

Le conducteur reçoit des informations du poste d'aiguillage* par le haut-parleur*. On le prévient, par exemple, qu'un accident a eu lieu.

Le Petit Quotidien – pour les 6-10 ans : 10 minutes de lecture par jour, www.lepetitquotidien.fr, © PlayBac Presse.

* un signal : un système d'alerte qui envoie des informations.
* un poste d'aiguillage : un endroit où les contrôleurs surveillent les transports en train.
* un haut-parleur : un appareil qui transforme le courant électrique en sons.

1 Lis le texte et observe les mots en rouge.
a) S'agit-il d'éléments naturels ou bien créés par l'homme ?
b) Explique avec tes propres mots à quoi sert chacun d'eux.

2 a) À quoi sert le TGV ? À quel besoin humain répond-il ?
b) À ton avis, quelle énergie utilise-t-il pour fonctionner ?

MANIPULER
3 Quels éléments font partie de l'ordinateur ?
la pile – la batterie – le ressort – le disque dur – la webcam – le clavier – le chat – la souris

Je retiens

→ Nous utilisons tous les jours et tout le temps des **outils** et des **objets techniques**.
Les objets techniques sont **fabriqués par l'homme** pour répondre à ses **besoins**.
Ils facilitent son travail et sa vie quotidienne. Ils se perfectionnent au cours du temps.
Le coiffeur utilise des **ciseaux** pour couper les cheveux.
Nous utilisons tous l'**ordinateur**, le **téléphone**, la **balance**, la **voiture**, le **vélo**, le **train**, les **rollers**...

→ Pour **parler des objets techniques**, il existe des mots précis :
- une machine – un mode d'emploi – une expérience – le fonctionnement – un schéma de montage...
- l'énergie – une ampoule – un interrupteur – une pile – le courant – des règles de sécurité...
- un mouvement – un engrenage – un pédalier – une chaîne* – une roue – un levier – une poulie – un ressort – des aimants...
- observer – démonter – remonter – fabriquer – réaliser – tester – essayer...

Je m'entraîne

Connaître* et utiliser les mots des objets techniques

4 * **Recopie ces listes sans l'intrus.**

a. une hache – un râteau – une longue-vue – une fourche

b. une ampoule – un bracelet – un interrupteur – le courant

c. des ciseaux – un peigne – une brosse – une glacière

d. un tonneau – une échelle – un escalier – un ascenseur

e. un lit – un toboggan – une table – une chaise

5 * **Recopie et complète les phrases avec les mots suivants :**

la batterie – l'unité centrale – le clavier – les enceintes – le scanner – la webcam

a. Tu l'utilises pour écrire des messages : ...

b. Elle contient le disque dur de ton ordinateur : ...

c. Il fait une image des documents que tu peux sauvegarder : ...

d. Elles diffusent le son : ...

e. Elle te filme et te permet de communiquer en image : ...

f. Elle fournit l'énergie de ton ordinateur portable : ...

6 * **Associe chaque métier à son outil.**

le maçon •	• le râteau
le bûcheron* •	• le rouleau
le jardinier •	• la truelle
l'agriculteur •	• la faux
le pâtissier •	• la hache

7 * **Associe chaque objet à sa fonction ou au besoin humain auquel il répond.**

l'horloge •	• conserver les aliments
le thermomètre •	• ramasser la poussière
le réfrigérateur •	• mesurer la température
l'aspirateur •	• se repérer dans le temps

8 ** **Recopie et complète ces phrases avec les mots suivants.**

levier – balance – mode d'emploi – aimant – courant

a. Les deux plateaux de la ... sont équilibrés.

b. J'ai ramassé les épingles tombées au sol avec un ... .

c. Sans ... électrique, la machine à laver ne fonctionne pas.

d. Avec un ..., on peut soulever des choses lourdes.

e. J'ai perdu le ... de ma liseuse et je ne sais plus l'utiliser.

9 *** **Recopie et légende ce schéma de circuit électrique.**

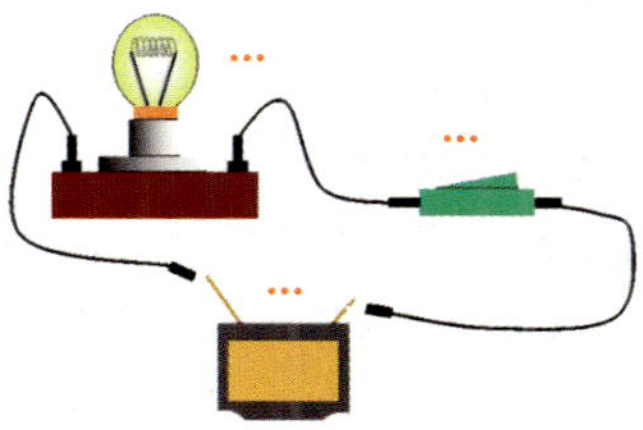

J'écris – Je m'exprime

ORAL

10 * **Es-tu bricoleur (euse) ? As-tu des jeux de construction ? Ou bien, préfères-tu utiliser ton ordinateur ?**

11 ** **Écris quelques phrases pour expliquer comment fonctionne un vélo. Aide-toi des mots :**

une chaîne* – une roue – un pédalier – le mouvement – pédaler ...

À toi de jouer

Remets les lettres des mots dans l'ordre pour découvrir quelle énergie permet à ces véhicules d'avancer.

le n-e-v-t

le é-e-o-t-p-r-l

les l-s-s-e-u-m-c

l'i-i-é-é-c-c-t-t-e-r-l

20 Les mathématiques

Compétences : Connaître* et utiliser le vocabulaire des mathématiques.

Découvrons et manipulons

Mathématiques

Quarante enfants dans une salle,
Un tableau noir et son triangle
Un grand cercle hésitant et sourd
Son centre bat comme un tambour.

Des lettres sans mots ni patrie
Dans une attente endolorie.

Le parapet dur d'un trapèze,
Une voix qui s'élève et s'apaise
Et le problème furieux
Se tortille et se mord la queue.

La mâchoire d'un angle s'ouvre.
Est-ce une chienne ? Est-ce une louve ?

Et tous les chiffres de la Terre,
Tous ces insectes qui défont
Et qui refont leur fourmilière
Sous les yeux fixes des garçons.

Jules Supervielle, in *Gravitations*, *Œuvres poétiques complètes*, © Éditions Gallimard.

1 **Lis ce poème.**
a) À quel domaine mathématique appartient le mot en rouge ?
b) Relève dans le texte au moins un autre mot de ce domaine.

2 **De quels outils as-tu besoin pour tracer et mesurer les éléments des mots en vert ?**

3 **Observe les mots en bleu. À quel domaine mathématique appartiennent-ils ?**

MANIPULER
4 **Associe chaque mot au domaine qui lui correspond.**

le calcul •	• un kilogramme
la géométrie •	• un énoncé
les grandeurs et les mesures •	• un nombre
la résolution de problèmes •	• un cercle

Je retiens

→ Les **mathématiques** sont une discipline très **précise**, qui demande d'employer un **lexique particulier**.

→ Les mathématiques abordent différents **domaines** :
- le **calcul** : un chiffre – un nombre – une addition – une soustraction – un signe…
- la **géométrie** : une figure – une droite – un segment – un carré – un rectangle – un triangle – un angle – un cercle…
- les **grandeurs et mesures** : un mètre – un kilomètre – un litre – un gramme – une heure…
- la **résolution de problèmes** : un énoncé – questionner – comparer – répondre…

→ En mathématiques, on utilise des **instruments** pour calculer, tracer ou mesurer : la calculatrice – la règle graduée – l'équerre…

Je m'entraîne

Connaître* et utiliser les mots des mathématiques

5 * **Recopie ces phrases et souligne les mots qui font partie du vocabulaire des mathématiques.**

a. La course se termine en ligne droite sur les Champs-Élysées.

b. Sous cet angle de vue, j'avais l'impression que le sommet était tout proche.

c. Il n'y a personne dans un rayon d'un kilomètre.

d. J'ai calculé le total de nos achats.

6 * **Relève l'intrus de chaque liste.**

a. un chiffre – une addition – une calculatrice – un compas

b. une opération – un poids – une distance – une période

c. un énoncé – une phrase réponse – une équerre – une question

7 ** **Recopie et complète ces phrases avec les mots qui conviennent.**

sommets – angle – côtés – centre – diamètre – figures

a. Un triangle a trois ... .

b. Le triangle rectangle a un ... droit.

c. Un carré a quatre ... .

d. Le ... du cercle est le milieu de son ... .

e. La plupart des ... ont des ... et des ....

8 ** **Qui suis-je ? Écris la réponse à ces devinettes.**

a. J'ai trois côtés et trois sommets. → Je suis un ...

b. Je suis le plus petit nombre de trois chiffres. → Je suis le nombre ...

c. J'ai six faces carrées. → Je suis un ...

d. Je corresponds à 60 minutes. → Je suis une ...

e. Je sers à tracer un angle droit. → Je suis une ...

9 ** **Recopie ces phrases avec la bonne mesure donnée entre parenthèses.**

a. J'habite à dix (heures – minutes) de l'école.

b. Mon cousin pesait moins de trois (grammes – kilogrammes) quand il est né.

c. La tour Eiffel mesure 314 (kilomètres – mètres) de hauteur.

d. Le réservoir de notre voiture contient soixante (millilitres – litres) d'essence.

10 ** **Observe ce tableau et réponds aux questions.**

Wassily Kandinsky, *Molle rudesse*, 1927.

a) **Combien de triangles sont dessinés dans ce tableau ?**

b) **Quelles autres figures reconnais-tu ?**

J'écris – Je m'exprime

ORAL

11 * **Quel est ton domaine mathématique préféré ? Pourquoi ? Explique ta réponse.**

12 ** **Explique comment tracer cette marelle sur le sol. De quels instruments as-tu besoin ? Quelles figures dois-tu tracer ?**

À toi de jouer

Devinette.

J'ai quatre fois l'âge de mon fils, et dans 20 ans, j'aurai deux fois son âge. Quel âge avons-nous ?

Autodictée

Le calcul mental est un jeu pour moi. Je m'amuse à faire « de tête » des additions et des soustractions. Mon cerveau est la plus pratique des calculatrices.

21 Le temps

Compétences : Connaître* et utiliser les mots pour se repérer dans le temps.

Découvrons et manipulons

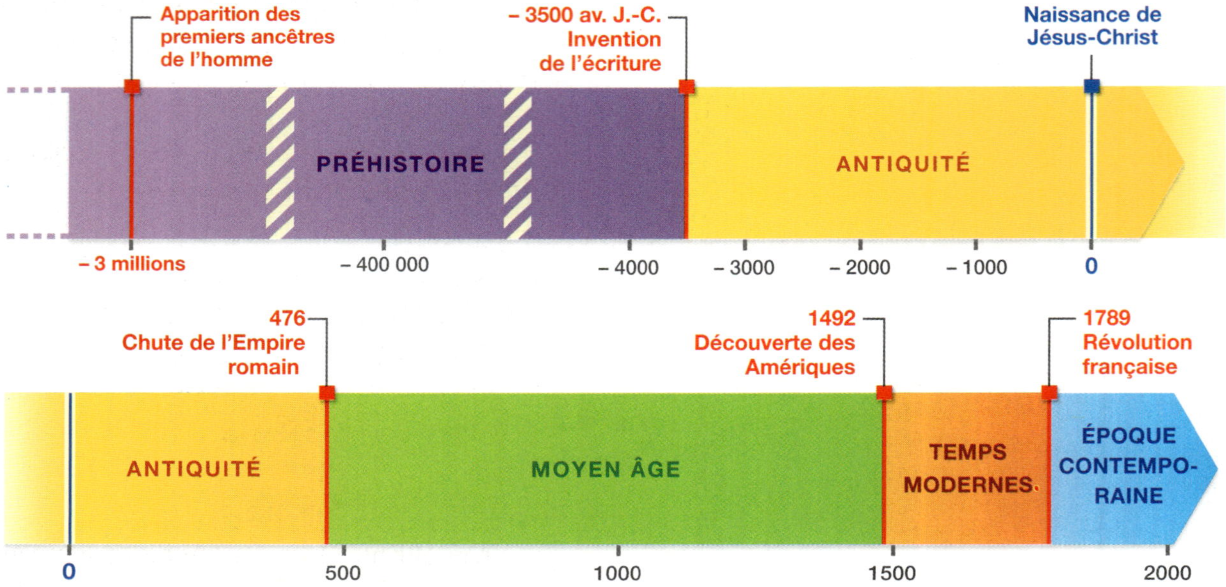

1 Observe ce document.

a) Comment s'appelle ce type de document ?

b) À quoi sert-il ?

c) Comment dois-tu le lire ?

2 Quelles sont les cinq grandes périodes historiques ?

3 a) Quel événement* marque le début de chaque période ?

b) Donne un autre événement* que tu connais pour l'époque contemporaine.

4 a) En quel siècle sommes-nous ?

b) En quelle année a-t-il débuté ?

MANIPULER

5 Classe ces durées de la plus longue à la plus courte.

un siècle – un jour – un mois – une année – un millénaire – une semaine

MANIPULER

6 Réponds à ces questions.

- Combien y a-t-il d'heures dans une journée ?
- Combien y a-t-il de jours dans une semaine ?
- Combien y a-t-il de semaines dans un mois ?
- Combien y a-t-il de mois dans une année ?
- Combien y a-t-il d'années dans un siècle ?
- Combien y a-t-il de siècles dans un millénaire ?

Je retiens

→ Pour **parler du temps qui passe**, on utilise les mots : la seconde – la minute – l'heure – la journée – la semaine – le mois – la saison – l'année – le siècle – le millénaire

→ Pour **mesurer le temps**, on utilise :

- le **calendrier** : il sert à se repérer dans notre **emploi du temps** quotidien : les journées – les semaines – les mois – l'année
- la **frise chronologique** : c'est une ligne du temps. Elle sert à étudier les **grandes périodes** (la Préhistoire, l'Antiquité, le Moyen Âge, les Temps modernes et l'époque contemporaine) et à situer des **événements* historiques**. La frise se lit de gauche à droite.

Attention ! *1 décennie = 10 ans* *1 siècle = 100 ans* *1 millénaire = 1 000 ans = 10 siècles*

Je m'entraîne

Connaître* et utiliser les mots pour se repérer dans le temps

7 * **Recopie et associe sa description à chaque durée.**

Elle dure 60 secondes. • • l'année bissextile
Il dure 100 ans. • • le siècle
Elle dure 7 jours. • • le jour
Elle dure 366 jours. • • la semaine
Il dure 24 heures. • • la minute

8 * **Écris la date en abrégé ou l'inverse.**

a. 12 mars 2010 → …
b. 24 décembre 2017 → …
c. 19 juin 1985 → …
d. 30 novembre 1713 → …
e. 01/01/2000 → …
f. 14/02/2018 → …
g. 01/09/2023 → …
h. 08/07/1953 → …

9 ** **Recopie et complète ce texte avec les mots suivants.**

mois – 1er janvier – calendrier – semaines – 31 décembre

Un … est un système qui permet de découper le temps et de se repérer dans son déroulement. L'année commence le … et se termine le … . Une année compte douze … et cinquante-deux … .

10 ** **Recopie et complète ces phrases.**

a. **– 3 millions :** apparition des premiers ancêtres de l'homme, c'est le début de la … .
b. **– 3500 :** apparition de l'écriture, c'est le début de l'… .
c. **476 :** chute de l'Empire romain, c'est le début du … .
d. **1492 :** découverte de l'Amérique, c'est le début des … .
e. **1789 :** la Révolution française, c'est le début de l'… .

11 ** **Recopie et complète les phrases avec les mots donnés.**

évolution – témoignage – génération – frise

a. Je regarde la … historique affichée au mur.
b. Mes grands-parents et moi ne sommes pas de la même … .
c. Entre la diligence et la voiture, il y a une grande … .
d. Les photographies sont un bon … des événements* passés.

12 ** **Écris les réponses à ces questions.**

a. Quel est le mois le plus court de l'année ?
b. Combien y a-t-il de jours en juillet ?
c. À quelle saison appartient le mois d'octobre ?
d. Quels sont les trois mois du printemps ?
e. Combien d'années dure un millénaire ?

13 ** **Recopie ces phrases et, pour chaque date, écris à quel siècle elle appartient.**

a. 496 appartient au … siècle.
b. 1632 appartient au … siècle.
c. 1815 appartient au … siècle.
d. 1945 appartient au … siècle.
e. 2020 appartient au … siècle.

J'écris – Je m'exprime

ORAL

14 * **À quelle autre époque aurais-tu aimé vivre ?**

15 ** **Joues-tu aux mêmes jeux que tes grands-parents ? Décris, en quelques phrases, ce qui a changé en deux générations.**

À toi de jouer

Associe chaque objet à son dessin.

le chronomètre
le calendrier
le cadran solaire
la montre

a.

c.

b.

d.

Autodictée

Le rythme des saisons est toujours le même. Pourtant, j'ai déjà vécu huit étés, tous différents !

22 Les espaces géographiques

Compétences :
Connaître* et utiliser les mots des espaces géographiques.

Découvrons et manipulons

1 **Observe ces deux vignettes de bande dessinée.**

a) Où la scène se passe-t-elle ?

b) Les deux enfants sont-ils dans une ville ou bien à la campagne ? Quels éléments du dessin te l'indiquent ?

2 **a) À quoi sert le plan dessiné dans la seconde vignette ?**

b) Dans quelle rue la voiture est-elle ?

c) Où va-t-elle tourner après ?

MANIPULER

3 **Relève les mots qui indiquent des positions dans l'espace.**

devant – droite – après – près – avec – toujours – loin – ensuite – à côté de – puis – derrière

MANIPULER

4 **Classe ces mots en deux colonnes, selon qu'ils caractérisent la ville ou la campagne.**

un imeuble – un champ – un tramway – un troupeau – un square – une avenue – une banlieue – une forêt – un village – l'agriculture – le métro – un centre commercial – des bureaux

Je retiens

→ Un **espace** est un lieu dans lequel on occupe une **position** : gauche – droite – au-dessus – en dessous – sur – sous – devant – derrière – près – loin – au premier plan – au second plan – nord – sud – est – ouest...

→ Pour **situer un lieu** et **se repérer** dans son **environnement proche ou plus lointain**, on utilise un **plan** ou une **carte**.
J'utilise un **plan** pour me repérer dans mon quartier, situer ma maison et mon école...
J'utilise une **carte** pour me repérer dans ma ville, ma région, mon pays...

→ Pour **décrire et comparer des espaces géographiques**, il faut identifier le **type d'espace** dans lequel on se situe. Il existe différents types d'espaces :

- les **espaces naturels** : la mer – la montagne – le désert...
- les **espaces aménagés par l'homme** :
  – un **espace urbain** : la ville – un quartier – une rue – une place – une habitation – un immeuble – un commerce – un jardin public – un moyen de transport – une banlieue...
  – un **espace rural** : la campagne – un village – une ferme – l'agriculture – un élevage – un champ...

Je m'entraîne

Utiliser des mots pour se positionner dans les espaces géographiques

5 * **Recopie et complète ces phrases avec le mot qui convient entre parenthèses.**

a. La voiture tourne (à gauche / tout droit) dans la rue.

b. Ils se dépêchent pour suivre la voiture (devant / derrière) eux.

c. Je vois des maisons (au devant / au premier plan) de la photographie.

d. Pour faire demi-tour, tu dois (tourner / aller tout droit).

6 ** **Reproduis cette rose des vents et complète-la avec les mots : nord, sud, est, ouest.**

7 *** **Recopie et complète ce texte avec les mots qui conviennent.**

Dans l'..., quand tu es immobile, tu occupes une ... par rapport aux éléments qui t'entourent. Tu peux te trouver à droite ou à ... de quelqu'un, ... ou en dessous de quelque chose, devant ou ... un objet.

Identifier les différents espaces géographiques

8 * **Associe chaque paysage à la photographie qui lui correspond.**

un littoral – un massif montagneux – une campagne – un désert

a.

c.

b.

d.

9 ** **Recopie et complète les phrases avec les mots qui conviennent. Pense aux accords !**

ferme – pâture – quartier – habitation – rue

a. Les troupeaux vont paître* dans les ... .

b. Ce ... attire les tourtistes qui viennent visiter les musées.

c. Les ... sont étroites et il est difficile de se déplacer en voiture.

d. Dans une ..., on trouve souvent un hangar pour ranger le matériel.

e. Dans le centre historique de la ville, on trouve les ... les plus anciennes.

10 *** **Recopie et complète ces phrases avec les mots suivants.**

une carte – un globe terrestre – un planisphère – un plan – un GPS

a. Pour se repérer dans un environnement très proche : ...

b. Pour voir tous les continents d'un seul regard : ...

c. Pour voir la Terre sous la forme d'une boule : ...

d. Pour se guider lors d'un voyage : ...

e. Pour se repérer en ville, à la campagne, dans une région, un pays : ...

J'écris – Je m'exprime

ORAL

11 * **Explique le trajet que tu fais le matin pour aller de chez toi à l'école.**

12 ** **Écris un court texte pour décrire l'endroit où tu vis : dans une ville, à la campagne, au bord de la mer, à la montagne... Décris le paysage de cet espace géographique.**

À toi de jouer

Remets ces syllabes dans l'ordre pour retrouver les noms de trois continents.

RIQUE – AF – AMÉ – ANIE – RIQUE – OCÉ

Autodictée

Plus de sept milliards d'habitants peuplent la Terre. Ils vivent dans des villes, des villages, au bord de la mer, à la montagne… Et toi, quelque part, tu vis aussi dans un lieu et tu t'y déplaces : tu as une habitation, une école, des loisirs.

23 Vivre ensemble

Compétences : Connaître* et utiliser les mots de l'enseignement moral et civique.

Découvrons et manipulons

Il était une fois, au pays des éléphants, une tribu où les éléphantes avaient de grands yeux brillants, la peau lisse comme une pomme et couleur rose bonbon. Cette jolie couleur était due au fait que les éléphantes, depuis le premier jour de leur vie, ne mangeaient que des anémones et des pivoines.

Ce n'était pas vraiment par plaisir : les anémones, et encore moins les pivoines, ne sont pas du tout bonnes à manger mais elles donnent une peau bien lisse et bien rose et rendent les yeux grands et brillants. Anémones et pivoines poussaient dans un jardin clôturé où les petites éléphantes restaient enfermées à jouer entre elles et à manger des fleurs.

De leur enclos, les petites éléphantes regardaient leurs frères et leurs cousins, tous gris éléphant, jouer dans la savane, manger l'herbe verte, barboter dans l'eau du fleuve, se rouler dans la boue et faire la sieste sous les arbres.

[…] Seule Pâquerette ne rosissait pas du tout, malgré toutes les anémones et les pivoines qu'elle mangeait. Ce qui attristait beaucoup sa mère et fâchait énormément son père.

Adéla Turin, *Rose Bonbon*, © Éditions Actes Sud, 2014.

1 **a) Pourquoi les éléphants et les éléphantes n'ont-ils pas la même couleur ?**
b) Naissent-ils différents ou est-ce qu'ils le deviennent ?

2 **Compare le quotidien des éléphants et des éléphantes. Pourquoi ne vivent-ils pas ensemble ?**

3 **Pourquoi Pâquerette attriste-t-elle ses parents ?**

MANIPULER

4 **Classe ces comportements en deux groupes : ceux qui sont respecteux et ceux qui ne le sont pas.**
s'écouter – casser une chaise – être tolérant(e) – polluer – dire « s'il te plaît* » – être violent(e) – être raciste – partager – s'entraider – rejeter

Je retiens

→ Pour **parler de son rapport aux autres** et utiliser un vocabulaire précis, il faut identifier les **valeurs** sur lesquelles repose notre société : la liberté – l'égalité – la fraternité – la laïcité – la solidarité – la justice – le respect.

→ Au quotidien, pour s'exprimer, pour penser par soi-même et pour développer son esprit critique, il faut pouvoir **comprendre les autres** et les **respecter** :
- **accepter les différences** : elles peuvent être visibles (notre taille, notre âge, notre couleur de peau...) ou invisibles (nos idées, nos croyances...)
- **être poli(e)** : ne pas insulter les autres, ne pas dégrader les objets qui ne nous appartiennent pas...
- **partager** : dialoguer, s'aider, s'écouter...

→ Nous avons tous des **droits**. Mais nous avons aussi des **devoirs** et des **règles** à respecter : les règles de sécurité – le règlement scolaire – le Code de la route – le tri sélectif – la protection de l'environnement...

Je m'entraîne

Identifier des valeurs et utiliser des mots précis

5 * **Recopie ces phrases et entoure les mots qui relèvent de l'enseignement moral et civique.**

a. Tu as l'obligation de justifier ton absence d'hier.

b. Chaque parent a la responsabilité du bien-être* de son enfant.

c. Les élèves de cette école doivent connaître* le règlement intérieur.

d. Dans le métro, les usagers ont le devoir de respecter les biens publics.

e. Toutes les filles et tous les garçons sont égaux.

6 * **Associe chaque valeur morale à son contraire.**

la liberté •	• l'injustice
l'égalité •	• la haine
la tolérance •	• le mépris
le respect •	• l'enfermement
la justice •	• l'inégalité

7 * **Recopie et complète ces phrases avec les mots : la liberté, l'égalité, la fraternité.**

a. On doit respecter ... entre tous.

b. ... qui les unit est remarquable.

c. Dans certains pays, ... de la presse n'existe pas.

8 **Complète ce texte avec les mots suivants.**

collectif – parole – émotions – couper – avis – débattre – mépriser – écouter

Donner son ... et participer à un échange ... . il n'y a pas d'âge pour commencer ! Même enfant, on peut ... avec les autres. En classe, le respect c'est savoir ... les autres, attendre son tour pour prendre la ..., ne pas se moquer ou ... ceux qui n'ont pas pas le même point de vue, ne pas ... la parole et contrôler ses ... .

9 **Vrai ou faux ? Recopie les phrases qui sont justes et corrige les autres.**

a. Il y a un règlement intérieur dans chaque école.

b. Respecter l'autre, c'est lui dire qu'il est différent.

c. En CE2, on n'a pas encore le droit de donner son avis.

d. Si j'ai des droits, c'est que je n'ai pas de devoirs.

e. Il n'y a des règles qu'à l'école.

10 **Recopie et complète ces étapes d'une élection de délégué(e) de classe, avec des mots qui conviennent.**

a. Étape 1 : Les élèves qui souhaitent être ... lèvent la main ; leurs noms sont notés au tableau.

b. Étape 2 : Chacun à leur tour, ils présentent leurs ... à leurs camardes, qui les ... .

c. Étape 3 : Tous les élèves ... sur un morceau de papier le ... de l'élève qu'ils ont choisi(e).

d. Étape 4 : Les ... sont glissés dans une boîte* fermée.

e. Étape 5 : Un(e) élève dépouille les ... et un(e) autre note le ... de voix à côté de chaque nom au tableau.

f. Étape 6 : L'élève qui remporte le ... de voix est ... délégué(e) de la classe.

J'écris – Je m'exprime

11 **Qu'y a-t-il de différent et de commun entre une fille et un garçon ? Y a-t-il des « jeux de filles » et des « jeux de garçons » ? Peut-on être à la fois différents et égaux ?**

ORAL

12 **Les parents de Pâquerette ont-ils le droit de lui imposer un mode de vie ? Et dans la vraie vie, les parents peuvent-ils imposer des choses à leurs enfants ?**

À toi de jouer

Déchiffre ce rébus et trouve une idée qu'il faut combattre partout et tout le temps.

Autodictée

Nous avons tous les mêmes droits. Et nous avons aussi des devoirs : respecter et être polis avec les autres, participer à la vie de la maison et de l'école, respecter la loi et protéger notre environnement.

24 Les arts

Compétences : Connaître* et utiliser les mots des arts.

Découvrons et manipulons

Keith Haring est un dessinateur, peintre et sculpteur américain des années 1980.
Petit, il dessinait des bandes dessinées. En grandissant, il a continué ses dessins et s'est intéressé à l'art des rues, notamment les graffitis.
Dans ses dessins et ses peintures, Keith Haring a souvent dessiné des personnages empilés les uns sur les autres, qui semblaient réaliser une étrange chorégraphie. Peut-être s'agissait-il d'une danse, un art auquel il était très sensible. En effet, il a été très influencé par les musiques et les danses de son époque, notamment le hip-hop, qu'il écoutait souvent en travaillant dans son atelier.
Il a aussi créé plusieurs sculptures représentant des danseurs de capoeira, une danse brésilienne.

1 Lis ce texte.
a) Que désignent les mots en rouge ?
b) Qu'est-ce que le « hip-hop » ?
c) Qu'est-ce que la « capoeira » ?

2 a) Définis avec tes propres mots le mot en bleu.
b) Où trouve-t-on généralement ce type de dessins ?

3 Dans quel endroit cet artiste travaillait-il ?

MANIPULER
4 Associe chaque artiste à sa création.

un danseur •	• une statue
un musicien •	• un tableau
un peintre •	• une chorégraphie
un cinéaste •	• une symphonie
un sculpteur •	• un film

Je retiens

→ L'art est l'ensemble des **activités humaines** ayant pour but la **création d'œuvres**.
Keith Haring a été très influencé par les **musiques** et les **danses** de son époque.

→ Pour **parler des arts**, il faut utiliser des mots précis :
- les **types d'arts** : la sculpture – la peinture – la musique – la danse – la photographie – le cinéma...
- les **artistes** : le (la) danseur(euse) – le (la) sculpteur(trice) – le (la) cinéaste – le (la) peintre – le (la) photographe – le (la) musicien(ne)...
- les **techniques** : le modelage – le ballet – l'aquarelle – l'opéra – le long-métrage...
- les **outils** : la caméra – le chevalet – les pinceaux – les pointes – le burin – la partition...

Je m'entraîne

Connaître* et utiliser les mots des arts

5 * **Relève l'intrus de chaque liste.**

a. **le (la) sculpteur(trice) :** le burin – l'écran – les ciseaux – la pierre

b. **le (la) peintre :** le chevalet – la palette – la trompette – la toile

c. **le (la) musicien(ne) :** la partition – le pinceau – l'instrument – le pupitre

d. **le (la) cinéaste :** la caméra – le projecteur – le maillet – l'écran

e. **le (la) danseur(se) :** le tutu – les pointes – la scène – la gouache

6 * **Recopie et complète ces phrases avec les noms d'instruments qui conviennent.**

clavecin – piano – violon – cymbales – flûte* – hautbois – harpe – cor

a. La guitare est un instrument à cordes comme le ... et la ... .

b. La trompette est un instrument à vent comme la ..., le ... et le ... .

c. L'orgue est un instrument à clavier comme le ... et le ... .

d. La grosse caisse est un instrument à percussions comme les ... .

7 * **Recopie ces phrases avec les artistes qui travaillent dans les lieux soulignés.**

cinéaste – danseuse – sculptrice – musicienne – peintre

a. Cette ... expose ses toiles dans une galerie du centre-ville.

b. Dans ce studio, la ... termine le montage de son nouveau film.

c. Ce soir, la ... cubaine donne un ballet à l'opéra.

d. La ... est en concert ce soir à l'auditorium.

e. La ... termine une statue de marbre dans son atelier.

8 ** **Recopie les phrases qui sont vraies et corrige celles qui sont fausses.**

a. Le burin est un instrument utilisé par le sculpteur.

b. On ne fait pas de photographie la nuit.

c. Le chorégraphe dirige les danseurs.

d. Il faut une partition pour réaliser une sculpture.

e. Les danseuses portent souvent des tutus.

J'écris – Je m'exprime

ORAL

9 * **Décris cette peinture. Qu'évoque-t-elle pour toi ? Explique pourquoi.**

Paul Gauguin, *Jour de marché*, 1892.

10 ** **Compare ces deux représentations d'un violon. De quels types d'art s'agit-il ? Quels sont les éléments communs ? Quelle est celle que tu préfères ?**

Violon, statuette de marbre, 3000 av. J.-C.

Kuzma S. Petrov-Vodkin, *Violon*, 1918.

Autodictée

Le modelage est une technique de sculpture. L'artiste utilise une matière souple, comme la terre, le plâtre ou la cire, et la travaille avec les doigts.

25 Les sports

Compétences : Connaître* et utiliser les mots des sports.

Découvrons et manipulons

Aux Jeux olympiques, il existe 8 épreuves de plongeon : individuel et synchronisé, à partir d'un tremplin de 3 mètres (souple) ou d'une plateforme de 10 mètres, chez les hommes et chez les femmes. Tom Daley* est spécialiste du 10 mètres.

Chaque concurrent plonge 5 ou 6 fois. Pour chaque plongeon, il annonce le choix de sa position de départ et sa combinaison de figures. Les juges les notent sur 10 selon leur difficulté (types de figures, nombre de tours…) et la qualité de leur exécution (hauteur de saut, position du corps…).

L'entraînement

« Je répète mes figures à sec : sur trampoline ou en sautant dans des cubes de mousse. Je fais aussi de nombreux exercices de musculation et des étirements. Et puis, bien sûr, il y a l'entraînement en piscine. »

Le Petit Quotidien n° 5 047, 2 août 2016,
Le Petit Quotidien – pour les 6-10 ans :
10 minutes de lecture par jour,
www.lepetitquotidien.fr, © PlayBac Presse.

* Tom Daley est britannique. Il est le champion d'Europe du plongeon à 10 mètres.

1 **De quel type de sport parle cet article ?**

2 **Est-ce un sport qui se pratique seul(e) ou en équipe ?**

3 **Que notent les juges pendant le plongeon ?**

4 **Quels exercices ce sportif fait-il pendant les entraînements* ?**

5 **Indique tous les sports que tu connais et qui sont des épreuves aux Jeux olympiques.**

MANIPULER

6 **Classe ces sports en deux groupes : individuels et collectifs.**

le ski – le rugby – la boxe – le golf – le water-polo* – le tir à l'arc – le basket-ball* – le football – le patinage artistique – le tennis

Je retiens

→ Le **sport** regroupe toutes les **activités physiques** que l'on pratique pour le **plaisir** ou pour la **compétition**.

→ Faire du sport c'est courir, sauter, lancer, nager, améliorer ses performances, se confronter aux autres, attaquer, se défendre… Cela demande de **bouger** et de **maîtriser* son corps**.

→ Pour **parler du sport**, il existe des mots précis :
- les **sports collectifs** se pratiquent en équipe : le football – le basket-ball* – le volley-ball* – le rugby…
- les **sports individuels** se pratiquent seul(e) ou contre un(e) adversaire : la gymnastique – la course à pied – le ski – le golf – la boxe – la lutte – le patinage artistique – le tir à l'arc – le cyclisme – la natation – le tennis…

→ Lorsqu'on pratique un sport, il faut **respecter des règles** : l'arbitre – siffler – le carton jaune / rouge – le règlement – la discipline – la faute – le respect…

Je m'entraîne

Connaître* les différents types de sports

7 * **Recopie et écris à quel sport appartient chacune de ces règles.**

le tennis – la boxe – le football – le rugby – le basket-ball*

a. On ne doit pas toucher le ballon avec la main : ...
b. On ne doit pas faire de passe vers l'avant : ...
c. On ne doit pas faire plus de deux pas avec le ballon sans dribbler : ...
d. On doit envoyer la balle de l'autre côté du filet : ...
e. On ne frappe pas sous la ceinture : ...

8 ** **Recopie et barre l'intrus dans chaque liste. Explique ton choix.**

a. le ski – la luge – la course à pied – le bobsleigh – l'alpinisme
b. le golf – la boxe – le football – le tir à l'arc
c. le football – le cyclisme – le volley-ball* – le rugby
d. la boxe – le judo – la lutte – le karaté – le jogging
e. la brasse – la perche – le crawl – le papillon

9 ** **Recopie et complète ces phrases avec des sports qui conviennent.**

a. Trois sports qui utilisent un ballon : ... – ... – ...
b. Deux sports qui se déroulent sur la glace : ... – ...
c. Deux sports qui se pratiquent dans l'eau : ... – ...

Utiliser les mots des sports

10 * **Écris le verbe qui correspond à chaque nom.**

a. un enchaînement* : ...
b. un équilibre : ...
c. une roulade : ...
d. un saut : ...
e. un entraînement* : ...
f. une course : ...
g. une attaque : ...
h. une défense : ...
i. un arbitrage : ...
j. un lancement : ...

11 * **Recopie ces listes et ajoute, pour chaque sport, l'objet qui lui appartient.**

maillot – panier – bâtons – tatami – raquette

a. le judo : un kimono, une ceinture, un ...
b. le tennis : un filet, une balle, une ...
c. le basket-ball* : un ballon, un terrain, un ...
d. le ski : un casque, des gants, des ...
e. la natation : un bonnet, des lunettes, un ...

12 ** **Associe à chaque athlète l'objet qu'il lance.**

un javelot – un poids – un disque – un marteau

1.

2.

3.

4.

a. L'athlète 1 lance ...
b. L'athlète 2 lance ...
c. L'athlète 3 lance ...
d. L'athlète 4 lance ...

J'écris – Je m'exprime

ORAL

13 * **Quelles activités pratiques-tu pendant les cours d'éducation physique et sportive (EPS) à l'école ? Et en dehors de l'école ?**

14 ** **Écris deux phrases avec les mots donnés.**

a. la compétition – le respect
b. l'endurance – la performance

À toi de jouer

Associe à chaque sportif(ve) l'équipement qu'il (elle) porte sur la tête.

une bombe – un bonnet – un casque – une casquette

a.

c.

b.

d.

Autodictée

Les Jeux olympiques ont lieu tous les quatre ans. Les athlètes promettent d'être des concurrents loyaux et respectueux des règlements.

Je réinvestis mes connaissances

Le corps humain

1 * **Recopie et complète ce texte avec les mots suivants.**

grandit – activités physiques – se pesant – sommeil – taille – naissance – se mesurant – santé

Le corps humain ... , de la ... jusqu'à l'âge adulte. On le constate en ... avec une toise et en ... avec une balance. Notre ... n'augmente plus quand on devient adulte. L'hygiène de vie consiste à garder son corps en bonne ... . Pour être en pleine forme, un enfant doit avoir une durée de ... suffisante et faire une heure d'... par jour.

2 ** **Recopie et complète ces phrases avec le mot étiquette qui convient.**

muscles – os – organes – articulations

a. Le cœur, le foie et l'estomac sont des ... .

b. Le coude, la cheville et le poignet sont des ... .

c. Les biceps, les abdominaux et les pectoraux sont des ... .

d. Le crâne, les côtes et la colonne vertébrale sont des ... .

Les objets techniques

3 ** **Recopie et complète ce texte avec les mots suivants.**

conductrice de courant – prise de courant – appareil électrique – pile

L'électricité d'une ... n'est pas dangereuse. Mais, l'électricité dans la maison doit être utilisée avec une grande prudence :

– il ne faut jamais toucher un ... abîmé* ;

– il ne faut pas mettre les doigts dans une ... ;

– il ne faut jamais toucher un appareil électrique quand on est mouillé car l'eau est ... .

4 ** **Écris à quel élément de l'ordinateur correspond chaque numéro.**

1 : ...

2 : ...

3 : ...

4 : ...

5 : ...

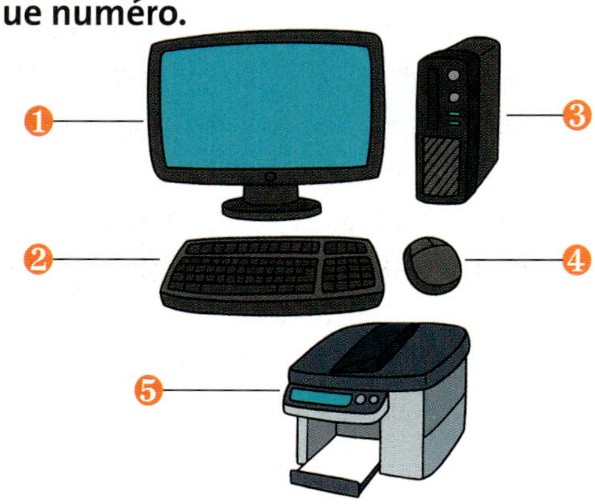

Les mathématiques

5 * **Classe ces mots en deux groupes.**

un kilogramme – un triangle – une minute – un rectangle – un carré – un mètre – un cercle – une heure

a. Des figures : ...

b. Des grandeurs et mesures : ...

6 ** **Recopie et complète ces phrases avec les instruments qui conviennent.**

compas – papier calque – équerre – règle – crayon

a. Avec ma ..., je relie les points sur la feuille.

b. Avec mon ..., je trace un cercle de centre O.

c. Avec mon ..., je repère les angles droits.

d. Je reproduis cette figure avec un ... et du ... .

Le temps

7 * **Connais-tu le lexique pour lire l'heure ? Associe les débuts et les fins de phrases correctement.**

- La petite aiguille •
- La grande aiguille •
- Une heure représente •
- Une demi-heure représente •
- Un quart d'heure représente •

- • indique les minutes.
- • trente minutes.
- • quinze minutes.
- • indique les heures.
- • soixante minutes.

8 ** **Sais-tu situer ces événements* dans le temps ? Associe chaque événement* au siècle qui lui correspond.**

- début du règne de Clovis (481) •
- bataille d'Alésia (52 av. J.-C.) •
- couronnement de Louis XIV (1654) •
- la naissance de tes grands-parents •
- ta naissance •

- • XXe siècle
- • XXIe siècle
- • Ve siècle
- • XVIIe siècle
- • Ier siècle avant J.-C.

Les espaces géographiques

9 * **Classe ces mots en deux groupes : les milieux naturels et les milieux aménagés par l'homme.**

un village – un littoral – une campagne – un massif montagneux – un port de pêche – un désert – une ville

Vivre ensemble

10 * **Reproduis et complète ce tableau avec ce que tu dois faire et ne dois pas faire en classe.**

Ce que je dois faire	Ce que je ne dois pas faire
...	...

a. lever la main pour prendre la parole
b. me balancer sur ma chaise
c. être poli(e) en toutes circonstances
d. me lever sans demander la permission
e. couper la parole à mes camarades
f. respecter le matériel que j'ai emprunté
g. mâcher un chewing-gum
h. laisser la classe propre et rangée

Les arts

11 * **Recopie chaque définition en lui associant l'art qui lui correspond.**

la peinture – la sculpture – la musique – la danse – la photographie

a. Art d'associer des sons pour créer une mélodie : ...

b. Art de créer des images prises du réel avec un appareil : ...

c. Art de représenter des choses imaginaires ou réelles sur une toile (un tableau) : ...

d. Art de réaliser des formes en taillant une matière dure ou molle : ...

e. Art de bouger le corps au rythme de la musique : ...

Les sports

12 **Recopie et complète ces phrases avec les mots suivants.**

joueurs – arbitre – entraîneur* – soigneurs – juges

a. Il y a vingt-deux ... sur le terrain pour un match de football.

b. Les ... arrivent avec une civière pour transporter le blessé.

c. L'... siffle la fin de la partie.

d. Sur les conseils de son ..., le boxeur arrête le combat.

e. Ce patineur a été bien noté par les ... .

EXERCICES TRANSVERSAUX

13 * **Recopie ce texte. Souligne en rouge ce qui concerne l'espace géographique et en vert ce qui concerne le respect de l'environnement.**

Le respect est partout. À la maison et à l'école, tu dois respecter les objets qui ne t'appartiennent pas, les règles pour vivre ensemble et les adultes qui t'entourent. Dans la rue, dans les parcs, dans les transports, tu dois respecter les passages piétons, les pelouses, les consignes de sécurité… Avec les autres citoyens, dans ta ville ou ton village, tu dois respecter la loi, être solidaire et penser au tri sélectif !

14 **Observe cette œuvre. Puis, recopie et complète le texte avec les mots donnés.**

Myron, *Discobole* (Le lanceur de disque), vers 450 av. J.-C.

muscles – athlète – marbre – sculpteur – Antiquité – lanceur

Ce ... de disque est l'œuvre d'un ... de l'... . La tête de cet ... est tournée sur le côté. Ses ... sont bien dessinés et très visibles. Cette statue, faite en ..., est conservée dans un musée à Rome.

EXERCICE D'ÉCRITURE

15 **Construis un questionnaire de dix questions sur les mots des disciplines suivantes : le sport, les mathématiques, les objets techniques, le corps humain, le temps, l'espace, l'art et le « vivre ensemble ».**
Échange ton questionnaire avec un camarade : il doit répondre à ton questionnaire et toi au sien.

Quel sport utilise un ballon oval ? Le rugby.
Quelle est la première grande période historique ? La Préhistoire.
Quel est l'organe de la pensée ? Le cerveau.

Exercices transversaux

Exercices transversaux

GRAMMAIRE

1 * **Remets ces mots ou groupes de mots dans l'ordre pour former des phrases correctes.**

a. cuit – tarte – dans – le – La – four.
b. crocodile – la – traverse – Le – rivière.
c. pousse – Jérôme – balançoire. – fort – la
d. Le – matin. – brille – soleil – ce
e. referme – livre – Gabriel – qu'il – le – a terminé.

2 ** **Recopie ce texte en ajoutant les points et les majuscules qui manquent.**

Madeleine trouve un grand coffre en bois on dirait un coffre de pirates un trésor est peut-être caché dedans Madeleine ouvre le coffre elle découvre des jeux et des déguisements mais elle préfère le vider et se cacher dedans

3 * **Recopie ces phrases en remplaçant le point rouge par le signe de ponctuation qui manque à la fin de la phrase : . ! ?.**

a. Le bébé pleure • Il a mal aux dents •
b. Comme tu as grandi •
c. Viendras-tu voir mon spectacle • Je joue le rôle principal •
d. Comme je suis contente que tu sois là • Tu restes dîner* avec nous •
e. Lydia s'amuse à éclabousser Mattéo • Il est tout mouillé •

4 * **Recopie ce texte et entoure les signes de ponctuation du dialogue.**

Le dragon rugit : « Je vais te dévorer !
– Certainement pas, protesta la princesse.
– Alors, je vais t'emporter dans une région inconnue, rétorque le dragon.
– Plutôt dans un pays chaud, car je n'ai pas de manteau », dit-elle après avoir réfléchi.

5 *** **Recopie ce dialogue en remplaçant les points bleus par la ponctuation qui convient.**

• Qui veut jouer à cache-cache avec moi • demande Claire •
• Moi je veux bien • répond Corentin •
• Il n'y a pas assez de cachettes dans la maison • proteste Léo •
• Ça ne fait rien • dit Claire • Tu comptes jusqu'à trente pendant qu'on se cache •

6 * **Recopie uniquement les phrases interrogatives et ajoute les points d'interrogation.**

a. As-tu lu ce livre...
b. Il n'est jamais sérieux...
c. Est-ce que tu connais ce petit village...
d. Les pompiers sont arrivés très vite...
e. Qui est cet homme...

7 ** **Recopie uniquement les phrases impératives. Indique si elles donnent un ordre ou un conseil.**

a. Ouvrez vos livres à la page 12.
b. Ai-je bien répondu ?
c. Mets cette pommade ; elle t'aidera à guérir.
d. Soyez sage !
e. Cette rue est très bruyante.
f. Je ne vais plus seul dans cette forêt.
g. N'oublie pas tes lunettes de soleil !
h. Pense à prendre ta brosse à dents, au cas où !
i. Savez-vous danser ?

ORTHOGRAPHE

8 * **Reproduis ce tableau et classe les mots.**

La lettre s se prononce [s].	La lettre s se prononce [z].	La lettre s ne se prononce pas.
...	...	...

une chanson – un tissu – un trésor – le tapis – la maison – un compas – autrefois – un mensonge – un oiseau – une case – un os

9 ** **Recopie ce texte. Écris en rouge les mots dans lesquels la lettre s se prononce [s] et en bleu les mots dans lesquels elle se prononce [z].**

À cause de la pluie, tous les passagers se sont regroupés sous l'abribus. Ils discutent des retards fréquents du bus à cause du mauvais temps ou des embouteillages sur son parcours. C'est un tracas quotidien ! Certains passagers craignent de manquer un rendez-vous important mais ils doivent patienter... « Le voilà ! » crie un enfant qui l'aperçoit au bas de la rue.

10 * **Recopie et complète les mots avec c ou ç, pour entendre le son [s].**

une balan...oire – une pla...e – un commer...ant – un o...éan – la bi...yclette – le ma...on – mer...i – un re...u – le pou...e – les vacan...es – le gar...on – un ...igare

11 **Recopie ces phrases avec le mot entre parenthèses qui convient.**

a. Un bananier (pousse / pouce) dans mon jardin.
b. Mon père se (race/ rase) tous les jours.
c. Le lion tourne dans sa (cage / sage).
d. Il (passe / pas) devant moi tous les jours.

12 **Recopie ces mots. Ajoute un e après la lettre g pour qu'elle se prononce [ʒ], ou bien un u pour qu'elle se prononce [g].**

une vag...e – un pig...on – la g...itare – une bag...e – la roug...ole – la fatig...e – un bourg...on – une orang...ade – le g...idon – une nag...oire – une g...êpe – un cag...ot – un g...épard

13 **Trouve, dans ce texte, cinq mots invariables. Puis, recopie trois mots dans lesquels tu entends le son [s].**

« Nous allons faire le tour du monde. » Passepartout, l'œil démesurément ouvert, la paupière et le sourcil surélevés, les bras détendus, le corps affaissé, présentait alors tous les symptômes de l'étonnement poussés jusqu'à la stupeur. « Le tour du monde ! murmura-t-il.
– En quatre-vingts jours, répondit Mr. Fogg. Ainsi, nous n'avons pas un instant à perdre.
– Mais les malles ? ... dit Passepartout, qui balançait inconsciemment sa tête de droite et de gauche.
– Pas de malles. Un sac de nuit seulement. »

Jules Verne, *Le Tour du monde en 80 jours*, 1873.

LE VERBE

14 **Recopie ces phrases. Souligne les verbes conjugués et donne leur infinitif.**

a. Baptiste promène le chien de sa voisine.
b. Carmen revient de vacances et retrouve sa maison avec plaisir.
c. Je travaillais de longues heures pour réussir mon épreuve.
d. Nous voulons aller au cinéma.

15 **Relève, dans ce texte, les verbes à l'infinitif. Classe-les selon leur groupe.**

Le soleil va bientôt se coucher sur la banquise. Les Inuits regardent l'hiver arriver et la lumière disparaître*. Ils se dépêchent de construire les igloos* et de partir chasser le phoque et l'ours. Ils doivent aussi coudre des peaux pour faire les couvertures. Ils n'ont plus beaucoup de temps pour se préparer à affronter le froid.

16 **Recopie ces phrases avec le pronom personnel qui convient.**

« Connaissez-... Halloween ? Les fantômes et les zombis sortent dans les rues ! ... sortons nos déguisements, puis ... allons de maison en maison pour réclamer des bonbons. ... pouvez venir avec nous si ... le souhaitez ! Les passants nous regardent, étonnés. ... s'éloignent, effrayés, ou bien ... fouillent dans leurs poches à la recherche de friandises.
« As-... fait une bonne récolte ?
– Oui, ...'ai rempli tout mon sac ! Mais, mes sœurs n'ont pas fini, ... peuvent continuer leur tournée ! »

17 **Indique si les verbes de ces phrases sont au présent, au passé ou au futur.**

a. Hier matin, j'ai renversé mon bol de chocolat.
b. Demain soir, nous mangerons chez ma tante.
c. Je recopie soigneusement mon exercice.
d. Le chevalier emportera la princesse sur son cheval blanc.
e. Les brontosaures mangeaient de l'herbe et les tyrannosaures dévoraient la chair crue.

18 **Recopie ces phrases. Souligne en bleu les temps simples et en rouge les temps composés.**

a. À New York, les taxis filent dans les rues.
b. La statue de la Liberté a accueilli les touristes dans le port de New York.
c. Chloé et Mathieu sont montés au quatre-vingt-dixième étage d'un gratte-ciel.
d. Les Indiens avaient appelé cette petite île* « Manhattan ».
e. Nous mangerons bientôt les fameux beignets new-yorkais.

LEXIQUE

19 * **Recopie ces mots en les rangeant dans l'ordre alphabétique.**

a. loup – départ – perle – agrafe – sport – muscle

b. faon – facile – fabriquer – fade – famille – faire

20 ** **Recopie le bon mot qui se trouve entre les deux mots repères en gras.**

a. **handicap / hasard :** harmonie – hâter

b. **ombrage / opérateur :** olivier – oncle

c. **vadrouille / valoir :** valise – vase

21 ** **Recopie ces mots en les associant à la définition qui leur convient.**

des gens – une ride – le radius – un oncle – un cil

a. Frère du père ou de la mère.

b. Ensemble de personnes.

c. Chacun des poils qui bordent les paupières.

d. Petit pli qui se forme sur la peau.

e. Os de l'avant-bras.

22 ** **Choisis et recopie le bon mot qui correspond à la définition donnée.**

a. **une gélule / une cellule :** Petite pièce fermée.

b. **la crue / la grue :** Grand oiseau à longues pattes.

c. **grise / une crise :** Période difficile.

d. **une cage / un gage :** Petite punition infligée au perdant d'un jeu.

23 * **Recopie ces phrases et entoure les mots qui indiquent un lien chronologique.**

a. Tu ranges ta chambre, ensuite tu pourras goûter*.

b. J'ai applaudi quand le concert s'est terminé.

c. Avant de monter à l'alpage, le berger compte ses bêtes.

d. Pendant que son frère joue avec des cubes, Margot finit une maquette d'avion.

24 ** **Recopie et complète ces phrases avec un indicateur de temps.**

après – pendant – enfin – d'abord

a. Le bébé a pleuré ... deux heures.

b. ... les devoirs, nous pourrons jouer dans le jardin.

c. ... j'ai refusé son aide, puis j'ai finalement accepté.

d. Au bout de plusieurs essais, il a ... réussi à marquer.

25 * **Écris, pour chaque phrase, l'émotion qui est exprimée.**

la surprise – la tristesse – la peur – la joie – le dégoût* – la colère

a. Je suis tellement furieux que je vais bientôt exploser !

b. Mon poisson est mort, je me sens inconsolable.

c. Hourrah ! J'ai gagné la coupe du meilleur coureur de l'école !

d. Martin entend un bruit derrière lui. Il frissonne et pâlit.

e. Toi ici ? Mais je croyais que tu étais partie à l'étranger !

f. Des pâtes froides et des fruits tout fripés... Beurk !

26 ** **Recopie et complète ce texte.**

cœur – air – côtes – respirer – organes – protection – cage – os

Les poumons nous servent à ... : ils se gonflent d'... et se vident lors de la respiration. Ils sont très fragiles et ont besoin de ... . La ... thoracique, formée d'... plats et articulés que l'on appelle les ..., est un abri efficace pour des ... vitaux comme les poumons et le ... .

EXERCICES TRANSVERSAUX

27 * **Lis ce texte, puis réponds aux questions.**

Il était une fois, une jolie fée qui <u>vivait</u> dans le creux d'un arbre. Au printemps, elle <u>dansait</u> la danse de bienvenue au soleil. Elle <u>était</u> très aimée des oiseaux. Un jour, alors qu'elle se <u>promenait</u> dans la forêt, elle vit une grosse pierre entre les hautes herbes. « Je sais ! se dit-elle, le pauvre soleil a laissé tomber son œuf mais il ne peut pas le retrouver à cause des nuages. »

a) Donne l'infinitif des verbes soulignés.

b) À quel temps ces verbes sont-ils conjugués ?

c) Relève trois mots dans lesquels la lettre s se prononce [s] et un mot dans lequel la lettre g se prononce [ʒ].

d) Relève deux mots invariables.

28 Lis ce texte, puis réponds aux questions.

J'éprouve toujours la même sensation : mon cœur fait des bonds, j'ai du mal à respirer et je sue comme un cochon. Si tant est qu'un cochon, ça transpire…

[…] Sans parler de la peur. La panique. La terreur à l'idée d'échouer ou d'être surpris en flagrant délit.

Si seulement j'avais les bons outils ! Mais ma pince est trop grosse. J'ai du mal à la manier. Vous comprenez, c'est capital de trouver le coin précis, d'accrocher le bon endroit. Ensuite, tout doucement, avec beaucoup de précautions, il s'agit de tirer mon petit trésor jusqu'à l'ouverture.

Seulement, la moitié peut se perdre au dernier moment. Et il n'y a plus qu'à tout recommencer. Alors, je suis pris de rage. Mais après un moment, je souffle un bon coup… Et je reprends.

Sarah Cohen-Scali, *Cauchemar à Noël*, © Éditions Magnard, 2007.

a) Relève tous les verbes de ce texte et classe-les en deux groupes : les verbes conjugués et les verbes à l'infinitif.

b) Quelle phrase déclarative répond à cette phrase interrogative ?

Jusqu'où tires-tu ton petit trésor ?

c) Relève un indicateur de temps. Indique-t-il un commencement, une suite ou bien une fin ?

d) Quelles sont les différentes émotions exprimées dans ce texte ? Relève les mots qui te l'indiquent.

e) Trouve l'organe du corps humain qui est cité.

f) Quels sont les deux verbes qui font référence aux poumons ?

29 Lis ce texte, puis réponds aux questions.

Une souris perdue grimpa sur le clocher où une hirondelle avait fait son nid. Elle lui demanda si elle voulait bien l'héberger quelques jours chez elle. L'hirondelle venait de perdre son mari. Elle accueillit donc la souris chez elle, mais à la condition que celle-ci l'aide à couver ses œufs. La souris accepta… Et c'est ainsi que sont nées les premières chauves-souris* !

a) Écris la phrase interrogative à laquelle répond la phrase soulignée.

b) Quel mot n'est pas au pluriel mais se termine par la lettre s (qui ne s'entend pas) ?

c) Trouve trois verbes écrits à l'infinitif.

d) Trouve le verbe qui se trouve entre les deux mots repères « coussin » et « se cramponner », dans le dictionnaire.

EXERCICES D'ÉCRITURE

30 Fais la liste complète de ce qu'il y a dans ton cartable. Sois précis, n'hésite pas à utiliser des adjectifs. N'oublie pas ce qui ne devrait pas y être (miettes de goûter*, papiers froissés, petits jouets…) !

31 Écris l'article de dictionnaire de cet objet. Indique :

- sa classe grammaticale
- son genre
- une définition avec un exemple
- les mots de la même famille.

Exercices transversaux

GRAMMAIRE

1 * Recopie ces phrases, souligne le verbe et entoure son sujet. Indique s'il s'agit d'un groupe nominal, d'un pronom personnel ou d'un nom propre.

a. La nuit, les hiboux volent dans la forêt.
b. Notre équipe se déplace en bus.
c. Sam a reçu une récompense pour son travail.
d. La baleine nage avec son baleineau.
e. Les acrobates montent le chapiteau du cirque.

2 * Relève dans ce texte trois noms propres et cinq noms communs.

Sitôt la porte d'entrée franchie, Thomas se figea sur place. […] Rodolphe et Lucile venaient à peine d'arriver car ils portaient encore manteau, écharpe et bonnet. Et autant son père affichait un sourire amusé, autant sa sœur semblait préoccupée.

Yann Rambaud, *Teddy n'a-qu'un-œil*, © Le Livre de Poche Jeunesse, 2015.

3 * Recopie et classe les déterminants de ces groupes nominaux dans le tableau.

mes feuilles – **l'**école – **des** parents – **le** tableau – **nos** chaussures – **une** sortie – **ces** cahiers – **vos** livres – **la** directrice – **cet** atelier – **sa** règle – **ses** tartines

	singulier	pluriel
masculin	…	…
féminin	…	…

4 ** Réécris ces phrases au passé et entoure les verbes.

a. Toute la nuit, Noah pleure car il a mal au ventre.
b. Les pompiers se précipitent pour éteindre le feu.
c. Au Brésil, les habitants parlent portugais.
d. Ces astronautes iront dans l'espace.
e. Nous sommes heureux.

5 ** Recopie les verbes de ces phrases et classe-les en deux groupes : les verbes d'action et les verbes d'état.

a. Elle regonfle les ballons.
b. Tu parais fatigué.
c. Gaspard est infirmier.
d. La directrice surveille la sortie des classes.
e. Ce repas semble délicieux.

ORTHOGRAPHE

6 * Recopie ce texte en ajoutant les accents aigus, graves ou circonflexes qui manquent sur les lettres e soulignées.

Le husky est adopte comme chien de traîneau* par tous les Inuits. Cet animal vigoureux supporte des temperatures tres basses. Les chiens sont atteles en ligne, attaches deux par deux. La nuit, dans la foret, les loups affames hurlent, le museau pointe vers le ciel etoile. Et les huskys hurlent de meme pour les imiter.

7 * Recopie ces phrases, encadre les verbes et souligne les sujets avec lesquels ils s'accordent.

a. Le jardinier ramasse les feuilles tombées dans les allées.
b. Connaissez-vous la fin de cette histoire ?
c. Les chiens attendent devant la porte de la maison.
d. La marmotte se cache à l'arrivée des promeneurs.
e. En fin d'après-midi, commencent les inévitables embouteillages en centre-ville.

8 ** Recopie ces phrases et conjugue les verbes entre parenthèses au présent.

a. D'où (venir)-vous ?
b. Ils (fabriquer) des animaux en papier mâché.
c. Mon père (acheter) le journal et il me (laisser) lire les pages sportives.
d. À la tombée de la nuit, se (rassembler) les chamois près du torrent.
e. La fête se (terminer) toujours par un feu d'artifice.

9 ⁑ **Recopie ce texte.**

a) Souligne en rouge les noms au féminin et en bleu ceux au masculin.

b) Indique le nombre (singulier ou pluriel) de ces noms.

J'ai regardé le film tourné par mon papa à ma naissance. J'étais un beau bébé, comme dit ma mère. Dans la vidéo, ma sœur est devant mon berceau et y dépose doucement une peluche blanche. Je lui fais un sourire. Je n'ai aucun souvenir de cette époque, mais je reconnais bien ce bébé joufflu !

10 ⁑ **Recopie ces noms féminins avec la bonne terminaison.**

une maladi... – une musicien... – une poteri... – une idé... – une ménageri... – la statu... – une revu... – une gru... – une tortu... – une fac... – une fumé... – une soiré... – la chaussé... – une conseill... – une explora...

11 ⁑ **Reproduis et complète le tableau.**

noms masculins		noms féminins
un lecteur	⟷	...
...	⟷	une ouvrière
un couturier	⟷	...
...	⟷	une pharmacienne
un frère	⟷	...

12 ⁑ **Transforme ces phrases au singulier, en utilisant les déterminants masculins ou féminins qui conviennent. Pense à accorder les verbes.**

a. Des étoiles brillent dans le ciel clair.

b. Les motos roulent trop vite sur cette avenue.

c. Tes histoires ne sont pas drôles.

d. Leurs amies ne sont pas là.

13 ⁑ **a) Recopie ces phrases en passant les noms soulignés au féminin.**

b) Souligne les verbes dont les noms soulignés sont les sujets.

c) Écris l'infinitif de ces verbes.

a. Un savant nous enseigne la position des planètes.

b. Le marié arrive en calèche tirée par des chevaux blancs.

c. Mon ami emporte un livre dans le train.

d. Un Luxembourgeois gagne le tournoi d'échecs.

LE VERBE

14 * **Recopie ce texte en conjuguant les verbes entre parenthèses au présent.**

a. La souris (grignoter) du parmesan.

b. Les lionnes et les hyènes (dévorer) les restes d'une gazelle.

c. Nous (déguster) les pains au chocolat du goûter*.

d. Vous (croquer) des amandes et des noisettes.

e. Tu (préparer) les légumes du dîner*.

15 * **Conjugue les verbes entre parenthèses au présent.**

a. Tu ne (pouvoir) pas t'habiller ainsi !

b. Je (être) le premier de la liste.

c. Nous (voir) des étoiles dans la nuit.

d. Nous (faire) de gros efforts pour réussir.

e. (Venir)-vous avec nous au stade ?

16 ⁑ **Recopie ce texte en conjuguant les verbes entre parenthèses au présent.**

Henri Rousseau, le douanier peintre

• **Mon métier :** Je (être) douanier. Mon métier (consister) à contrôler les produits ou les personnes quand ils (entrer) en France ou dans une grande ville. Moi, je (vérifier) les aliments à l'entrée de Paris, avant qu'ils soient vendus aux Parisiens.

• **Mon activité préférée :** Le métier de douanier ne m'(intéresser) pas. Ce que j'(aimer) dans la vie, c'(être) peindre. C'(être) ma passion.

Pauline Martineau, www.1jour1actu.com, 10 novembre 2012, © Milan Presse.

Le Douanier Rousseau, *Autoportrait*, 1890.

17 **Réécris ce texte au présent.**

Les Sioux chevauchaient leurs petits chevaux dans la plaine. Ils allaient à la chasse aux bisons tous les jours. Ils utilisaient des arcs, des flèches et des lances pour les tuer. Puis, ils prenaient les bisons morts et les ramenaient au village. Les femmes faisaient sécher les peaux des animaux au soleil et elles les préparaient pour en faire des vêtements. Ensuite, elles voulaient récupérer leurs os pour en faire des bijoux.

LEXIQUE

18 **Recopie tous les noms spécifiques du texte qui correspondent aux noms étiquettes suivants.**

- **des pièces : ...**
- **des meubles : ...**
- **des couverts : ...**

Le marin ouvrit la porte et montra à Julien sa chambre. Julien découvrit un dortoir propre avec des lits, un bureau, des chaises, des étagères. Puis, il visita la salle de bains avec une jolie baignoire. Enfin, il alla dans la salle à manger avec une longue table et un buffet où les verres et les assiettes étaient fixés pour ne pas tomber.

19 **Recopie ces listes de mots sans l'intrus. Puis, donne le mot étiquette qui correspond à chaque liste.**

a. le foie – le cœur – les poumons – le cubitus
b. la Seine – la Loire – la Bretagne – le Rhône
c. un chêne – un sapin – une tulipe – un saule
d. la truite – la mouette – le saumon – le thon
e. le fer – l'or – le sable – le cuivre

20 **Complète chaque phrase avec le nom de l'instrument utilisé en mathématiques.**

équerre – compas – calculatrice – rapporteur – règle graduée

a. Je trace un cercle avec le ... .
b. J'utilise une ... pour faire des soustractions difficiles.
c. Je trace des lignes droites et je les mesure avec la ... .
d. Je vérifie qu'un angle est droit à l'aide d'une ... .
e. Le ... me permet de mesurer un angle en degrés.

21 **Recopie ces phrases et souligne les mots qui indiquent un lien logique.**

a. Nous avons dressé des tentes pour que les invités soient à l'abri de la pluie.
b. Vous attendez dans les coulisses car le public n'est pas encore arrivé.
c. Le peintre n'avait plus de peinture, si bien qu'il n'a pas pu terminer son tableau.
d. J'étais très fatiguée, alors je me suis couchée.
e. La rivière est très polluée, donc il n'y a plus de poissons.

22 **Recopie et complète chaque phrase avec les mots qui conviennent.**

parce que – car – donc – pour que

a. Maman reçoit un bouquet ... c'est son anniversaire.
b. Il n'y avait plus de fromage ... j'ai pris un yaourt.
c. Trions les déchets ... la planète soit plus verte.
d. On voit très clair cette nuit ... c'est la pleine lune.

23 **Observe cette couverture, puis réponds aux questions.**

a) **Quel est le titre du livre ?**
b) **Quels sont les noms de l'auteur et de l'illustrateur ?**
c) **Décris l'illustration.**
d) **À ton avis, quel est le thème de l'histoire ?**

24 **Lis ce résumé de couverture, puis réponds aux questions.**

Après une violente inondation, le jeune Hotep se réveille, au milieu du Nil, sur un radeau. Celui-ci est conduit par un vieil homme, qui transporte une mystérieuse pierre noire, vers la pyramide de Pharaon ! Pourquoi ? Hotep voudrait interroger le vieil homme, mais le destin en décide autrement…

Évelyne Brisou-Pellen, *Hotep et la pierre noire*, coll. « Tous Lecteurs », © Hachette Livre, résumé de l'éditeur.

a) **À ton avis, de quel type de livre s'agit-il ?**
b) **Qui sont les personnages principaux ?**
c) **Où l'histoire se passe-t-elle ?**

25 **Recopie chaque mot des mathématiques avec sa définition.**

un sommet – un triangle – une addition – un compas – un carré

a. Opération qui consiste à ajouter un nombre à un autre.

b. Figure géométrique qui a trois côtés.

c. Point où se rencontrent deux côtés d'une figure géométrique.

d. Figure géométrique qui a quatre côtés égaux.

e. Instrument formé de deux tiges qui sert à tracer des cercles.

EXERCICES TRANSVERSAUX

26 **Lis ce texte, puis réponds aux questions.**

Le Rhône est un fleuve qui prend sa source dans les Alpes suisses. Il coule jusqu'à Lyon, puis il se jette dans la mer Méditerranée, par un delta nommé la Camargue. Il y a de nombreux bassins et ports qui rendent ce fleuve navigable.

a) Relève les noms propres.

b) Indique à quel temps sont conjugués les verbes, puis écris leur infinitif.

c) Quel est le sens du verbe « se jeter » dans la phrase en bleu ?

d) Dans quels mots trouves-tu un e accent aigu ?

27 **Lis ce texte, puis réponds aux questions.**

Mary Read était une femme pirate. Elle était originaire d'Irlande. Elle naviguait déguisée en garçon, et faisait toutes les manœuvres avec ses compagnons. Ils ne se rendaient pas du tout compte qu'elle était une fille ! Elle participait même aux abordages et aux combats. Elle grimpait tout en haut des mâts. Elle a été arrêtée avec tout l'équipage du pirate John Rackham.

a) Relève trois noms propres.

b) Indique le genre et le nombre des noms soulignés.

c) Réécris ce texte au présent et souligne les verbes conjugués.

28 **Lis ce texte, puis réponds aux questions.**

On entend les mouches voler… C'est l'heure de la sieste. La Provence a mille couleurs et mille parfums. Dans la vallée du Rhône, elle sent le fruit mûr et les légumes frais… Cette région de collines et de montagnes est baignée de soleil. Elle vit d'agriculture, de tourisme et de commerce.

a) Relève deux noms propres et cinq noms communs.

b) Relève les verbes conjugués au présent.

c) Associe les mots suivants aux mots étiquettes ou aux mots spécifiques correspondants dans le texte : un raisin, un fleuve, une aubergine, la lavande, un insecte, une région.

EXERCICES D'ÉCRITURE

29 **Imagine deux autres répliques, au présent, pour chaque personnage de cette vignette.**

Laudec et Cauvin, *Cédric Tome 29 : Un look d'enfer !*, © Éditions Dupuis, 2015.

30 **Observe le dessin de l'exercice 29.**

a) Écris cinq mots précédés du déterminant un.

b) Écris cinq mots précédés du déterminant la.

31 **Écris, en quelques phrases, le résumé d'un livre de ton choix. Écris ton texte au présent et pense à varier les sujets (pronoms personnels, groupes nomimaux, noms propres…).**

GRAMMAIRE

1 * **Recopie les phrases et souligne les compléments.**

a. Hector cherche son manteau dans le placard.
b. Pendant la récréation, nous jouons dehors.
c. Ulysse pose des questions à ses compagnons.
d. En automne, les feuilles tombent sur le sol.
e. Je colle un timbre sur l'enveloppe.

2 * **Complète ces phrases avec les compléments proposés.**

en voiture – à la gare – notre oncle – des fruits et des légumes – À minuit

a. Ce soir, mon père me raccompagne … .
b. … , Cendrillon quitte le palais dans son carrosse.
c. Je viens à l'école … tous les matins.
d. Le camion transporte … .
e. Nous attendons des nouvelles de … .

3 ** **Complète ces phrases avec un complément qui répond à la question posée.**

a. Non, je n'ai pas acheté ces croissants … . (où ?)
b. Les pompiers montent au premier étage … . (comment ?)
c. Hier, tu écoutais … à la radio. (quoi ?)
d. … , on célèbre la fête nationale. (quand ?)
e. Vite, va porter ce colis … ! (à qui?)

4 * **Recopie ces phrases et entoure les pronoms personnels sujets.**

a. Elles se donnent rendez-vous devant l'école.
b. Mes parents dînent* au restaurant, je passerai la soirée chez ma tante.
c. Tout le monde félicite Marie et elle remercie ses amis.
d. Après la visite, tu pourras acheter un souvenir.
e. Pouvez-vous me montrer le chemin ?

5 ** **Recopie ces phrases en remplaçant les sujets soulignés par le pronom personnel qui convient.**

a. Les élèves décorent l'école pour la kermesse.
b. Malika et toi fabriquez des étoiles et des oiseaux en papier.
c. Dans sa chambre, Anna accroche de grandes affiches colorées.
d. Thomas, Nassim et moi attrapons le petit chat coincé dans l'arbre.

6 ** **Complète ces phrases avec le pronom personnel qui convient.**

a. Les écureuils aiment les noisettes qu'… mangent dans les arbres.
b. C'est trop tard ! … n'ai plus assez de temps.
c. Ce midi, … avons mangé des haricots verts.
d. Es- … suffisamment couverte pour sortir ?
e. Lyn a préparé sa valise et … est prête à partir.

ORTHOGRAPHE

7 * **Complète ces verbes conjugués avec n ou m.**

a. je gri…perai – tu e…veloppais – vous cha…terez
b. nous e…mènerons – j'ai e…ployé – elle ta…ponnera
c. nous e…tourons – il i…provise – ils e…cadrent
d. je ta…bourinais – tu te tro…peras – il i…pose

8 * **Reproduis et complète ces listes avec les lettres qui conviennent.**

a. **in** ou **im** : un mat… – …possible – un t…bre – un …dividu
b. **on** ou **om** : le m…de – un c…pas – un b…b… – une tr…pette
c. **an** ou **am** : une …poule – un …cêtre – un f…tôme – l'…bul…ce
d. **en** ou **em** : une t…pérature – un …fant – déc…bre – tr…bler

9 * **Réécris ces groupes nominaux au pluriel.**

a. une école – le ministre – l'oiseau
b. le cheveu – un tracteur – le clou
c. sa valise – mon bateau – ta récompense
d. notre maison – un pneu – votre affaire
e. leur jardin – ce verrou – un lieu

10 ** **Recopie ces phrases en écrivant les mots entre parenthèses au pluriel.**

a. Ces (travail) seront longs.
b. On rangera les (bocal) dans la cuisine.
c. Les (cheval) tirent les (péniche) le long des (canal).
d. On a changé les (vitrail) de l'église.
e. J'ai acheté deux (éventail) en Espagne.

11 Recopie ces phrases en écrivant les mots en gras au pluriel. Pense aux déterminants et aux verbes.

a. Tu écris **un article** sur **cet animal** dans **ton journal**.

b. **L'ouvrier** achèvera **la réparation** de **ce vitrail**.

c. **L'enfant** mange **une prune** et jette **le noyau** sur **le tapis**.

d. **Une mouche** se pose sur **l'oreille** du **cheval**.

e. Pour gagner **le jeu**, je fais **une croix** dans **cette case**.

LE VERBE

12 Réécris ces phrases avec le pronom personnel entre parenthèses.

a. Je casserai les œufs. (ils)

b. Tu pèseras la farine. (je)

c. Il remuera la pâte. (nous)

d. Vous glisserez le plat dans le four. (tu)

e. Elles dégusteront le gâteau. (vous)

13 Relève l'intrus dans chaque liste.

a. ils iront – je voudrai – tu prenais – vous direz

b. nous ferons – je voyais – tu prendras – ils pourront

c. il aura – nous sommes – ils seront – tu verras

d. vous prendrez – tu iras – je viendrai – il a

e. tu feras – vous verrez – ils pouvaient – il dira

14 Réécris ce texte en remplaçant ce soir par demain soir. Fais tous les changements nécessaires.

Ce soir, je soupe chez mes grands-parents. J'enfile ma plus belle robe et j'attache mes chaussures rouges. Mamie prépare du gratin et dispose les fromages. Mes parents apportent le dessert. Papy leur montre ses dernières photographies, pendant que je m'amuse avec le chat.

15 Réécris ces phrases au futur.

a. Ma cousine vient pour les vacances.

b. Ils veulent faire un barbecue.

c. Elle disait des bêtises !

d. Je pouvais voir des étoiles.

e. Vous êtes de bonne humeur.

16 Réécris ces phrases avec le pronom personnel entre parenthèses.

a. Elle viendra peut-être en retard. (ils)

b. Nous irons dans les boutiques. (je)

c. Ils verront les vitrines. (nous)

d. Je ne pourrai pas venir à la fête. (nous)

e. Tu diras bonjour de ma part. (vous)

LEXIQUE

17 Recopie et classe ces mots en deux groupes : les mots de la campagne et les mots de la ville.

des bois – une avenue – des champs – un quartier – une ferme – un moyen de transports – un commerce – l'agriculture – une plaine – une usine – un pré – un bureau – une maison – un immeuble – un village – un élevage

18 Recopie en associant chaque métier à sa machine.

le maçon •	• le tracteur
le bûcheron* •	• la tondeuse
le jardinier •	• la bétonneuse
l'agriculteur •	• la tronçonneuse

19 Recopie uniquement les objets qui sont utilisés dans un circuit électrique.

une roue – une ampoule – une dent – une douille – un interrupteur – un pignon – une pile – une chaîne* – un câble

20 Recopie ces phrases et remplace chaque mot souligné par un synonyme.

Mon frère range son vélo dans le garage. → **bicyclette**

a. C'est une demeure très ancienne.

b. Il trouve drôle de me taquiner tout le temps.

c. On va bâtir un cinéma à la place du parking.

d. Ma sœur ne peut pas sortir car elle est souffrante.

21 Recopie et associe chaque construction à son espace géographique.

espace urbain — espace rural

un moulin – un immeuble – un silo à grains – un cinéma – une grange – une station de métro – une ferme – un lac

Exercices transversaux

22 **Recopie ces listes sans l'intrus qui n'appartient pas à la même famille de mots que les autres.**

a. servir – sermonner – une servante – un serviteur

b. la sorcière – la sorcellerie – la sortie – ensorceler

c. emprisonner – un poissonnier – une poissonnerie – un poisson

d. le laitage – la laine – la laitière – allaiter

e. une roulade – un rouleau – roucouler – enrouler

f. un feu – feuilleter – la feuille – effeuiller

23 **Choisis, parmi les mots entre parenthèses, le synonyme qui correspond au mot souligné.**

a. Les explorateurs se sont égarés dans la forêt vierge.
(avancés – perdus – amusés)

b. Je voudrais gagner la compétition face à mon rival.
(ami – ennemi – concurrent)

c. Les enfants gambadent dans le pré.
(se disputent – sautillent – rampent)

d. Les brigands ont ravagé le village.
(détruit – décoré – visité)

e. Adeline est très affectueuse avec son petit frère.
(méchante – tendre – maladroite)

f. Autrefois, les corsaires attaquaient les bateaux.
(pilotes – voyageurs – pirates)

24 **Recopie ce dialogue.**

a) **Entoure les verbes qui accompagnent le dialogue.**

b) **Souligne en bleu les paroles prononcées par Max.**

« Regarde Max, je crois qu'il y a de l'or dans ce ruisseau, dit Tim.
– De l'or ? s'exclame Max. C'est plutôt un reflet du soleil sur l'eau.
– Non, non, proteste Tim. Il y a des paillettes sur le rocher. Approche !
Max s'avance avec sa pelle et son tamis. Il met du gravier dans le tamis et regarde au fond.
– Mais oui, s'écrie-t-il. Ce sont bien des pépites.
– Nous avons trouvé un filon ! chantonnent-ils en riant. Nous allons être riches ! »

EXERCICES TRANSVERSAUX

25 **Lis le texte, puis réponds aux questions.**

Le goéland prend son élan du haut de la falaise. Son vol est léger et il se laisse porter par le vent. Il survole la plage, puis avance doucement au ras de l'eau. Il se pose quelques instants sur un rocher, mais il ne tarde pas à s'envoler de nouveau.

a) **Relève trois mots d'une même famille.**

b) **Réécris la dernière phrase au pluriel.**

c) **À quel type de paysage te font penser les mots soulignés : la campagne, la montagne ou la mer ?**

26 **Observe ces phrases, puis réponds aux questions.**

a. Laure et son frère ne regarderont pas la télévision ce soir.

b. Le cirque s'arrête toujours en face de chez moi.

c. Le village sera décoré pour l'arrivée du tour de France.

d. Les bateaux regagnent vite le port quand les mouettes volent bas.

e. Dès que l'aube viendra, arriveront les orages.

a) **Recopie les verbes conjugués. À quel temps sont-ils ? Donne leur infinitif.**

b) **Recopie les sujets de ces verbes. Donne leur genre et leur nombre.**

c) **Écris un synonyme pour chaque mot souligné de la phrase d.**

27 **Lis cette scène de théâtre entre un enfant et un pingouin. Puis, réponds aux questions.**

Pingouin : Qu'est-ce que tu fais, Éric, sur ce bateau, tu es pêcheur aussi ?
Éric : Mon papa voudrait bien, c'est pour ça qu'il m'a emmené, mais moi je veux être astronaute.
Pingouin : Astronaute ?
Éric : C'est celui qui voyage dans les étoiles au-dessus du ciel.
Pingouin : Moi, c'est dans la jungle que je veux aller pour voir les animaux en couleur.
Éric : Dans la jungle ? Et ton père est d'accord ?
Pingouin : Je ne lui ai pas demandé.
Éric : Tu es sacrément courageux ! Je vais t'apporter une couverture pour que tu n'aies pas froid. Je parlerai de toi à mon père. C'est le capitaine, c'est lui qui décide, il m'écoutera, tu es désormais sous ma protection.

Jean-Gabriel Nordmann,
Le Long Voyage du Pingouin vers la jungle,
© Éditions La Fontaine, 2004.

a) Donne le genre et le nombre des mots soulignés.
b) Trouve dans le texte les synonymes de :
brave – astres – embarcation – spationaute – commandant.

28 **Écris ce texte au pluriel, en commençant par « Nadia et Clara ». N'oublie pas de mettre au pluriel les déterminants et d'accorder les verbes.**
Nadia ouvre le rideau. Elle regarde le flocon tomber. Elle prend un bonnet et un gant. Elle joue à faire une drôle d'empreinte dans la neige avec sa main et son pied. Ensuite, elle décide de faire une bataille avec une boule de neige.

29 **Réécris ce texte au futur. Puis, pour chaque mot souligné, trouve un mot de la même famille.**
Samedi soir, Enzo retrouve Aminata à l'opéra. Ils achètent leurs billets. Une jeune femme accompagne les spectateurs jusqu'à leurs places. Enzo prend le programme pour le lire. Pendant ce temps, Aminata écoute les musiciens de l'orchestre accorder leurs instruments. Les rideaux se lèvent et soudain la salle devient silencieuse. Le décor est magnifique ! Une chanteuse avance lentement sur la scène et le spectacle commence.

EXERCICES D'ÉCRITURE

30 **Observe ce paysage et décris-le en trois phrases : au premier plan, au deuxième plan, à l'arrière plan...**

31 **Écris un court dialogue au futur, entre des parents et leurs enfants. Ils se demandent où partir pour les vacances : à la montagne, au bord de la mer, à la campagne, dans une grande ville... Pour faire leur choix, ils parlent de ce qu'il y a dans chaque lieu.**

GRAMMAIRE

1 * **Relève les adjectifs dans ces phrases et indique leur genre et leur nombre. Précise les noms qu'ils caractérisent.**

a. Les enfants visitent une nouvelle exposition passionnante.

b. Le gentil vétérinaire a soigné la patte cassée du chien.

c. Cette péniche noire transporte des touristes captivés.

d. Cet homme maladroit a brisé un précieux vase chinois.

e. Héloïse cueille des fleurs parfumées.

2 * **Recopie uniquement les groupes nominaux, puis entoure le nom noyau.**

le patinage artistique – avec – j'arrive – une enveloppe timbrée – un message secret – rapidement – des lionceaux joueurs – un chêne centenaire – tu lis – un voilier blanc – aussitôt – la Turquie – une pièce comique – travailler – des étoiles filantes

3 * **Recopie uniquement les phrases à la forme négative et entoure les marques de la négation.**

Les enfants jouent à cache-cache* dans la maison. Pendant que Paul compte jusqu'à trente, Chloé boude. Elle ne veut pas se cacher sous le lit. Puis, elle se décide à suivre Arthur…

Paul a fini de compter et cherche ses amis dans le salon. Mais il ne trouve personne ! Il va ensuite dans la cuisine. Elle est vide. Il ne trouvera jamais Chloé et Arthur. Ils sont trop bien cachés. Chut ! Il ne faut rien dire ! Ils sont bien dissimulés entre les manteaux, dans le placard de l'entrée.

4 ** **Complète ces phrases avec l'adjectif qui convient. Pense à les accorder.**

long – frais – attentif – lourd – ébréché

a. Carine fait tomber la … casserole.

b. Théo brosse la … crinière de son poney.

c. Louise apporte des boissons … .

d. Le maître* félicite les enfants … .

e. Toutes les assiettes … seront remplacées.

5 ** **Recopie tous les groupes nominaux de ce texte, puis entoure le nom noyau.**

Ma classe prépare une représentation théâtrale. Quatre garçons jouent les rôles principaux. Ils seront des marins courageux pris dans une terrible tempête. Les filles seront des sirènes. Sophie, Léo et la grande Zoé s'occupent des décors. Des parents habiles sont d'accord pour coudre de beaux costumes. Le professeur a prévu une musique bretonne pour donner une ambiance maritime au spectacle.

6 *** **Complète ces phrases avec les négations qui conviennent.**

ne … pas – n' … personne – n' … jamais – n' … rien – ne … plus

a. Geoffroy est difficile à nourrir, il … aime … .

b. Mes parents … veulent … que je joue avec la tablette.

c. Les gardiens du parc … voient … les éléphants.

d. Victoire ! Avant aujourd'hui, Camille … avait … gagné de course.

e. Il … y a … dans cette salle de cinéma !

ORTHOGRAPHE

7 * **Écris ces groupes nominaux au féminin.**

a. un vieux chien fatigué

b. le nouvel élève discret

c. un joli petit chat blanc

d. cet élégant cheval brun

e. un bon citoyen actif

8 * **Écris ces adjectifs au féminin.**

a. veuf
b. dangereux
c. créatif
d. creux
e. précieux
f. faux
g. maladif
h. doux
i. jaloux
j. nombreux

9 ** **Recopie et complète le groupe nominal avec l'adjectif qui convient.**

a. une aventure (bref / brève)

b. un oiseau (roux / rousse)

c. une robe (neuf / neuve)

d. une enfant (nerveux / nerveuse)

e. un homme (ambitieux / ambitieuse)

10 Recopie ces phrases en écrivant les groupes nominaux soulignés au pluriel. Pense à accorder les verbes si nécessaire.

a. Il y a une actrice célèbre dans ce nouveau film.

b. Nous réservons une bonne surprise à notre meilleure amie.

c. Avant ce terrible orage, j'ai aperçu un violent éclair.

d. Ce sport dangereux se pratique avec un casque solide.

e. Ma petite sœur m'a fait un beau dessin.

11 Entoure, dans chaque phrase, les deux mots qui se prononcent de la même façon.

a. La coiffeuse a acheté une nouvelle brosse à cheveux.

b. Le temps est à la pluie et le ciel semble orageux.

c. Thomas a un pistolet à eau.

d. Son travail est sérieux et soigné.

e. Matin et soir, il est obligé de sonner à la porte.

12 Recopie ce texte et complète avec a ou à.

Notre maison ... de nouveaux habitants ... plumes. C'est un couple d'hirondelles qui ... fait son nid sous la fenêtre de la salle ... manger. Au printemps, elles auront sans doute des petits ... nourrir. En attendant, elles vont et viennent ... longueur de journée et se posent parfois sur le fil ... linge que ma mère ... tendu dans le jardin, ... côté du figuier.

13 Recopie en complétant les phrases avec est ou et.

a. Le ciel ... couvert de nuages ... il ne va pas tarder à pleuvoir.

b. Cet arbre grandit ... embellit de jour en jour ; il ... le plus beau du jardin.

c. Les femmes ... les enfants poursuivent leur route dans la chaleur ... la poussière.

d. Le cavalier quitte ses bottes ... son casque, ... met son cheval à l'écurie.

e. Mon père ... déjà dans le bus ; il a oublié son téléphone portable ... ses clés.

LE VERBE

14 Recopie ces phrases avec la terminaison qui convient pour les verbes.

a. Tu voul(ais / ait) participer à ce match.

b. Le garagiste pouv(ez / ait) réparer la voiture.

c. Clara et Hugo fais(ions / aient) des photos.

d. Vous all(iez / ais) à la piscine.

e. Je voy(aient / ais) une mouette dans le ciel.

15 Recopie ces phrases en conjuguant les verbes entre parenthèses à l'imparfait.

a. La pluie (tomber) depuis des jours.

b. Maman (apporter) un bol de chocolat chaud pour le goûter*.

c. Chaque mercredi, je (préparer) des jeux de société.

d. Nous (rester) devant le feu de la cheminée toute la soirée.

e. Pendant les vacances, les journées (passer) trop vite.

16 Conjugue ces verbes à l'imparfait, aux personnes demandées.

a. vouloir : je / vous

b. faire : tu / ils

c. prendre : elle / nous

d. voir : il / vous

e. avoir : j'/ elles

f. pouvoir : tu / nous

g. venir : je / nous

h. être : elle / ils

i. dire : tu / vous

j. aller : j'/ elles

17 Recopie ce texte en conjuguant les verbes entre parenthèses à l'imparfait.

Dans les régions humides, il n'y (avoir) pas besoin d'arroser les terres puisque les pluies (être) suffisamment abondantes. Mais, quand les hommes (vouloir) vivre dans des zones plus sèches, ils (devoir) faire preuve d'imagination. Ils (prendre) l'eau des fleuves et des marécages alentour et (faire) venir l'eau jusqu'à leurs cultures : c'(être) l'irrigation.

Exercices transversaux

LEXIQUE

18 **Recopie ces phrases et remplace chaque mot souligné par son contraire.**

a. Il faut éteindre la lumière dans l'escalier.

b. J'ai pris une bonne douche chaude pour me réveiller.

c. Le prix du billet de bus diminue tous les ans.

d. Cet exercice est trop facile.

e. Connais-tu la fin de cette histoire ?

19 **Recopie ces phrases et indique le registre de langue employé dans chacune d'elle : familier, courant, soutenu.**

a. Il me serait agréable que vous veniez me voir.

b. Quel trouillard ! Il a même peur de son ombre.

c. Je vais voir ce nouveau film dimanche prochain.

d. Qu'est-ce que tu fabriques ?

e. Nous passons des moments exquis avec vous.

20 **Associe les mots courants et familiers qui ont le même sens.**

les gosses •	• les chaussures
la bagnole •	• le bruit
les godasses •	• le travail
le boulot •	• les enfants
le boucan •	• la voiture

21 **Écris ce que cette photographie symbolise.**

22 **Complète ces phrases sur les sensations.**

a. Pour ... (verbe) un beau paysage, j'utilise mes ... (organe).

b. Au ... (sens), la soie est douce sur ma ... (organe).

c. Avec mes ... (organe), j' ... (verbe) le chant des oiseaux.

d. L'endive a un ... (sens) amer sous ma ... (organe).

e. Grâce à mon ... (organe), je peux ... (verbe) le parfum des roses.

23 **À l'aide des informations de ce texte, recopie et complète l'arbre généalogique de Louise.**

Louise est une fille, en classe de CE2. Son papa s'appelle Marc. Sa maman s'appelle Isabelle. Louise a deux grands-pères et deux grands-mères. Bernard et Odile sont les parents de Marc. René et Martine sont les parents d'Isabelle.

24 **Recopie et classe ces périodes historiques, de la plus ancienne à la plus récente.**

les Temps modernes – la Préhistoire – le Moyen Âge – l'époque contemporaine – l'Antiquité

25 **Associe chaque type d'habitation à la période historique correspondante.**

une grotte •	• l'époque contemporaine
une hutte •	• le Moyen Âge
un château •	• la Préhistoire
un immeuble •	• l'Antiquité

EXERCICES TRANSVERSAUX

26 **Lis cette phrase, puis réponds aux questions.**

Il y a un petit enfant dans la voiture rouge.

a) Écris cette phrase en remplaçant les mots soulignés par des mots familiers.

b) Réécris cette phrase en mettant les groupes nominaux au pluriel.

c) Réécris cette phrase à l'imparfait.

27 **Lis ce texte, puis réponds aux questions.**

J'ai cherché la cabane caméléon pendant des années jusqu'à penser que je ne la trouverai jamais, qu'elle n'existait peut-être même pas, que ce qu'on m'avait raconté n'était que blabla, charabia. Je l'ai cherchée dans le vert profond de la jungle, dans les blancheurs immaculées des montagnes, dans le rouge flamboyant des soleils couchants, dans le bleu du ciel, dans le gris des jours tristes, dans les lumières scintillantes des fêtes.

Philippe Lechermeier, *Graines de cabanes*,
© Gautier-Languereau, 2005.

a) Relève les phrases à la forme négative.
b) Relève les adjectifs et indique leur genre et leur nombre.
c) Relève un indicateur de temps.

28 **Lis ce texte, puis réponds aux questions.**

Le vendredi matin de cette première semaine, Emma est arrivée en retard à l'école. [Elle] s'est assise à son pupitre sans saluer personne. Quelques minutes plus tard elle a éclaté en sanglots. Il existe bien des façons de pleurer. En entendant Emma, on devinait que sa peine était immense. Zoé, sa meilleure amie, a voulu la consoler et comprendre ce qui était arrivé. Mais Emma refusait de parler.

Dominique Demers, *Une aventure de Mademoiselle Charlotte, Tome 1 : La nouvelle maîtresse*,
© Éditions Gallimard Jeunesse, 2014.

a) Relève les verbes conjugués à l'imparfait.
b) Réécris la phrase en rouge à la forme négative.
c) Donne les contraires des mots soulignés.
d) Quelle expression du texte peut être remplacée par le verbe familier pleurnicher.

EXERCICES D'ÉCRITURE

29 **Décris cette affiche en trois phrases.**

Raymond Savignac, 1956.

30 **Raconte en cinq phrases un souvenir de vacances, à l'imparfait. Dis à quel moment de l'année et/ou à quelle saison ces vacances ont eu lieu.**

31 **Il existe bien des façons de pleurer : on peut pleurnicher, pleurer comme une madeleine, pleurer à chaudes larmes, pleurer de rire...**
Raconte en quelques phrases pourquoi et comment il t'arrive de pleurer.
Qui te console le mieux dans ce cas-là ?

GRAMMAIRE

1 * Recopie uniquement les phrases interrogatives.

a. Va-t-il neiger cet hiver ?
b. J'espère que tu viendras nous voir à la montagne !
c. Penses-tu que nous pourrons faire une balade en raquettes ?
d. Méfie-toi des avalanches !
e. Préfères-tu le patin à glace ou la luge ?

2 ** Transforme ces phrases en phrases interrogatives, de deux manières différentes.

Il cherche son pantalon. → Cherche-t-il son pantalon ? Est-ce qu'il cherche son pantalon ?

a. Il termine son exercice.
b. Elles regardent des dessins animés.
c. Vous avez froid.
d. Tu viendras avec ta trottinette.
e. Nous sommes en retard.

3 ** Indique la classe grammaticale des mots de chaque liste. Puis, complète la liste avec un mot de la même classe.

a. ce – votre – des – ...
b. panier – écharpe – perroquet – ...
c. toujours – dans – devant – ...
d. ouvrir – pousser – dormir – ...
e. difficile – amusant – mystérieuse – ...

4 ** Recopie ces phrases et indique la classe grammaticale des mots soulignés.

a. La <u>jeune</u> <u>princesse</u> arrive enfin au <u>bal</u>.
b. <u>Une</u> méchante <u>fée</u> <u>jette</u> un <u>mauvais</u> sort.
c. Quand la princesse <u>danse</u>, <u>elle</u> perd l'<u>équilibre</u>.
d. <u>Elle</u> tombe et elle <u>perd</u> <u>ses</u> chaussures <u>neuves</u>.
e. Le <u>prince</u> remarque <u>sa</u> robe <u>déchirée</u>.

ORTHOGRAPHE

5 * Recopie ces phrases en complétant les mots avec une lettre muette.

a. Il a jeté un lon... regar... sur le cham... couver... de coquelico...s.
b. Le candida... reçu à ce concour... est trè... brillan....
c. Au nor... de l'Europe, le clima... est froi... et les ven...s sont for...s.

6 ** Écris un mot de la même famille pour chaque nom. Aide-toi de sa lettre finale muette.

a. un vagabond : ...
b. le confort : ...
c. un suspect : ...
d. un froussard : ...
e. ouvert : ...
f. précieux : ...
g. un chant : ...
h. un galop : ...
i. un écart : ...
j. le trot : ...

7 ** Accorde en genre et en nombre les groupes nominaux, comme indiqué entre parenthèses.

a. un gardien vigilant → ... (féminin singulier)
b. des danseurs élégants → ... (féminin pluriel)
c. une bonne conductrice → ... (masculin pluriel)
d. des écolières sérieuses → ... (masculin singulier)

8 ** Recopie ces groupes nominaux et écris leur genre (masculin, féminin) et leur nombre (singulier, pluriel).

a. une brebis égarée
b. un gâteau délicieux
c. des monuments historiques
d. des montagnes élevées
e. la grotte glaciale
f. notre village décoré
g. les pierres précieuses
h. cette pelouse parfaite
i. son regard étrange
j. ces oiseaux marins

9 ** a) Recopie et complète ce texte avec on, ont, son ou sont. N'oublie pas les majuscules.
b) Écris le genre et le nombre des groupes nominaux soulignés.

... attend avec impatience <u>le prochain candidat</u>. Lui et ... cheval ... <u>une grande notoriété</u> et ils ... annoncés favoris du concours. Le cavalier révise ... parcours dans sa tête. Il a confiance en ... cheval, mais <u>les obstacles</u> qu'ils doivent franchir ... difficiles. ... dit que le mur, la haie et la rivière ... les obstacles les plus redoutables. Il faut bien prendre ... élan et ne pas perdre ... sang-froid. Mais ce cavalier et ... cheval ... sereins, ils ... l'air confiants au moment de s'élancer.

LE VERBE

10 * **Relève les verbes conjugués au passé composé dans ce texte.**

– Qu'est-ce que tu lis de passionnant ?

Albert s'est retourné et m'a regardé, le regard un peu lointain. Il m'a souri et m'a répondu :

– Une bande dessinée.

Tout doucement, j'ai tendu mon cou pour regarder l'ouvrage ouvert devant lui. Je n'arrivais pas à lire à l'envers, donc Albert s'est poussé et m'a proposé de m'asseoir* à côté de lui. J'ai sauté sur le fauteuil et je me suis blotti contre lui. Ensemble, nous avons feuilleté les pages pendant des heures.

11 * **Recopie ces phrases. Entoure les verbes au passé composé et donne leur infinitif.**

a. Le roi a demandé à ses fils de trouver une épouse.
b. Ces voyous ont volé des pommes.
c. Cet aigle a volé toute la nuit.
d. Les grenouilles ont gobé des insectes sous mes yeux.
e. Ils ont dansé la valse, puis le rock'n roll.

12 ** **Recopie ces phrases en conjuguant les verbes entre parenthèses au passé composé.**

a. J'(voir) un coucher de soleil magnifique.
b. Tu (venir) en vacances avec nous.
c. Nous (pouvoir) admirer les éléphants d'Afrique.
d. Elle (prendre) le bateau pour aller en Angleterre.
e. Ils (avoir) le mal de mer.
f. Vous (faire) un voyage merveilleux.

13 ** **Réécris ce texte en conjuguant les verbes soulignés au passé composé.**

Quel que soit le temps, Monet <u>est</u> un artiste d'extérieur. Un jour, en bord de mer, le vent <u>emporte</u> son chevalet et sa toile dans l'eau. Sans hésitation, il <u>plonge</u> pour les sauver ! Malgré ses nombreux voyages, son sujet favori <u>est</u> son jardin de Giverny. Dans tous ses tableaux, il <u>cherche</u> à peindre l'éclat du soleil, les variations de la lumière sur l'eau, et les fleurs.

LEXIQUE

14 * **Recopie uniquement les mots qui appartiennent au champ lexical donné.**

a. **la géographie :** un panier – vallonné – un fleuve – cartographier – le relief
b. **le jardin :** un potager – bêcher – un camion – arboré – une allée
c. **le sucre :** un sucrier – le sel – pâtisser – une chocolaterie – un bonbon
d. **le calendrier :** une année – journalier – fêter – un pull – une date
e. **les sentiments :** la gaieté – coléreux – le repas – apeurer – la gentillesse

15 ** **Associe ces mots à leur champ lexical.**

le fromage | l'argent | les transports | le corps

un squelette – voyager – cher – le gruyère – musclé – un autocar – une pièce – grandir – un fromager – rapide – payer – une conductrice – râper – le métal – laitier – la joue

16 * **Recopie la réponse qui correspond à la question posée.**

a. Quand verras-tu tes grands-parents ?
Je verrais mes grands-parents demain. / Je verrai mes grands-parents chez eux.
b. Où se cache Sophie ?
Sophie se cache avec moi. / Sophie se cache dans le salon.
c. Comment viendrez-vous à la fête foraine ?
Nous viendrons en famille à la fête. / Nous viendrons en train à la fête.
d. Pourquoi pleures-tu ?
Je pleure car je suis triste. / Je pleure quand j'ai peur.

17 ** **Écris les questions qui correspondent à ces réponses.**

a. Maman prépare une tarte aux prunes.
b. J'ai trouvé ce livre à la bibliothèque.
c. Mon petit frère est né hier soir.
d. Ils ont gagné des peluches géantes.
e. Guillaume a faim parce qu'il n'a pas pris de petit-déjeuner.

18 * **Classe ces avis du plus négatif au plus positif.**

j'aime bien – je déteste – je n'aime pas trop – j'aime vraiment beaucoup – j'adore – je n'aime pas du tout

Exercices transversaux

19 * **Reproduis et complète ce tableau avec les sports suivants.**
le football – la gymnastique – le waterpolo* – le volley-ball* – le ski – le golf – le hockey – le basket-ball* – le tir à l'arc – le rugby – la boxe – le cyclisme

Des sports collectifs	Des sports individuels
...	...

20 ** **Pour chaque sport, écris qui est la personne sur la photographie.**
le (la) soigneur(se) – l'arbitre – l'entraîneur(se)*

a.

b.

c.

21 ** **Recopie ce tableau et associe à chaque artiste les instruments qu'il (elle) utilise.**
le projecteur – le pupitre – le burin – le tutu – la partition – le ciseau – le chevalet – la caméra – la palette – les pointes

a. le (la) sculpteur(trice) : ...
b. le (la) peintre : ...
c. le (la) musicien(ne) : ...
d. le (la) cinéaste : ...
e. le (la) danseur(se) : ...

EXERCICES TRANSVERSAUX

22 * **Recopie et complète ces phrases avec on, ont, son ou sont. N'oublie pas les majuscules.**

a. ... dit que les chiens ... nos meilleurs car ils ... de l'affection pour nous.
b. Certains tableaux de Picasso ... dans ce musée. ... les a regroupés dans une salle qui porte ... nom.
c. Le judo et le karaté ... originaires du Japon mais ... les pratique dans le monde entier.
d. Au cirque, les clowns ... toujours beaucoup de succès. Ils portent des habits extravagants et leurs visages ... maquillés.

23 ** **Lis ce texte, puis réponds aux questions.**
Un jour, on a trouvé un chien dans l'entrée de l'immeuble. On s'est disputé un moment, puis on a décidé qu'il serait à nous trois. On l'a glissé dans mon cartable et on l'a monté en cachette jusqu'à l'appartement. Par chance, maman était partie faire des courses. On lui a fait une niche sous mon lit avec une grande couverture et une vieille corbeille de fruits.

a) Relève les verbes au passé composé et donne leur infinitif.
b) Relève deux groupes nominaux au féminin singulier et deux groupes nominaux au masculin singulier.
c) Écris ces groupes nominaux au pluriel.
d) Quel mot souligné n'appartient pas au champ lexical de la maison ?

24 **Lis le texte, puis réponds aux questions.**
Mon tableau représente un bor... de mer en pleine tempête : des vagues, des éléments en furie, un coucher de soleil sur l'eau. De ton côté, tu veux montrer une scène plus calme : un por... de pêche, le clapotis des vagues, le refle... des nuages à la surface de l'eau. Et Tom vient de dessiner une grande bataille navale, des bateaux de toutes les époques en train de voguer sur les flots.

a) Écris la dernière lettre muette manquante des mots en rouge. Donne un mot de la même famille pour chacun.

b) Écris au pluriel le groupe nominal souligné.

c) Donne les infinitifs des verbes en bleu. Conjugue-les au passé composé.

d) Relève tous les mots qui appartiennent au champ lexical de la mer.

25 **Lis ce texte, puis réponds aux questions.**
Il y avait dans la savane un éléphanteau très curieux et il ne cessait de poser des questions. Il demandait à sa grande tante Autruche pourquoi les plumes de sa queue poussaient comme ça. Alors, sa grande tante Autruche, vexée, le cognait d'un coup de patte bien dure. Puis, l'élephanteau demandait à son grand oncle Girafe ce qu'il pouvait bien manger pour avoir la peau tachetée comme ça. Et son grand oncle Girafe, vexé, le cognait d'un coup de sabot bien dur.

a) Écris les questions posées par l'éléphanteau à l'autruche et à la girafe.

b) Imagine les questions qu'il pourrait poser à ces animaux : l'hippopotame, le babouin et le crocodile.

c) Recopie les mots soulignés et indique à quelles classes grammaticales ils appartiennent.

EXERCICES D'ÉCRITURE

26 **Qui sont ces personnes sur la photo ? Quelle équipe supportent-elles ? Quelle valeur est ici représentée ? Écris cinq mot du champ lexical du football.**

27 **Pour ta prochaine sortie en famille, tu as le choix entre : assister à une compétition sportive, visiter un musée, aller au zoo ou voir un film au cinéma. Classe ces activités selon tes préférences et explique tes choix.**

28 **Décris en trois phrases chacune de ces représentations de la tour Eiffel. Puis, indique celle que tu préfères : donne ton avis avec des arguments.**

a.

George Seurat, *Tour Eiffel*, 1889.

b.

Robert Delaunay, *La tour Eiffel*, 1910.

Orthographe rectifiée

1 Les numéraux composés sont systématiquement reliés par des traits d'union.

vingt et un → vingt-et-un

- deux cent cinquante → deux-cent-cinquante
- cinq cents → cinq-cents
- trois mille → trois-mille

2 L'accent circonflexe disparaît* sur le i et sur le u.

un maître → un maitre un coût → un cout

- abîmer → abimer
- l'aîné → l'ainé
- une boîte → une boite
- brûler (et tous les mots de la même famille : brûlant, une brûlure...) → bruler
- une bûche → une buche
- une chaîne (et tous les mots de la même famille : une chaînette, enchaîner, déchaîner...) → une chaine
- connaître (et tous les mots de la même famille : reconnaître...) → connaitre
- le dîner → le diner
- s'entraîner (et tous les mots de la même famille : l'entraîneur, un entraînement...) → s'entrainer
- goûter (et tous les mots de la même famille : le goûter, le goût, le dégoût...) → gouter
- une huître → une huitre
- une île (et tous les mots de la même famille : un îlot, une presqu'île...) → une ile
- le maître (et tous les mots de la même famille : la maîtresse, maîtriser...) → le maitre
- mûr/mûre → mûr/mure
- paraître (et tous les mots de la même famille : apparaître, disparaître...) → paraitre
- rafraîchir (et tous les mots de la même famille : fraîchir...) → rafraichir
- s'il te plaît → s'il te plait
- un traîneau (et tous les mots de la même famille : traîner...) → un traineau

3 On met un accent grave plutôt qu'un accent aigu dans certains mots.

- un événement → un évènement

4 Certains mots composés perdent le trait d'union, de même que les noms composés « savants » ou d'origine étrangère.

un extra-terrestre → un extraterrestre

un week-end → un weekend

- un appui-tête → un appuitête
- le base-ball → le baseball
- le basket-ball → le basketball
- le volley-ball → le volleyball
- une chauve-souris → une chauvesouris
- une basse-cour → une bassecour
- le ping-pong → le pingpong
- un pique-nique (et tous les mots de la même famille : pique-niquer...) → un piquenique
- une plate-forme → une plateforme
- un porte-clés → un porteclés
- un porte-manteau → un portemanteau
- un pousse-pousse → un poussepousse
- le water-polo → le waterpolo

5 Les verbes en -eler ou -eter se conjuguent sur le modèle de peler ou de acheter. Les dérivés en -ment suivent les verbes correspondants. Font exception à cette règle appeler, jeter et leurs composés (y compris interpeler).

- ils s'amoncellent → ils s'amoncèlent
- il épelle → il épèle
- il feuillette → il feuillète

6 Les mots empruntés forment leur pluriel de la même manière que les mots français et sont accentués conformément aux règles qui s'appliquent aux mots français.

- des matches → des matchs
- un penalty → un pénalty

7 Le tréma est déplacé sur la lettre u prononcée dans les suites -güe- et -güi-, et est ajouté dans quelques mots.

- aiguë → aigüe

Imprimé en Italie par ELCOGRAF
Dépôt légal : Avril 2019
Collection n° - Édition n° 01
74/2803/1